만불명호경

만불명호경
萬佛名號經

月雲 스님 감수

운주사

책머리에

이와 같이 내가 들었다.

어느 때 부처님께서 사바제성 기수급고독원에서 큰 비구들 1,250 사람과 함께 계셨다. 그때 세존께서는 사부대중과 천룡 야차 건달바 아수라 가루라 긴나라 마후라가 및 그들의 권속들에게 둘러싸여 계셨다. 그때 세존께서 모든 대중에게 말씀하셨다.

"너희들은 자세히 들으라. 내가 너희들을 위해 말하리라. 과거와 미래와 현재의 모든 부처님의 이름을 선남자 선여인들이 받아 지녀 읽고 또 외운다면 그 사람은 현세에 안온히 모든 어려움을 멀리 여의고 모든 허물이 소멸될 것이요 미래에 분명 아뇩다라삼먁삼보리를 얻을 것이다. 만약 선남자 선여인이 모든 허물을 소멸시키고자 한다면 마땅히 몸을 깨끗이 한 뒤 새로이 정갈한 옷을 입고 장궤(長跪)하여 합장한 채 이 경을 독송하라."

– 《불설불명경(佛說佛名經)》 중에서

〈현재현겁천불명경(現在賢劫千佛名經)〉에서 또한 이르기를, '만약 일천(一千)부처님의 명호를 받아 지녀 독송하면 한량없는 아승지겁 동안 쌓아온 뭇 죄업을 남김없이 소멸시키고, 부처님의 모든 삼매의 신통력과 걸림 없는 지혜, 그리고 모든 법문(法門)과 모든 다라니(陀羅尼)를 반드시 얻게 될 것'이라고 하였습니다.

현전하는 불설백불명호경(佛說百佛名號經)과 시방천오백불명경(十方千五百佛名經) 등 약 60권에 이르는 불명경류(佛名經類)에 전하는 삼세불(三世佛)의 명호는 대략 2만5천이 나타나 있다 합니다.

만불명호경(萬佛名號經)은 신수대장경의 경집부에 전하는 이러한 불명경류를 바탕으로 하여, 포교의 일선에서 정진하고 있는 서성당(逝城堂) 초격사주(超格師主)가 이를 정리, 보다 많은 불자님의 충실한 신행생활에 도움을 주고자 새롭게 엮었다 하니 반가운 일이 아닐 수 없습니다.

이제 우리 모두가 시방의 일만(一萬)부처님 명호를 부르며 오체투지하여 참회하는 가운데 과거와 현재의 쌓였던 숙업(宿業)이 마치 겁화(劫火)에 스러지는 마른풀처럼 일시에 소멸되고 그 참회의 공덕으로 다같이 성불하여지기를 발원합니다.

동국역경원장 月 雲 記

■ 淨口業眞言

수리수리 마하수리 수수리 사바하

■ 五方內外安慰諸神眞言

나무 사만다 못다남 옴 도로도로 지미 사바하

■ 開經偈

무상심심미묘법 백천만겁난조우
無 上 甚 深 微 妙 法　百 千 萬 劫 難 遭 遇

아금문견득수지 원해여래진실의
我 今 聞 見 得 修 持　願 解 如 來 眞 實 義

■ 開法藏眞言

옴 아라남 아라다

1 지심귀명례 인중존불
至心歸命禮 人中尊佛

2 지심귀명례 사자보불
至心歸命禮 師子步佛

3 지심귀명례 능인화불
至心歸命禮 能仁化佛

4 지심귀명례 대염불
至心歸命禮 大焰佛

5 지심귀명례 요성불
至心歸命禮 曜聲佛

6 지심귀명례 무한광불
至心歸命禮 無限光佛

7 지심귀명례 희견불
至心歸命禮 喜見佛

8 지심귀명례 성취불
至心歸命禮 成就佛

9 지심귀명례 최상위불
至心歸命禮 最上威佛

10 지심귀명례 취안락불
至心歸命禮 趣安樂佛

11 지심귀명례 보정견불
至心歸命禮 寶正見佛

12 지심귀명례 공양광칭불
至心歸命禮 供養廣稱佛

13 지심귀명례 사자음불
至心歸命禮 師子音佛

14 지심귀명례 음시불
至心歸命禮 音施佛

15 지심귀명례 묘향불
至心歸命禮 妙香佛

16 지심귀명례 전등광불
至心歸命禮 電燈光佛

17 지심귀명례 연화광불
至心歸命禮 蓮華光佛

18 지심귀명례 대등광불
至心歸命禮 大燈光佛

19 지심귀명례 정성불
至心歸命禮 淨聲佛

20 지심귀명례 제호의불
至心歸命禮 除狐疑佛

21 지심귀명례 무량위신불
至心歸命禮 無量威神佛

22 지심귀명례 월면불
至心歸命禮 月面佛

23 지심귀명례 무량광불
至心歸命禮 無量光佛

24 지심귀명례 희가위신불
至心歸命禮 喜可威神佛

25 지심귀명례 산의불
至心歸命禮 散疑佛

26 지심귀명례 덕개불
至心歸命禮 德鎧佛

27 지심귀명례 선견불
至心歸命禮 善見佛

28 지심귀명례 희가위불
至心歸命禮 喜可威佛

29 지심귀명례 부장부불
至心歸命禮 不藏覆佛

30 지심귀명례 무량장불
至心歸命禮 無量藏佛

31 지심귀명례 광유희불
至心歸命禮 光遊戲佛

32 지심귀명례 광칭불
至心歸命禮 廣稱佛

33 지심귀명례 사번불
至心歸命禮 捨幡佛

34 지심귀명례 존비불
至心歸命禮 尊悲佛

35 지심귀명례 보견불
至心歸命禮 普見佛

36 지심귀명례 막능승불
至心歸命禮 莫能勝佛

37 지심귀명례 위광불
至心歸命禮 威光佛

38 지심귀명례 견고불
至心歸命禮 堅固佛

39 지심귀명례 희광칭불
至心歸命禮 憙廣稱佛

40 지심귀명례 무량상불
至心歸命禮 無量像佛

41 지심귀명례 대열불
至心歸命禮 大悅佛

42 지심귀명례 미의불
至心歸命禮 美意佛

43 지심귀명례 부동용보불
至心歸命禮 不動勇步佛

44 지심귀명례 무량정불
至心歸命禮 無量淨佛

45 지심귀명례 염취광불
至心歸命禮 焰聚光佛

46 지심귀명례 주각불
至心歸命禮 住覺佛

47 지심귀명례 아라하응불
至心歸命禮 阿羅訶應佛

48 지심귀명례 회해탈불
至心歸命禮 懷解脫佛

49 지심귀명례 우질불
至心歸命禮 優疾佛

50 지심귀명례 보견사견불
至心歸命禮 普見事見佛

51 지심귀명례 대승도불
至心歸命禮 大乘道佛

52 지심귀명례 보화불
至心歸命禮 普火佛

53 지심귀명례 국공양불
至心歸命禮 國供養佛

54 지심귀명례 자재광불
至心歸命禮 自在光佛

55 지심귀명례 설최공경불
至心歸命禮 說最恭敬佛

56 지심귀명례 정광불
至心歸命禮 淨光佛

57 지심귀명례 사자분신불
至心歸命禮 師子奮迅佛

58 지심귀명례 조산불
至心歸命禮 調山佛

59 지심귀명례 우다나승불
至心歸命禮 憂多那勝佛

60 지심귀명례 종보불
至心歸命禮 終步佛

61 지심귀명례 화광불
至心歸命禮 火光佛

62 지심귀명례 봉경칭불
至心歸命禮 奉敬稱佛

63 지심귀명례 섭근경열성불
至心歸命禮 攝根敬悅聲佛

64 지심귀명례 무능복운불
至心歸命禮 無能伏運佛

65 지심귀명례 무종성불
至心歸命禮 無終聲佛

66 지심귀명례 사유중생불
至心歸命禮 思惟衆生佛

67 지심귀명례 신족광불
至心歸命禮 神足光佛

68 지심귀명례 덕왕불
至心歸命禮 德王佛

69 지심귀명례 실달타사유불
至心歸命禮 悉達他思惟佛

70 지심귀명례 대력불
至心歸命禮 大力佛

71 지심귀명례 광요불
至心歸命禮 廣曜佛

72 지심귀명례 무애제견불
至心歸命禮 無崖際見佛

73 지심귀명례 사자향불
至心歸命禮 師子香佛

74 지심귀명례 산성자재왕불
至心歸命禮 山聲自在王佛

75 지심귀명례 광시불
至心歸命禮 廣施佛

76 지심귀명례 보현불
至心歸命禮 普現佛

77 지심귀명례 선상불
至心歸命禮 善像佛

78 지심귀명례 의칭불
至心歸命禮 意稱佛

79 지심귀명례 보정불
至心歸命禮 寶淨佛

80 지심귀명례 상광불
至心歸命禮 上光佛

81 지심귀명례 광보불
至心歸命禮 廣步佛

82 지심귀명례 득정불
至心歸命禮 得淨佛

83 지심귀명례 결각불
至心歸命禮 決覺佛

84 지심귀명례 혜당불
至心歸命禮 慧幢佛

85 지심귀명례 무동각불
至心歸命禮 無動覺佛

86 지심귀명례 위의의불
至心歸命禮 威儀意佛

87 지심귀명례 보상불
至心歸命禮 普像佛

88 지심귀명례 제의불
至心歸命禮 諦意佛

89 지심귀명례 광음성불
至心歸命禮 光音聲佛

90 지심귀명례 미하성불
至心歸命禮 彌荷聲佛

91 지심귀명례 무량화광불
至心歸命禮 無量火光佛

92 지심귀명례 희사유불
至心歸命禮 喜思惟佛

93 지심귀명례 장칭불
至心歸命禮 藏稱佛

94 지심귀명례 화덕불
至心歸命禮 華德佛

95 지심귀명례 백보승불
至心歸命禮 白寶勝佛

96 지심귀명례 난승불
至心歸命禮 難勝佛

97 지심귀명례 수미력불
至心歸命禮 須彌力佛

98 지심귀명례 마니주불
至心歸命禮 摩尼珠佛

99 지심귀명례 금강왕불
至心歸命禮 金剛王佛

100 지심귀명례 금상위불
至心歸命禮 金上威佛

101 지심귀명례 미음성불
至心歸命禮 美音聲佛

102 지심귀명례 아서가애불
至心歸命禮 阿舒加愛佛

103 지심귀명례 중생소의불
至心歸命禮 衆生所疑佛

104 지심귀명례 대광불
至心歸命禮 大光佛

105 지심귀명례 무감출불
至心歸命禮 無減出佛

106 지심귀명례 열의불
至心歸命禮 悅意佛

107 지심귀명례 미성불
至心歸命禮 美聲佛

108 지심귀명례 법행자재불
至心歸命禮 法行自在佛

109 지심귀명례 월등명불
至心歸命禮 月燈明佛

110 지심귀명례 혜화불
至心歸命禮 慧華佛

111 지심귀명례 덕정덕광불
至心歸命禮 德淨德光佛

112 지심귀명례 혜사불
至心歸命禮 慧事佛

113 지심귀명례 견유세서불
至心歸命禮 見有世緖佛

114 지심귀명례 회견불
至心歸命禮 懷見佛

115 지심귀명례 방문성불
至心歸命禮 方聞聲佛

116 지심귀명례 인음불
至心歸命禮 人音佛

117 지심귀명례 면광불
至心歸命禮 綿光佛

118 지심귀명례 계보불
至心歸命禮 戒步佛

119 지심귀명례 천중존불
至心歸命禮 天中尊佛

120 지심귀명례 경회담불
至心歸命禮 敬懷談佛

121 지심귀명례 무량광명불
至心歸命禮 無量光明佛

122 지심귀명례 덕시불
至心歸命禮 德施佛

123 지심귀명례 대수미불
至心歸命禮 大須彌佛

124 지심귀명례 진열불
至心歸命禮 眞悅佛

125 지심귀명례 현의불
至心歸命禮 賢意佛

126 지심귀명례 금상불
至心歸命禮 金上佛

127 지심귀명례 대청정불
至心歸命禮 大淸淨佛

128 지심귀명례 존의불
至心歸命禮 尊意佛

129 지심귀명례 의정불
至心歸命禮 意淨佛

130 지심귀명례 연화체불
至心歸命禮 蓮華體佛

131 지심귀명례 전단수불
至心歸命禮 栴檀鬚佛

132 지심귀명례 상승의불
至心歸命禮 常勝意佛

133 지심귀명례 나찰다왕불
至心歸命禮 那刹多王佛

134 지심귀명례 사자성불
至心歸命禮 師子聲佛

135 지심귀명례 승성불
至心歸命禮 勝聲佛

136 지심귀명례 희해불
至心歸命禮 喜解佛

137 지심귀명례 덕광불
至心歸命禮 德光佛

138 지심귀명례 자광불
至心歸命禮 自光佛

139 지심귀명례 상호불
至心歸命禮 相好佛

140 지심귀명례 무독리불
至心歸命禮 無獨利佛

141 지심귀명례 존광불
至心歸命禮 尊光佛

142 지심귀명례 성취의불
至心歸命禮 成就意佛

143 지심귀명례 무번열불
至心歸命禮 無煩熱佛

144 지심귀명례 제지중불
至心歸命禮 除地重佛

145 지심귀명례 최염광불
至心歸命禮 最焰光佛

146 지심귀명례 결사유불
至心歸命禮 決思惟佛

147 지심귀명례 직제일불
至心歸命禮 直諦日佛

148 지심귀명례 선적근불
至心歸命禮 善寂根佛

149 지심귀명례 부화광불
至心歸命禮 剖華光佛

150 지심귀명례 존상자재불
至心歸命禮 尊上自在佛

151 지심귀명례 명칭당불
至心歸命禮 名稱幢佛

152 지심귀명례 덕열불
至心歸命禮 德悅佛

153 지심귀명례 법등명불
至心歸命禮 法燈明佛

154 지심귀명례 위광열불
至心歸命禮 威光悅佛

155 지심귀명례 군장경상불
至心歸命禮 軍將敬像佛

156 지심귀명례 불문성불
至心歸命禮 佛聞聲佛

157 지심귀명례 승도자재왕불
至心歸命禮 勝道自在王佛

158 지심귀명례 해의불
至心歸命禮 海意佛

159 지심귀명례 미묘안불
至心歸命禮 微妙眼佛

160 지심귀명례 개취불
至心歸命禮 蓋聚佛

161 지심귀명례 살리수왕불
至心歸命禮 薩梨樹王佛

162 지심귀명례 일광불
至心歸命禮 日光佛

163 지심귀명례 해미불
至心歸命禮 解味佛

164 지심귀명례 멸근불
至心歸命禮 滅根佛

165 지심귀명례 칭우다라불
至心歸命禮 稱憂多羅佛

166 지심귀명례 화향불
至心歸命禮 華香佛

167 지심귀명례 수미광명불
至心歸命禮 須彌光明佛

168 지심귀명례 월명불
至心歸命禮 月明佛

169 지심귀명례 민보불
至心歸命禮 敏步佛

170 지심귀명례 정명불
至心歸命禮 正明佛

171 지심귀명례 법광불
至心歸命禮 法光佛

172 지심귀명례 계열불
至心歸命禮 戒悅佛

173 지심귀명례 무량의불
至心歸命禮 無量意佛

174 지심귀명례 무변후성불
至心歸命禮 無邊吼聲佛

175 지심귀명례 견정진불
至心歸命禮 堅精進佛

176 지심귀명례 익천불
至心歸命禮 益天佛

177 지심귀명례 보해불
至心歸命禮 普解佛

178 지심귀명례 선적의불
至心歸命禮 善寂意佛

179 지심귀명례 인중광불
至心歸命禮 人中光佛

180 지심귀명례 발선행불
至心歸命禮 發先行佛

181 지심귀명례 견정진불
至心歸命禮 見精進佛

182 지심귀명례 명칭선불
至心歸命禮 明稱仙佛

183 지심귀명례 명칭번불
至心歸命禮 名稱幡佛

184 지심귀명례 염면불
至心歸命禮 焰面佛

185 지심귀명례 보열불
至心歸命禮 普悅佛

186 지심귀명례 대명불
至心歸命禮 大明佛

187 지심귀명례 결산불
至心歸命禮 決散佛

188 지심귀명례 존상덕불
至心歸命禮 尊上德佛

189 지심귀명례 조의불
至心歸命禮 調意佛

190 지심귀명례 애회경공양불
至心歸命禮 愛懷敬供養佛

191 지심귀명례 보섭불
至心歸命禮 普攝佛

192 지심귀명례 도열불
至心歸命禮 道悅佛

193 지심귀명례 사의불
至心歸命禮 思意佛

194 지심귀명례 출의불
至心歸命禮 出意佛

195 지심귀명례 산의불
至心歸命禮 山意佛

196 지심귀명례 이색광불
至心歸命禮 離色光佛

197 지심귀명례 뇌성불
至心歸命禮 雷聲佛

198 지심귀명례 화광신불
至心歸命禮 火光身佛

199 지심귀명례 덕엄불
至心歸命禮 德嚴佛

200 지심귀명례 사자후불
至心歸命禮 師子吼佛

201 지심귀명례 무우회불
至心歸命禮 無優懷佛

202 지심귀명례 천계불
至心歸命禮 天界佛

203 지심귀명례 사자무량음불
至心歸命禮 師子無量音佛

204 지심귀명례 마두라광명불
至心歸命禮 摩頭羅光明佛

205 지심귀명례 견경회불
至心歸命禮 見敬懷佛

206 지심귀명례 증왕불
至心歸命禮 證王佛

207 지심귀명례 조당불
至心歸命禮 調幢佛

208 지심귀명례 보방개불
至心歸命禮 普方開佛

209 지심귀명례 경회명불
至心歸命禮 敬懷明佛

210 지심귀명례 월당불
至心歸命禮 月幢佛

231 지심귀명례 무변지상수불
至心歸命禮 無邊智上首佛

232 지심귀명례 보장용자재불
至心歸命禮 寶掌龍自在佛

233 지심귀명례 견월불
至心歸命禮 見月佛

234 지심귀명례 제마존불
至心歸命禮 諸摩尊佛

235 지심귀명례 대존상불
至心歸命禮 大尊上佛

236 지심귀명례 광명봉운등불
至心歸命禮 光明峯雲燈佛

237 지심귀명례 의광불
至心歸命禮 意光佛

238 지심귀명례 수행광명불
至心歸命禮 修行光明佛

239 지심귀명례 조익유불
至心歸命禮 調益遊佛

240 지심귀명례 광일불
至心歸命禮 光日佛

241 지심귀명례 현신불
至心歸命禮 現身佛

242 지심귀명례 정의불
至心歸命禮 淨意佛

243 지심귀명례 향함불
至心歸命禮 香咸佛

244 지심귀명례 무변지연등불
至心歸命禮 無邊智然燈佛

245 지심귀명례 일월연등불
至心歸命禮 日月然燈佛

246 지심귀명례 일등명불
至心歸命禮 日燈明佛

247 지심귀명례 풍광불
至心歸命禮 豊光佛

248 지심귀명례 설경애불
至心歸命禮 說敬愛佛

249 지심귀명례 선사익불
至心歸命禮 善思益佛

250 지심귀명례 보견선불
至心歸命禮 普見善佛

251 지심귀명례 사자번불
至心歸命禮 師子幡佛

252 지심귀명례 보선불
至心歸命禮 普仙佛

253 지심귀명례 대유보불
至心歸命禮 大遊步佛

254 지심귀명례 요연화광불
至心歸命禮 曜蓮花光佛

255 지심귀명례 보성숙운왕불
至心歸命禮 寶星宿雲王佛

256 지심귀명례 무량열불
至心歸命禮 無量悅佛

257 지심귀명례 적진불
至心歸命禮 寂瞋佛

258 지심귀명례 천개불
至心歸命禮 天蓋佛

259 지심귀명례 보광불
至心歸命禮 寶光佛

260 지심귀명례 차승불
至心歸命禮 車乘佛

261 지심귀명례 승우다마불
至心歸命禮 勝憂多摩佛

262 지심귀명례 지미불
至心歸命禮 支味佛

263 지심귀명례 차광불
至心歸命禮 車光佛

264 지심귀명례 일안불
至心歸命禮 日眼佛

265 지심귀명례 무애안불
至心歸命禮 無碍眼佛

266 지심귀명례 공유보불
至心歸命禮 共遊步佛

267 지심귀명례 대등명불
至心歸命禮 大燈明佛

268 지심귀명례 성장불
至心歸命禮 盛長佛

269 지심귀명례 바두마성불
至心歸命禮 波頭摩聲佛

270 지심귀명례 덕체불
至心歸命禮 德體佛

271 지심귀명례 법전불
至心歸命禮 法典佛

272 지심귀명례 풍경불
至心歸命禮 風敬佛

273 지심귀명례 무외경회불
至心歸命禮 無畏敬懷佛

274 지심귀명례 혜번불
至心歸命禮 慧幡佛

275 지심귀명례 위신광명불
至心歸命禮 威神光明佛

276 지심귀명례 월시불
至心歸命禮 月施佛

277 지심귀명례 덕위불
至心歸命禮 德威佛

278 지심귀명례 자승종종광불
至心歸命禮 慈勝種種光佛

279 지심귀명례 선사불
至心歸命禮 善事佛

280 지심귀명례 보성취승불
至心歸命禮 寶成就勝佛

281 지심귀명례 광굴불
至心歸命禮 光屈佛

282 지심귀명례 보덕불
至心歸命禮 普德佛

283 지심귀명례 염당불
至心歸命禮 焰幢佛

284 지심귀명례 경중계왕불
至心歸命禮 敬重戒王佛

285 지심귀명례 법위덕불
至心歸命禮 法威德佛

286 지심귀명례 보사불
至心歸命禮 普思佛

287 지심귀명례 선사의불
至心歸命禮 善思意佛

288 지심귀명례 선의불
至心歸命禮 善意佛

289 지심귀명례 마하라타불
至心歸命禮 摩訶羅他佛

290 지심귀명례 성자재왕불
至心歸命禮 聲自在王佛

291 지심귀명례 광음불
至心歸命禮 光音佛

292 지심귀명례 득기선명불
至心歸命禮 得起禪名佛

293 지심귀명례 직정당불
至心歸命禮 直正幢佛

294 지심귀명례 선주의불
至心歸命禮 善住意佛

295 지심귀명례 무량천불
至心歸命禮 無量天佛

296 지심귀명례 존화불
至心歸命禮 尊華佛

297 지심귀명례 대단시불
至心歸命禮 大壇施佛

298 지심귀명례 대당불
至心歸命禮 大幢佛

299 지심귀명례 광중일불
至心歸命禮 光中日佛

300 지심귀명례 법찬불
至心歸命禮 法讚佛

301 지심귀명례 월광불
至心歸命禮 月光佛

302 지심귀명례 적승불
至心歸命禮 寂勝佛

303 지심귀명례 시천종불
至心歸命禮 施天種佛

304 지심귀명례 견이도불
至心歸命禮 見以度佛

305 지심귀명례 보광불
至心歸命禮 普光佛

306 지심귀명례 공작성불
至心歸命禮 孔雀聲佛

307 지심귀명례 보복불
至心歸命禮 普伏佛

308 지심귀명례 승마니불
至心歸命禮 勝摩尼佛

309 지심귀명례 무견사불
至心歸命禮 無見死佛

310 지심귀명례 명칭경애불
至心歸命禮 名稱敬愛佛

311 지심귀명례 선섭불
至心歸命禮 善攝佛

312 지심귀명례 천중열불
至心歸命禮 天中悅佛

313 지심귀명례 무종보불
至心歸命禮 無終步佛

314 지심귀명례 천취불
至心歸命禮 天聚佛

315 지심귀명례 심각불
至心歸命禮 深覺佛

316 지심귀명례 무량유보불
至心歸命禮 無量遊步佛

317 지심귀명례 사만다견불
至心歸命禮 莎漫多見佛

318 지심귀명례 명취불
至心歸命禮 明聚佛

319 지심귀명례 대중불
至心歸命禮 大重佛

320 지심귀명례 대유불
至心歸命禮 大遊佛

321 지심귀명례 승천불
至 心 歸 命 禮 勝 天 佛

322 지심귀명례 조익유보불
至 心 歸 命 禮 調 益 遊 步 佛

323 지심귀명례 월경회불
至 心 歸 命 禮 月 敬 懷 佛

324 지심귀명례 사자성불
至 心 歸 命 禮 師 者 聲 佛

325 지심귀명례 설열불
至 心 歸 命 禮 說 悅 佛

326 지심귀명례 혜광불
至 心 歸 命 禮 慧 光 佛

327 지심귀명례 화광불
至 心 歸 命 禮 華 光 佛

328 지심귀명례 화취불
至 心 歸 命 禮 華 聚 佛

329 지심귀명례 신족광명불
至 心 歸 命 禮 神 足 光 明 佛

330 지심귀명례 아미다청정불
至 心 歸 命 禮 阿 彌 多 清 淨 佛

331 지심귀명례 나다나광불
至心歸命禮 羅多那光佛

332 지심귀명례 조체불
至心歸命禮 調體佛

333 지심귀명례 광칭불
至心歸命禮 光稱佛

334 지심귀명례 보당불
至心歸命禮 寶幢佛

335 지심귀명례 대력광불
至心歸命禮 大力光佛

336 지심귀명례 일당불
至心歸命禮 日幢佛

337 지심귀명례 바두마안불
至心歸命禮 波頭摩眼佛

338 지심귀명례 다소요익불
至心歸命禮 多所饒益佛

339 지심귀명례 세청문불
至心歸命禮 世聽聞佛

340 지심귀명례 유신족불
至心歸命禮 遊神足佛

341 지심귀명례 최상명칭불
至心歸命禮 最上名稱佛

342 지심귀명례 승호광명불
至心歸命禮 勝護光明佛

343 지심귀명례 보정불
至心歸命禮 寶正佛

344 지심귀명례 무능훼명칭불
至心歸命禮 無能毁名稱佛

345 지심귀명례 결광불
至心歸命禮 決光佛

346 지심귀명례 법력광명불
至心歸命禮 法力光明佛

347 지심귀명례 무첨의불
至心歸命禮 無諂意佛

348 지심귀명례 독보불
至心歸命禮 獨步佛

349 지심귀명례 무애견불
至心歸命禮 無碍見佛

350 지심귀명례 단의불
至心歸命禮 斷疑佛

351 지심귀명례 대호불
至心歸命禮 大護佛

352 지심귀명례 천동불
至心歸命禮 天瞳佛

353 지심귀명례 무미보불
至心歸命禮 無迷步佛

354 지심귀명례 심의분신왕불
至心歸命禮 心意奮迅王佛

355 지심귀명례 선열택불
至心歸命禮 善悅擇佛

356 지심귀명례 아난타성불
至心歸命禮 阿難陀聲佛

357 지심귀명례 시광불
至心歸命禮 施光佛

358 지심귀명례 회천불
至心歸命禮 懷天佛

359 지심귀명례 해탈광불
至心歸命禮 解脫光佛

360 지심귀명례 지덕불
至心歸命禮 持德佛

361 지심귀명례 윤의불
至心歸命禮 潤意佛

362 지심귀명례 도광불
至心歸命禮 道光佛

363 지심귀명례 해풍불
至心歸命禮 海豊佛

364 지심귀명례 도희불
至心歸命禮 道喜佛

365 지심귀명례 대천불
至心歸命禮 大天佛

366 지심귀명례 사하거불
至心歸命禮 莎荷去佛

367 지심귀명례 법자재불
至心歸命禮 法自在佛

368 지심귀명례 공덕성취운불
至心歸命禮 功德成就雲佛

369 지심귀명례 계승불
至心歸命禮 戒勝佛

370 지심귀명례 무탁의불
至心歸命禮 無濁義佛

371 지심귀명례 무미사불
至心歸命禮 無迷思佛

372 지심귀명례 덕상불
至心歸命禮 德上佛

373 지심귀명례 무첨명칭불
至心歸命禮 無諂名稱佛

374 지심귀명례 대정불
至心歸命禮 大淨佛

375 지심귀명례 태왕불
至心歸命禮 胎王佛

376 지심귀명례 천광명불
至心歸命禮 天光明佛

377 지심귀명례 열섭불
至心歸命禮 悅攝佛

378 지심귀명례 덕경불
至心歸命禮 德敬佛

379 지심귀명례 찬탄성취불
至心歸命禮 讚歎成就佛

380 지심귀명례 지열불
至心歸命禮 地悅佛

381 지심귀명례 산위덕불
至心歸命禮 山威德佛

382 지심귀명례 잡광불
至心歸命禮 雜光佛

383 지심귀명례 월경애불
至心歸命禮 月敬哀佛

384 지심귀명례 월개불
至心歸命禮 月蓋佛

385 지심귀명례 원리진한심불
至心歸命禮 遠離瞋恨心佛

386 지심귀명례 이구불
至心歸命禮 離垢佛

387 지심귀명례 명칭상불
至心歸命禮 名稱上佛

388 지심귀명례 월안불
至心歸命禮 月眼佛

389 지심귀명례 용천불
至心歸命禮 龍天佛

390 지심귀명례 덕취불
至心歸命禮 德聚佛

391 지심귀명례 덕각불
至心歸命禮 德覺佛

392 지심귀명례 화상불
至心歸命禮 華上佛

393 지심귀명례 세경애불
至心歸命禮 世敬哀佛

394 지심귀명례 무진수광불
至心歸命禮 無盡受光佛

395 지심귀명례 제당불
至心歸命禮 帝幢佛

396 지심귀명례 지혜악불
至心歸命禮 智慧嶽佛

397 지심귀명례 허공적불
至心歸命禮 虛空寂佛

398 지심귀명례 시방동불
至心歸命禮 十方瞳佛

399 지심귀명례 용자재왕불
至心歸命禮 龍自在王佛

400 지심귀명례 범자재왕불
至心歸命禮 梵自在王佛

401 지심귀명례 설경애불
至心歸命禮 說敬哀佛

402 지심귀명례 적경애불
至心歸命禮 寂敬哀佛

403 지심귀명례 지광불
至心歸命禮 地光佛

404 지심귀명례 작덕불
至心歸命禮 作德佛

405 지심귀명례 무변대해장불
至心歸命禮 無邊大海藏佛

406 지심귀명례 다덕불
至心歸命禮 多德佛

407 지심귀명례 변의견불
至心歸命禮 辯義見佛

408 지심귀명례 보광명불
至心歸命禮 普光明佛

409 지심귀명례 정음불
至心歸命禮 淨音佛

410 지심귀명례 대능불
至心歸命禮 大能佛

411 지심귀명례 해탈일불
至心歸命禮 解脫日佛

412 지심귀명례 주허공불
至心歸命禮 住虛空佛

413 지심귀명례 각광불
至心歸命禮 覺光佛

414 지심귀명례 덕명칭불
至心歸命禮 德名稱佛

415 지심귀명례 선각불
至心歸命禮 善覺佛

416 지심귀명례 무장애지불
至心歸命禮 無障礙智佛

417 지심귀명례 사자갈애불
至心歸命禮 師子渴愛佛

418 지심귀명례 덕보불
至心歸命禮 德步佛

419 지심귀명례 상천불
至心歸命禮 上天佛

420 지심귀명례 현주불
至心歸命禮 現住佛

421 지심귀명례 천소공경불
至心歸命禮 天所恭敬佛

422 지심귀명례 전광불
至心歸命禮 電光佛

423 지심귀명례 경애불
至心歸命禮 敬愛佛

424 지심귀명례 수미번불
至心歸命禮 須彌幡佛

425 지심귀명례 지보왕불
至心歸命禮 智步王佛

426 지심귀명례 상의불
至心歸命禮 上意佛

427 지심귀명례 향시불
至心歸命禮 香施佛

428 지심귀명례 방정광명불
至心歸命禮 放淨光明佛

429 지심귀명례 지의불
至心歸命禮 持意佛

430 지심귀명례 능선열불
至心歸命禮 能仙悅佛

431 지심귀명례 보등명불
至心歸命禮 寶燈明佛

432 지심귀명례 염광불
至心歸命禮 焰光佛

433 지심귀명례 견중불
至心歸命禮 見衆佛

434 지심귀명례 경애주불
至心歸命禮 敬愛住佛

435 지심귀명례 환열사불
至心歸命禮 歡悅事佛

436 지심귀명례 덕조체불
至心歸命禮 德調體佛

437 지심귀명례 열견불
至心歸命禮 悅見佛

438 지심귀명례 위신력불
至心歸命禮 威神力佛

439 지심귀명례 정안불
至心歸命禮 淨眼佛

440 지심귀명례 선심의불
至心歸命禮 善心意佛

441 지심귀명례 불미보불
至心歸命禮 不迷步佛

442 지심귀명례 존안불
至心歸命禮 尊眼佛

443 지심귀명례 호해탈불
至心歸命禮 好解脫佛

444 지심귀명례 대음불
至心歸命禮 大音佛

445 지심귀명례 최상중불
至心歸命禮 最上衆佛

446 지심귀명례 산광불
至心歸命禮 散光佛

447 지심귀명례 자사불
至心歸命禮 自事佛

448 지심귀명례 선택성불
至心歸命禮 選擇聲佛

449 지심귀명례 광명명칭불
至心歸命禮 光明名稱佛

450 지심귀명례 광명조불
至心歸命禮 光明照佛

451 지심귀명례 친전불
至心歸命禮 親展佛

452 지심귀명례 월현불
至心歸命禮 月現佛

453 지심귀명례 염음불
至心歸命禮 焰音佛

454 지심귀명례 덕조불
至心歸命禮 德調佛

455 지심귀명례 무착승불
至心歸命禮 無著勝佛

456 지심귀명례 상왕불
至心歸命禮 相王佛

457 지심귀명례 무번열의불
至心歸命禮 無煩熱意佛

458 지심귀명례 존경불
至心歸命禮 尊敬佛

459 지심귀명례 법대불
至心歸命禮 法臺佛

460 지심귀명례 무진덕불
至心歸命禮 無盡德佛

461 지심귀명례 무애승불
至心歸命禮 無碍勝佛

462 지심귀명례 무진향불
至心歸命禮 無盡香佛

463 지심귀명례 불가량위덕불
至心歸命禮 不可量威德佛

464 지심귀명례 상소환희근불
至心歸命禮 常笑歡喜根佛

465 지심귀명례 대선일불
至心歸命禮 大善日佛

466 지심귀명례 지무외불
至心歸命禮 至無畏佛

467 지심귀명례 경혜불
至心歸命禮 敬慧佛

468 지심귀명례 무미의불
至心歸命禮 無迷意佛

469 지심귀명례 민경불
至心歸命禮 敏敬佛

470 지심귀명례 천자재불
至心歸命禮 天自在佛

531 지심귀명례 승원열불
至心歸命禮 勝怨悅佛

532 지심귀명례 일체경애불
至心歸命禮 一切敬愛佛

533 지심귀명례 도중의불
至心歸命禮 度衆疑佛

534 지심귀명례 선사유불
至心歸命禮 善思惟佛

535 지심귀명례 바두마장엄불
至心歸命禮 波頭摩莊嚴佛

536 지심귀명례 존교수불
至心歸命禮 尊教授佛

537 지심귀명례 비열불
至心歸命禮 悲悅佛

538 지심귀명례 지각불
至心歸命禮 持覺佛

539 지심귀명례 민음불
至心歸命禮 敏音佛

540 지심귀명례 보조당불
至心歸命禮 普照幢佛

541 지심귀명례 사자오락불
至心歸命禮 師子娯樂佛

542 지심귀명례 파제군불
至心歸命禮 破諸軍佛

543 지심귀명례 적세불
至心歸命禮 寂世佛

544 지심귀명례 명복불
至心歸命禮 明伏佛

545 지심귀명례 장중불
至心歸命禮 將衆佛

546 지심귀명례 인월불
至心歸命禮 人越佛

547 지심귀명례 태조불
至心歸命禮 泰調佛

548 지심귀명례 아사다보승불
至心歸命禮 阿私多寶勝佛

549 지심귀명례 원리당불
至心歸命禮 遠離幢佛

550 지심귀명례 보세괴불
至心歸命禮 普世壞佛

551 지심귀명례 지생사수음불
至心歸命禮 至生死殊音佛

552 지심귀명례 보오락불
至心歸命禮 普娛樂佛

553 지심귀명례 지적멸불
至心歸命禮 至寂滅佛

554 지심귀명례 지명칭불
至心歸命禮 持名稱佛

555 지심귀명례 범천소경불
至心歸命禮 梵天所敬佛

556 지심귀명례 이경불
至心歸命禮 以敬佛

557 지심귀명례 대굴불
至心歸命禮 大屈佛

558 지심귀명례 경지혜불
至心歸命禮 敬智慧佛

559 지심귀명례 무제원불
至心歸命禮 無際願佛

560 지심귀명례 세광불
至心歸命禮 世光佛

561 지심귀명례 호희견불
至心歸命禮 好憙見佛

562 지심귀명례 대화불
至心歸命禮 大華佛

563 지심귀명례 자성취의불
至心歸命禮 自成就意佛

564 지심귀명례 희광불
至心歸命禮 憙光佛

565 지심귀명례 쾌해불
至心歸命禮 快解佛

566 지심귀명례 시숙불
至心歸命禮 施宿佛

567 지심귀명례 견성불
至心歸命禮 堅聲佛

568 지심귀명례 항복성불
至心歸命禮 降伏城佛

569 지심귀명례 우다마칭불
至心歸命禮 憂多摩稱佛

570 지심귀명례 최안색불
至心歸命禮 最顔色佛

571 지심귀명례 사선사불
至心歸命禮 思禪思佛

572 지심귀명례 유희덕불
至心歸命禮 遊戱德佛

573 지심귀명례 회최불
至心歸命禮 懷最佛

574 지심귀명례 공덕산불
至心歸命禮 功德山佛

575 지심귀명례 보관불
至心歸命禮 普觀佛

576 지심귀명례 대장엄왕불
至心歸命禮 大莊嚴王佛

577 지심귀명례 경최상불
至心歸命禮 敬最上佛

578 지심귀명례 향염승왕불
至心歸命禮 香炎勝王佛

579 지심귀명례 도세불
至心歸命禮 度世佛

580 지심귀명례 희덕불
至心歸命禮 喜德佛

581 지심귀명례 상보불
至心歸命禮 上寶佛

582 지심귀명례 선어참괴불
至心歸命禮 善於慙愧佛

583 지심귀명례 무쾌장엄불
至心歸命禮 無快莊嚴佛

584 지심귀명례 사자굴불
至心歸命禮 師子屈佛

585 지심귀명례 대보불
至心歸命禮 大步佛

586 지심귀명례 보회불
至心歸命禮 普懷佛

587 지심귀명례 음성기불
至心歸命禮 音聲器佛

588 지심귀명례 회상불
至心歸命禮 懷上佛

589 지심귀명례 보희불
至心歸命禮 普喜佛

590 지심귀명례 보각불
至心歸命禮 普覺佛

591 지심귀명례 선청정혜불
至心歸命禮 善清淨慧佛

592 지심귀명례 지기불
至心歸命禮 智起佛

593 지심귀명례 견고서불
至心歸命禮 堅固誓佛

594 지심귀명례 정공양불
至心歸命禮 淨供養佛

595 지심귀명례 천소경불
至心歸命禮 天所敬佛

596 지심귀명례 성견고불
至心歸命禮 成堅固佛

597 지심귀명례 최승불
至心歸命禮 最勝佛

598 지심귀명례 일체공덕비구불
至心歸命禮 一切功德備具佛

599 지심귀명례 견해불
至心歸命禮 見解佛

600 지심귀명례 적광불
至心歸命禮 寂光佛

601 지심귀명례 대음성불
至心歸命禮 大音聲佛

602 지심귀명례 극상음성불
至心歸命禮 極上音聲佛

603 지심귀명례 묘고성불
至心歸命禮 妙鼓聲佛

604 지심귀명례 바두마상불
至心歸命禮 波頭摩上佛

605 지심귀명례 회멸불
至心歸命禮 懷滅佛

606 지심귀명례 각보불
至心歸命禮 覺步佛

607 지심귀명례 의최성불
至心歸命禮 依最聲佛

608 지심귀명례 성풍불
至心歸命禮 成豊佛

609 지심귀명례 해보불
至心歸命禮 海步佛

610 지심귀명례 보화연등불
至心歸命禮 寶火然燈佛

611 지심귀명례 최상광불
至心歸命禮 最上光佛

612 지심귀명례 적각불
至心歸命禮 寂覺佛

613 지심귀명례 성취의보불
至心歸命禮 成就義步佛

614 지심귀명례 선보불
至心歸命禮 善寶佛

615 지심귀명례 제주불
至心歸命禮 諦住佛

616 지심귀명례 지용명불
至心歸命禮 地勇名佛

617 지심귀명례 주적멸불
至心歸命禮 住寂滅佛

618 지심귀명례 유입각불
至心歸命禮 遊入覺佛

619 지심귀명례 승우불
至心歸命禮 勝友佛

620 지심귀명례 회리불
至心歸命禮 懷利佛

621 지심귀명례 최보불
至心歸命禮 最步佛

622 지심귀명례 인중월불
至心歸命禮 人中月佛

623 지심귀명례 위극상광명불
至心歸命禮 威極上光明佛

624 지심귀명례 보광명장불
至心歸命禮 普光明藏佛

625 지심귀명례 성덕불
至心歸命禮 聲德佛

626 지심귀명례 대장엄불
至心歸命禮 大莊嚴佛

627 지심귀명례 사자분신보불
至心歸命禮 師子奮迅步佛

628 지심귀명례 회향풍불
至心歸命禮 懷香風佛

629 지심귀명례 희적멸불
至心歸命禮 喜寂滅佛

630 지심귀명례 대보불
至心歸命禮 大普佛

631 지심귀명례 인음성불
至心歸命禮 人音聲佛

632 지심귀명례 출정성불
至心歸命禮 出淨聲佛

633 지심귀명례 주월불
至心歸命禮 珠月佛

634 지심귀명례 회명불
至心歸命禮 懷明佛

635 지심귀명례 광명칭불
至心歸命禮 廣名稱佛

636 지심귀명례 희최상불
至心歸命禮 喜最上佛

637 지심귀명례 정각불
至心歸命禮 淨覺佛

638 지심귀명례 보경불
至心歸命禮 寶敬佛

639 지심귀명례 호안색광불
至心歸命禮 好顏色光佛

640 지심귀명례 멸원불
至心歸命禮 滅怨佛

641 지심귀명례 승군불
至心歸命禮 勝軍佛

642 지심귀명례 제각불
至心歸命禮 諦覺佛

643 지심귀명례 무종광불
至心歸命禮 無終光佛

644 지심귀명례 당인욕불
至心歸命禮 當忍辱佛

645 지심귀명례 승월상불
至心歸命禮 勝月上佛

646 지심귀명례 상보불
至心歸命禮 象步佛

647 지심귀명례 회지혜불
至心歸命禮 懷智慧佛

648 지심귀명례 회제불
至心歸命禮 懷諦佛

649 지심귀명례 연화향불
至心歸命禮 蓮花香佛

650 지심귀명례 향상자재불
至心歸命禮 香上自在佛

651 지심귀명례 미류등왕불
至心歸命禮 彌留燈王佛

652 지심귀명례 등서불
至心歸命禮 等誓佛

653 지심귀명례 최위불
至心歸命禮 最威佛

654 지심귀명례 무량후성불
至心歸命禮 無量吼聲佛

655 지심귀명례 잡종설불
至心歸命禮 雜種說佛

656 지심귀명례 도연불
至心歸命禮 度淵佛

657 지심귀명례 무량명불
至心歸命禮 無量明佛

658 지심귀명례 해참괴불
至心歸命禮 解慙愧佛

659 지심귀명례 상소경불
至心歸命禮 相所敬佛

660 지심귀명례 잡음성불
至心歸命禮 雜音聲佛

661 지심귀명례 덕유희불
至心歸命禮 德遊戲佛

662 지심귀명례 정주불
至心歸命禮 淨住佛

663 지심귀명례 호향훈불
至心歸命禮 好香熏佛

664 지심귀명례 월광명불
至心歸命禮 月光明佛

665 지심귀명례 계분불
至心歸命禮 戒分佛

666 지심귀명례 각화불
至心歸命禮 覺華佛

667 지심귀명례 최상의불
至心歸命禮 最上意佛

668 지심귀명례 의수공양불
至心歸命禮 宜受供養佛

669 지심귀명례 문광명불
至心歸命禮 門光明佛

670 지심귀명례 희상불
至心歸命禮 喜上佛

671 지심귀명례 비가마불
至心歸命禮 毘迦摩佛

672 지심귀명례 회각불
至心歸命禮 懷覺佛

673 지심귀명례 경노불
至心歸命禮 敬老佛

674 지심귀명례 승우불
至心歸命禮 勝憂佛

675 지심귀명례 신통명불
至心歸命禮 神通明佛

676 지심귀명례 실법결정불
至心歸命禮 實法決定佛

677 지심귀명례 경상불
至心歸命禮 敬上佛

678 지심귀명례 굴명칭불
至心歸命禮 屈名稱佛

679 지심귀명례 금강색불
至心歸命禮 金剛色佛

680 지심귀명례 도의불
至心歸命禮 度疑佛

681 지심귀명례 지시왕불
至心歸命禮 知時王佛

682 지심귀명례 취화불
至心歸命禮 聚華佛

683 지심귀명례 상화불
至心歸命禮 上華佛

684 지심귀명례 승투쟁불
至心歸命禮 勝鬪爭佛

685 지심귀명례 무구장불
至心歸命禮 無垢杖佛

686 지심귀명례 난승혜불
至心歸命禮 難勝慧佛

687 지심귀명례 회보불
至心歸命禮 懷步佛

688 지심귀명례 사유승불
至心歸命禮 思惟勝佛

689 지심귀명례 마하발다불
至心歸命禮 摩訶跋多佛

690 지심귀명례 월천성불
至心歸命禮 月天聲佛

691 지심귀명례 천당불
至心歸命禮 天幢佛

692 지심귀명례 정광명불
至心歸命禮 淨光明佛

693 지심귀명례 제운개불
至心歸命禮 除雲蓋佛

694 지심귀명례 자재작불
至心歸命禮 自在作佛

695 지심귀명례 여수화불
至心歸命禮 如樹華佛

696 지심귀명례 상성불
至心歸命禮 上聲佛

697 지심귀명례 무종등불
至心歸命禮 無終燈佛

698 지심귀명례 불착보불
至心歸命禮 不著步佛

699 지심귀명례 덕천불
至心歸命禮 德天佛

700 지심귀명례 중지자재불
至心歸命禮 衆智自在佛

701 지심귀명례 대지미불
至心歸命禮 大智味佛

702 지심귀명례 무공외광불
至心歸命禮 無恐畏光佛

703 지심귀명례 등정각불
至心歸命禮 等正覺佛

704 지심귀명례 무위경성불
至心歸命禮 無爲磬聲佛

705 지심귀명례 공덕운불
至心歸命禮 功德雲佛

706 지심귀명례 무분별후성불
至心歸命禮 無分別吼聲佛

707 지심귀명례 청채의불
至心歸命禮 廳採意佛

708 지심귀명례 무애사유불
至心歸命禮 無碍思惟佛

709 지심귀명례 정진회불
至心歸命禮 精進懷佛

710 지심귀명례 계공경불
至心歸命禮 戒恭敬佛

711 지심귀명례 복원불
至心歸命禮 伏怨佛

712 지심귀명례 쾌사회불
至心歸命禮 快士懷佛

713 지심귀명례 각복도파불
至心歸命禮 覺伏濤波佛

714 지심귀명례 무멸혜불
至心歸命禮 無滅慧佛

715 지심귀명례 복욕극자불
至心歸命禮 伏欲棘刺佛

716 지심귀명례 고보신불
至心歸命禮 高寶信佛

717 지심귀명례 화선불
至心歸命禮 華仙佛

718 지심귀명례 허공혜불
至心歸命禮 虛空慧佛

719 지심귀명례 사사유불
至心歸命禮 似思惟佛

720 지심귀명례 혜력불
至心歸命禮 慧力佛

721 지심귀명례 보견불
至心歸命禮 普絹佛

722 지심귀명례 진외외성불
至心歸命禮 進巍巍聲佛

723 지심귀명례 보음불
至心歸命禮 普音佛

724 지심귀명례 정원불
至心歸命禮 淨願佛

725 지심귀명례 무위성불
至心歸命禮 無爲聲佛

726 지심귀명례 무결정진불
至心歸命禮 無缺精進佛

727 지심귀명례 대정진성광불
至心歸命禮 大精進盛光佛

728 지심귀명례 상수불
至心歸命禮 上修佛

729 지심귀명례 승외불
至心歸命禮 勝畏佛

730 지심귀명례 천소경덕희불
至心歸命禮 天所敬德喜佛

731 지심귀명례 법화불
至心歸命禮 法華佛

732 지심귀명례 정성불
至心歸命禮 淨盛佛

733 지심귀명례 월희불
至心歸命禮 月喜佛

734 지심귀명례 회당불
至心歸命禮 懷幢佛

735 지심귀명례 선의성불
至心歸命禮 善意成佛

736 지심귀명례 무공외력불
至心歸命禮 無恐畏力佛

737 지심귀명례 경음불
至心歸命禮 磬音佛

738 지심귀명례 일화불
至心歸命禮 日華佛

739 지심귀명례 징주사유불
至心歸命禮 澄住思惟佛

740 지심귀명례 애회불
至心歸命禮 愛懷佛

741 지심귀명례 월성불
至心歸命禮 月盛佛

742 지심귀명례 무위성불
至心歸命禮 無爲成佛

743 지심귀명례 무오아열의불
至心歸命禮 無吾我熱意佛

744 지심귀명례 대해연등불
至心歸命禮 大海然燈佛

745 지심귀명례 제취의불
至心歸命禮 諦聚意佛

746 지심귀명례 사구소마불
至心歸命禮 捨拘蘇摩佛

747 지심귀명례 희락지견불
至心歸命禮 喜樂知見佛

748 지심귀명례 괴명불
至心歸命禮 壞命佛

749 지심귀명례 회사불
至心歸命禮 懷思佛

750 지심귀명례 무번불
至心歸命禮 無煩佛

751 지심귀명례 승혜불
至心歸命禮 勝慧佛

752 지심귀명례 대사유불
至心歸命禮 大思惟佛

753 지심귀명례 회상불
至心歸命禮 懷像佛

754 지심귀명례 대정진회불
至心歸命禮 大精進懷佛

755 지심귀명례 무공외불
至心歸命禮 無恐畏佛

756 지심귀명례 명각음불
至心歸命禮 名覺音佛

757 지심귀명례 대성혜무결실불
至心歸命禮 大聲慧無缺失佛

758 지심귀명례 계부불
至心歸命禮 戒富佛

759 지심귀명례 위신불
至心歸命禮 威身佛

760 지심귀명례 안락광불
至心歸命禮 安樂光佛

761 지심귀명례 보승산공덕불
至心歸命禮 普勝山功德佛

762 지심귀명례 이멸광불
至心歸命禮 以滅光佛

763 지심귀명례 응칭불
至心歸命禮 應稱佛

764 지심귀명례 지혜불
至心歸命禮 智慧佛

765 지심귀명례 체위불
至心歸命禮 逮威佛

766 지심귀명례 월내불
至心歸命禮 月內佛

767 지심귀명례 무외작불
至心歸命禮 無畏作佛

768 지심귀명례 공덕계불
至心歸命禮 功德髻佛

769 지심귀명례 성취의지불
至心歸命禮 成就義智佛

770 지심귀명례 사시불
至心歸命禮 祠施佛

771 지심귀명례 제정진불
至心歸命禮 諦精進佛

772 지심귀명례 무량희광불
至心歸命禮 無量喜光佛

773 지심귀명례 광위불
至心歸命禮 光威佛

774 지심귀명례 증장성불
至心歸命禮 增長聖佛

775 지심귀명례 회광불
至心歸命禮 懷光佛

776 지심귀명례 출어니불
至心歸命禮 出於泥佛

777 지심귀명례 손종종성불
至心歸命禮 損種種性佛

778 지심귀명례 구나가라불
至心歸命禮 求那迦羅佛

779 지심귀명례 대위불
至心歸命禮 大威佛

780 지심귀명례 수광명불
至心歸命禮 修光明佛

781 지심귀명례 덕연화불
至心歸命禮 德蓮華佛

782 지심귀명례 득시기명불
至心歸命禮 得施起名佛

783 지심귀명례 당광불
至心歸命禮 幢光佛

784 지심귀명례 무구벽지불
至心歸命禮 無垢辟支佛

785 지심귀명례 무위화불
至心歸命禮 無爲華佛

786 지심귀명례 대승광불
至心歸命禮 大勝光佛

787 지심귀명례 무위광위불
至心歸命禮 無爲光威佛

788 지심귀명례 도위불
至心歸命禮 道威佛

789 지심귀명례 정사유법화불
至心歸命禮 淨思惟法華佛

790 지심귀명례 보수유연불
至心歸命禮 寶手柔軟佛

791 지심귀명례 세사불
至心歸命禮 世師佛

792 지심귀명례 최의불
至心歸命禮 最意佛

793 지심귀명례 수미최성불
至心歸命禮 須彌最聲佛

794 지심귀명례 자재회불
至心歸命禮 自在懷佛

795 지심귀명례 무위칭불
至心歸命禮 無爲稱佛

796 지심귀명례 필경대비불
至心歸命禮 畢竟大悲佛

797 지심귀명례 만향승불
至心歸命禮 鬘香勝佛

798 지심귀명례 대광명불
至心歸命禮 大光明佛

799 지심귀명례 제석당시왕불
至心歸命禮 帝釋幢十王佛

800 지심귀명례 사자위보불
至心歸命禮 師子威步佛

801 지심귀명례 무량향광명불
至心歸命禮 無量香光明佛

802 지심귀명례 법화산불
至心歸命禮 法華山佛

803 지심귀명례 월중존불
至心歸命禮 月中尊佛

804 지심귀명례 희시불
至心歸命禮 憙施佛

805 지심귀명례 상호화불
至心歸命禮 相好華佛

806 지심귀명례 부사의광불
至心歸命禮 不思議光佛

807 지심귀명례 보비광계견시불
至心歸命禮 普飛廣戒堅視佛

808 지심귀명례 이원불
至心歸命禮 離願佛

809 지심귀명례 선근광명불
至心歸命禮 善根光明佛

810 지심귀명례 급요불
至心歸命禮 及曜佛

811 지심귀명례 대등불
至心歸命禮 大燈佛

812 지심귀명례 유대음불
至心歸命禮 惟大音佛

813 지심귀명례 결단음불
至心歸命禮 決斷音佛

814 지심귀명례 제삼도룡시불
至心歸命禮 除三塗龍施佛

815 지심귀명례 운뢰불
至心歸命禮 雲雷佛

816 지심귀명례 불착사유불
至心歸命禮 不錯思惟佛

817 지심귀명례 덕사불
至心歸命禮 德思佛

818 지심귀명례 만월불
至心歸命禮 滿月佛

819 지심귀명례 보미불
至心歸命禮 寶味佛

820 지심귀명례 시광불
至心歸命禮 十光佛

821 지심귀명례 불화성취불
至心歸命禮 佛化成就佛

822 지심귀명례 각무애음불
至心歸命禮 覺無碍音佛

823 지심귀명례 천화불
至心歸命禮 天華佛

824 지심귀명례 등견불
至心歸命禮 等見佛

825 지심귀명례 월칭불
至心歸命禮 月稱佛

826 지심귀명례 천상불
至心歸命禮 天像佛

827 지심귀명례 법의불
至心歸命禮 法意佛

828 지심귀명례 대월불
至心歸命禮 大月佛

829 지심귀명례 위자력불
至心歸命禮 威慈力佛

830 지심귀명례 취회불
至心歸命禮 趣懷佛

831 지심귀명례 주선도불
至心歸命禮 住善度佛

832 지심귀명례 후정진불
至心歸命禮 厚精進佛

833 지심귀명례 광용욕불
至心歸命禮 光勇欲佛

834 지심귀명례 보리혜용불
至心歸命禮 寶離慧勇佛

835 지심귀명례 보리불
至心歸命禮 菩提佛

836 지심귀명례 성영리불
至心歸命禮 成盈利佛

837 지심귀명례 열호불
至心歸命禮 悅好佛

838 지심귀명례 칭광승불
至心歸命禮 稱光勝佛

839 지심귀명례 각멸의불
至心歸命禮 覺滅意佛

840 지심귀명례 대정진불
至心歸命禮 大精進佛

841 지심귀명례 무박상불
至心歸命禮 無縛像佛

842 지심귀명례 지혜불
至心歸命禮 持慧佛

843 지심귀명례 덕칭불
至心歸命禮 德稱佛

844 지심귀명례 수미산위불
至心歸命禮 須彌山威佛

845 지심귀명례 쾌안불
至心歸命禮 快眼佛

846 지심귀명례 나가천불
至心歸命禮 那伽天佛

847 지심귀명례 무량사유불
至心歸命禮 無量思惟佛

848 지심귀명례 정계불
至心歸命禮 淨戒佛

849 지심귀명례 선도불
至心歸命禮 善度佛

850 지심귀명례 단서불
至心歸命禮 端緒佛

871 지심귀명례 열상불
至心歸命禮 悅相佛

872 지심귀명례 대염취위불
至心歸命禮 大焰聚威佛

873 지심귀명례 광당불
至心歸命禮 光幢佛

874 지심귀명례 쾌응불
至心歸命禮 快應佛

875 지심귀명례 계도불
至心歸命禮 戒度佛

876 지심귀명례 최시불
至心歸命禮 最視佛

877 지심귀명례 염부단금광불
至心歸命禮 閻浮檀金光佛

878 지심귀명례 대응불
至心歸命禮 大應佛

879 지심귀명례 광광명불
至心歸命禮 廣光明佛

880 지심귀명례 무위열불
至心歸命禮 無爲悅佛

881 지심귀명례 외외견불
至心歸命禮 巍巍見佛

882 지심귀명례 명칭시방불
至心歸命禮 名稱十方佛

883 지심귀명례 자재왕불
至心歸命禮 自在王佛

884 지심귀명례 혜무애불
至心歸命禮 慧無涯佛

885 지심귀명례 여천일위불
至心歸命禮 如千日威佛

886 지심귀명례 필의불
至心歸命禮 必意佛

887 지심귀명례 칭열불
至心歸命禮 稱悅佛

888 지심귀명례 상도불
至心歸命禮 上度佛

889 지심귀명례 가관불
至心歸命禮 可觀佛

890 지심귀명례 무량혜불
至心歸命禮 無量慧佛

891 지심귀명례 산장불
至 心 歸 命 禮 山 藏 佛

892 지심귀명례 전단향불
至 心 歸 命 禮 栴 檀 香 佛

893 지심귀명례 무애월불
至 心 歸 命 禮 無 礙 月 佛

894 지심귀명례 공덕성주지불
至 心 歸 命 禮 功 德 性 住 持 佛

895 지심귀명례 섭근불
至 心 歸 命 禮 攝 根 佛

896 지심귀명례 사유해탈불
至 心 歸 命 禮 思 惟 解 脫 佛

897 지심귀명례 세자재겁불
至 心 歸 命 禮 世 自 在 劫 佛

898 지심귀명례 여정왕불
至 心 歸 命 禮 如 淨 王 佛

899 지심귀명례 난과상불
至 心 歸 命 禮 難 過 上 佛

900 지심귀명례 금강부분신불
至 心 歸 命 禮 金 剛 釜 奮 迅 佛

901 지심귀명례 묘견불
至心歸命禮 妙見佛

902 지심귀명례 취자재불
至心歸命禮 聚自在佛

903 지심귀명례 괴결발불
至心歸命禮 壞結髮佛

904 지심귀명례 무승사최보불
至心歸命禮 無勝寫最步佛

905 지심귀명례 무위광불
至心歸命禮 無爲光佛

906 지심귀명례 무위사유불
至心歸命禮 無爲思惟佛

907 지심귀명례 과도견불
至心歸命禮 過倒見佛

908 지심귀명례 명칭왕불
至心歸命禮 名稱王佛

909 지심귀명례 승근불
至心歸命禮 勝根佛

910 지심귀명례 일견불
至心歸命禮 日見佛

911 지심귀명례 덕취위광불
至心歸命禮 德聚威光佛

912 지심귀명례 법력불
至心歸命禮 法力佛

913 지심귀명례 혜지군맹불
至心歸命禮 慧持群萌佛

914 지심귀명례 자재열불
至心歸命禮 自在悅佛

915 지심귀명례 자재불
至心歸命禮 自在佛

916 지심귀명례 혜의불
至心歸命禮 慧意佛

917 지심귀명례 덕산불
至心歸命禮 德山佛

918 지심귀명례 이정음의불
至心歸命禮 以淨音意佛

919 지심귀명례 사최존의불
至心歸命禮 思最尊意佛

920 지심귀명례 정덕불
至心歸命禮 淨德佛

921 지심귀명례 계자재불
至心歸命禮 戒自在佛

922 지심귀명례 심후사유불
至心歸命禮 深嗅思惟佛

923 지심귀명례 향상불
至心歸命禮 香像佛

924 지심귀명례 적진사유불
至心歸命禮 寂進思惟佛

925 지심귀명례 대지념박불
至心歸命禮 大智念縛佛

926 지심귀명례 근군맹향불
至心歸命禮 勤群萌香佛

927 지심귀명례 적요불
至心歸命禮 寂樂佛

928 지심귀명례 덕소지불
至心歸命禮 德所至佛

929 지심귀명례 대정진문불
至心歸命禮 大精進文佛

930 지심귀명례 이의불
至心歸命禮 離疑佛

931 지심귀명례 결우불
至 心 歸 命 禮 決 偶 佛

932 지심귀명례 수미산의불
至 心 歸 命 禮 須 彌 山 意 佛

933 지심귀명례 정신불
至 心 歸 命 禮 淨 身 佛

934 지심귀명례 존위불
至 心 歸 命 禮 尊 威 佛

935 지심귀명례 상존불
至 心 歸 命 禮 上 尊 佛

936 지심귀명례 운묘고성불
至 心 歸 命 禮 雲 妙 鼓 聲 佛

937 지심귀명례 혜촌불
至 心 歸 命 禮 慧 村 佛

938 지심귀명례 청철의불
至 心 歸 命 禮 廳 徹 意 佛

939 지심귀명례 여천열불
至 心 歸 命 禮 如 天 悅 佛

940 지심귀명례 사유도불
至 心 歸 命 禮 思 惟 度 佛

941 지심귀명례 월현불
至心歸命禮 月賢佛

942 지심귀명례 대신불
至心歸命禮 大身佛

943 지심귀명례 잡화불
至心歸命禮 雜華佛

944 지심귀명례 존자재불
至心歸命禮 尊自在佛

945 지심귀명례 존상소경불
至心歸命禮 尊上所敬佛

946 지심귀명례 각선향훈불
至心歸命禮 覺善香熏佛

947 지심귀명례 존왕소경불
至心歸命禮 尊王所敬佛

948 지심귀명례 환열불
至心歸命禮 歡悅佛

949 지심귀명례 연화인불
至心歸命禮 蓮華人佛

950 지심귀명례 연화의불
至心歸命禮 蓮華意佛

991 지심귀명례 단도불
至心歸命禮 湍渡佛

992 지심귀명례 조변의불
至心歸命禮 調辯意佛

993 지심귀명례 번교불
至心歸命禮 煩教佛

994 지심귀명례 의차불
至心歸命禮 意車佛

995 지심귀명례 덕선광불
至心歸命禮 德善光佛

996 지심귀명례 견화불
至心歸命禮 見華佛

997 지심귀명례 취의불
至心歸命禮 聚意佛

998 지심귀명례 니구류수왕불
至心歸命禮 尼拘流樹王佛

999 지심귀명례 무상중왕불
至心歸命禮 無常中王佛

1000 지심귀명례 범후불
至心歸命禮 梵吼佛

1001 지심귀명례 구나제불
至心歸命禮 拘那提佛

1002 지심귀명례 구나함모니불
至心歸命禮 拘那含牟尼佛

1003 지심귀명례 견왕화불
至心歸命禮 堅王花佛

1004 지심귀명례 석가모니불
至心歸命禮 釋迦牟尼佛

1005 지심귀명례 미륵불
至心歸命禮 彌勒佛

1006 지심귀명례 사자불
至心歸命禮 師子佛

1007 지심귀명례 명염불
至心歸命禮 明焰佛

1008 지심귀명례 모니불
至心歸命禮 牟尼佛

1009 지심귀명례 화묘불
至心歸命禮 華妙佛

1010 지심귀명례 화씨불
至心歸命禮 華氏佛

1011 지심귀명례 선숙불
至 心 歸 命 禮 善 宿 佛

1012 지심귀명례 도사불
至 心 歸 命 禮 導 師 佛

1013 지심귀명례 대비불
至 心 歸 命 禮 大 臂 佛

1014 지심귀명례 법고성불
至 心 歸 命 禮 法 鼓 聲 佛

1015 지심귀명례 숙왕불
至 心 歸 命 禮 宿 王 佛

1016 지심귀명례 수약불
至 心 歸 命 禮 修 藥 佛

1017 지심귀명례 명상불
至 心 歸 命 禮 名 相 佛

1018 지심귀명례 무장애월혜불
至 心 歸 命 禮 無 障 礙 月 慧 佛

1019 지심귀명례 염견불
至 心 歸 命 禮 焰 肩 佛

1020 지심귀명례 조요불
至 心 歸 命 禮 照 曜 佛

1021 지심귀명례 일장불
至心歸命禮 日藏佛

1022 지심귀명례 월씨불
至心歸命禮 月氏佛

1023 지심귀명례 중염불
至心歸命禮 衆焰佛

1024 지심귀명례 선명불
至心歸命禮 善明佛

1025 지심귀명례 무우불
至心歸命禮 無憂佛

1026 지심귀명례 제사불
至心歸命禮 提沙佛

1027 지심귀명례 명요불
至心歸命禮 明曜佛

1028 지심귀명례 지만불
至心歸命禮 持鬘佛

1029 지심귀명례 공덕명불
至心歸命禮 功德明佛

1030 지심귀명례 시의불
至心歸命禮 示義佛

1031 지심귀명례 등요불
至心歸命禮 燈曜佛

1032 지심귀명례 흥성불
至心歸命禮 興盛佛

1033 지심귀명례 약사불
至心歸命禮 藥師佛

1034 지심귀명례 선유불
至心歸命禮 善濡佛

1035 지심귀명례 백호불
至心歸命禮 白毫佛

1036 지심귀명례 정천공양불
至心歸命禮 淨天供養佛

1037 지심귀명례 복위덕불
至心歸命禮 福威德佛

1038 지심귀명례 불가괴불
至心歸命禮 不可壞佛

1039 지심귀명례 덕상불
至心歸命禮 德相佛

1040 지심귀명례 라후불
至心歸命禮 羅睺佛

1041 지심귀명례 중주불
至心歸命禮 衆主佛

1042 지심귀명례 범성불
至心歸命禮 梵聲佛

1043 지심귀명례 견제불
至心歸命禮 堅際佛

1044 지심귀명례 불고불
至心歸命禮 不高佛

1045 지심귀명례 작명불
至心歸命禮 作明佛

1046 지심귀명례 대산불
至心歸命禮 大山佛

1047 지심귀명례 금강불
至心歸命禮 金剛佛

1048 지심귀명례 주실제왕불
至心歸命禮 住實際王佛

1049 지심귀명례 무외불
至心歸命禮 無畏佛

1050 지심귀명례 화목불
至心歸命禮 華目佛

1051 지심귀명례 진보불
至心歸命禮 珍寶佛

1052 지심귀명례 군력불
至心歸命禮 軍力佛

1053 지심귀명례 자재량불
至心歸命禮 自在量佛

1054 지심귀명례 인애불
至心歸命禮 仁愛佛

1055 지심귀명례 대위덕불
至心歸命禮 大威德佛

1056 지심귀명례 부정원불
至心歸命禮 不定願佛

1057 지심귀명례 범왕불
至心歸命禮 梵王佛

1058 지심귀명례 용덕불
至心歸命禮 龍德佛

1059 지심귀명례 견보불
至心歸命禮 堅步佛

1060 지심귀명례 불허견불
至心歸命禮 不虛見佛

1061 지심귀명례 정진덕불
至心歸命禮 精進德佛

1062 지심귀명례 환희불
至心歸命禮 歡喜佛

1063 지심귀명례 선수불
至心歸命禮 善守佛

1064 지심귀명례 불퇴불
至心歸命禮 不退佛

1065 지심귀명례 사자상불
至心歸命禮 師子相佛

1066 지심귀명례 승지불
至心歸命禮 勝知佛

1067 지심귀명례 법씨불
至心歸命禮 法氏佛

1068 지심귀명례 희왕불
至心歸命禮 喜王佛

1069 지심귀명례 묘어불
至心歸命禮 妙御佛

1070 지심귀명례 애작불
至心歸命禮 愛作佛

1071 지심귀명례 덕비불
至心歸命禮 德臂佛

1072 지심귀명례 무체불
至心歸命禮 無滯佛

1073 지심귀명례 관시불
至心歸命禮 觀視佛

1074 지심귀명례 운음불
至心歸命禮 雲音佛

1075 지심귀명례 선사불
至心歸命禮 善思佛

1076 지심귀명례 아미타성불
至心歸命禮 阿彌陀聲佛

1077 지심귀명례 잡구불
至心歸命禮 雜垢佛

1078 지심귀명례 월상불
至心歸命禮 月相佛

1079 지심귀명례 법무구월불
至心歸命禮 法無垢月佛

1080 지심귀명례 주계불
至心歸命禮 珠髻佛

1081 지심귀명례 무위맹불
至 心 歸 命 禮 無 威 猛 佛

1082 지심귀명례 법연등불
至 心 歸 命 禮 法 然 燈 佛

1083 지심귀명례 덕수불
至 心 歸 命 禮 德 樹 佛

1084 지심귀명례 탄석불
至 心 歸 命 禮 歎 釋 佛

1085 지심귀명례 혜취불
至 心 歸 命 禮 慧 聚 佛

1086 지심귀명례 안주불
至 心 歸 命 禮 安 住 佛

1087 지심귀명례 유의불
至 心 歸 命 禮 有 意 佛

1088 지심귀명례 연가타불
至 心 歸 命 禮 鳶 伽 陀 佛

1089 지심귀명례 무량변조불
至 心 歸 命 禮 無 量 遍 照 佛

1090 지심귀명례 묘색불
至 心 歸 命 禮 妙 色 佛

1091 지심귀명례 다지불
至心歸命禮 多智佛

1092 지심귀명례 광명불
至心歸命禮 光明佛

1093 지심귀명례 견계불
至心歸命禮 堅戒佛

1094 지심귀명례 길상불
至心歸命禮 吉祥佛

1095 지심귀명례 보상불
至心歸命禮 寶相佛

1096 지심귀명례 연화불
至心歸命禮 蓮華佛

1097 지심귀명례 나라연불
至心歸命禮 那羅延佛

1098 지심귀명례 안락불
至心歸命禮 安樂佛

1099 지심귀명례 지적불
至心歸命禮 智積佛

1100 지심귀명례 일연등불
至心歸命禮 日然燈佛

1101 지심귀명례 범덕불
至心歸命禮 梵德佛

1102 지심귀명례 화천불
至心歸命禮 華天佛

1103 지심귀명례 보적불
至心歸命禮 寶積佛

1104 지심귀명례 선사의불
至心歸命禮 善思議佛

1105 지심귀명례 대성취불
至心歸命禮 大成就佛

1106 지심귀명례 명문의불
至心歸命禮 名聞意佛

1107 지심귀명례 요설취불
至心歸命禮 樂說聚佛

1108 지심귀명례 금강상불
至心歸命禮 金剛相佛

1109 지심귀명례 구리불
至心歸命禮 求利佛

1110 지심귀명례 유희불
至心歸命禮 遊戲佛

1131 지심귀명례 명찬불
至心歸命禮 明讚佛

1132 지심귀명례 항복제마원불
至心歸命禮 降伏諸魔怨佛

1133 지심귀명례 구족찬불
至心歸命禮 具足讚佛

1134 지심귀명례 묘성후분신불
至心歸命禮 妙聲吼奮迅佛

1135 지심귀명례 응천불
至心歸命禮 應天佛

1136 지심귀명례 등화광명불
至心歸命禮 燈火光明佛

1137 지심귀명례 세명불
至心歸命禮 世明佛

1138 지심귀명례 묘음불
至心歸命禮 妙音佛

1139 지심귀명례 지상공덕불
至心歸命禮 持上功德佛

1140 지심귀명례 묘신개불
至心歸命禮 妙身蓋佛

1141 지심귀명례 사자협불
至心歸命禮 師子頰佛

1142 지심귀명례 보찬불
至心歸命禮 寶讚佛

1143 지심귀명례 멸과불
至心歸命禮 滅過佛

1144 지심귀명례 지감로불
至心歸命禮 持甘露佛

1145 지심귀명례 분신덕불
至心歸命禮 奮迅德佛

1146 지심귀명례 장엄불
至心歸命禮 莊嚴佛

1147 지심귀명례 인월불
至心歸命禮 人月佛

1148 지심귀명례 주명불
至心歸命禮 珠明佛

1149 지심귀명례 산정불
至心歸命禮 山頂佛

1150 지심귀명례 무외세계보승불
至心歸命禮 無畏世界寶勝佛

1151 지심귀명례 법적불
至心歸命禮 法積佛

1152 지심귀명례 정의불
至心歸命禮 定義佛

1153 지심귀명례 시원불
至心歸命禮 施願佛

1154 지심귀명례 보중불
至心歸命禮 寶衆佛

1155 지심귀명례 중왕불
至心歸命禮 衆王佛

1156 지심귀명례 유보불
至心歸命禮 遊步佛

1157 지심귀명례 안온불
至心歸命禮 安穩佛

1158 지심귀명례 법차별불
至心歸命禮 法差別佛

1159 지심귀명례 집보취불
至心歸命禮 集寶聚佛

1160 지심귀명례 극고덕불
至心歸命禮 極高德佛

1161 지심귀명례 상사자음불
至心歸命禮 上師子音佛

1162 지심귀명례 요희불
至心歸命禮 樂戲佛

1163 지심귀명례 용명불
至心歸命禮 龍明佛

1164 지심귀명례 화산불
至心歸命禮 花山佛

1165 지심귀명례 대명불
至心歸命禮 大名佛

1166 지심귀명례 향자재불
至心歸命禮 香自在佛

1167 지심귀명례 용희불
至心歸命禮 龍喜佛

1168 지심귀명례 천력불
至心歸命禮 天力佛

1169 지심귀명례 덕만불
至心歸命禮 德鬘佛

1170 지심귀명례 용수불
至心歸命禮 龍首佛

1171 지심귀명례 목장엄불
至心歸命禮 目莊嚴佛

1172 지심귀명례 선행의불
至心歸命禮 善行意佛

1173 지심귀명례 지승불
至心歸命禮 智勝佛

1174 지심귀명례 무량목불
至心歸命禮 無量目佛

1175 지심귀명례 목명불
至心歸命禮 目明佛

1176 지심귀명례 실어불
至心歸命禮 實語佛

1177 지심귀명례 정의불
至心歸命禮 定意佛

1178 지심귀명례 무량형불
至心歸命禮 無量形佛

1179 지심귀명례 명조불
至心歸命禮 明照佛

1180 지심귀명례 불실보불
至心歸命禮 不失步佛

1181 지심귀명례 대약왕불
至心歸命禮 大藥王佛

1182 지심귀명례 공덕전륜불
至心歸命禮 功德轉輪佛

1183 지심귀명례 불허보불
至心歸命禮 不虛步佛

1184 지심귀명례 각오불
至心歸命禮 覺悟佛

1185 지심귀명례 화상불
至心歸命禮 花相佛

1186 지심귀명례 산주왕불
至心歸命禮 山主王佛

1187 지심귀명례 변견불
至心歸命禮 遍見佛

1188 지심귀명례 정처세불
至心歸命禮 定處世佛

1189 지심귀명례 무량명불
至心歸命禮 無量名佛

1190 지심귀명례 보천불
至心歸命禮 寶天佛

1211 지심귀명례 능승불
至心歸命禮 能勝佛

1212 지심귀명례 공덕품불
至心歸命禮 功德品佛

1213 지심귀명례 불가혐신불
至心歸命禮 不可嫌身佛

1214 지심귀명례 득세불
至心歸命禮 得勢佛

1215 지심귀명례 무변행불
至心歸命禮 無邊行佛

1216 지심귀명례 개화불
至心歸命禮 開花佛

1217 지심귀명례 정구불
至心歸命禮 淨垢佛

1218 지심귀명례 견일체의불
至心歸命禮 見一切義佛

1219 지심귀명례 용력불
至心歸命禮 勇力佛

1220 지심귀명례 부족불
至心歸命禮 富足佛

1221 지심귀명례 복덕불
至心歸命禮 福德佛

1222 지심귀명례 수시불
至心歸命禮 隨時佛

1223 지심귀명례 공덕경불
至心歸命禮 功德敬佛

1224 지심귀명례 광의불
至心歸命禮 廣意佛

1225 지심귀명례 선적멸불
至心歸命禮 善寂滅佛

1226 지심귀명례 재천불
至心歸命禮 財天佛

1227 지심귀명례 정단의불
至心歸命禮 淨斷疑佛

1228 지심귀명례 무량지불
至心歸命禮 無量持佛

1229 지심귀명례 묘락불
至心歸命禮 妙樂佛

1230 지심귀명례 불부불
至心歸命禮 佛負佛

1231 지심귀명례 무주불
至心歸命禮 無住佛

1232 지심귀명례 득차가불
至心歸命禮 得叉伽佛

1233 지심귀명례 중수불
至心歸命禮 衆首佛

1234 지심귀명례 성광명인승불
至心歸命禮 聲光明人勝佛

1235 지심귀명례 아숙가불
至心歸命禮 阿叔迦佛

1236 지심귀명례 불사불
至心歸命禮 弗沙佛

1237 지심귀명례 무변위덕불
至心歸命禮 無邊威德佛

1238 지심귀명례 의의불
至心歸命禮 義意佛

1239 지심귀명례 약왕불
至心歸命禮 藥王佛

1240 지심귀명례 단악불
至心歸命禮 斷惡佛

1241 지심귀명례 명덕불
至心歸命禮 名德佛

1242 지심귀명례 선조불
至心歸命禮 善調佛

1243 지심귀명례 무열불
至心歸命禮 無熱佛

1244 지심귀명례 화덕불
至心歸命禮 花德佛

1245 지심귀명례 용덕불
至心歸命禮 勇德佛

1246 지심귀명례 금강군불
至心歸命禮 金剛軍佛

1247 지심귀명례 대덕불
至心歸命禮 大德佛

1248 지심귀명례 적멸의불
至心歸命禮 寂滅意佛

1249 지심귀명례 역명불
至心歸命禮 力命佛

1250 지심귀명례 바두마면불
至心歸命禮 波頭摩面佛

1251 지심귀명례 선주불
至心歸命禮 善住佛

1252 지심귀명례 무소부불
至心歸命禮 無所負佛

1253 지심귀명례 성청정불
至心歸命禮 聲淸淨佛

1254 지심귀명례 전상불
至心歸命禮 電相佛

1255 지심귀명례 공경불
至心歸命禮 恭敬佛

1256 지심귀명례 위덕수불
至心歸命禮 威德守佛

1257 지심귀명례 지일불
至心歸命禮 智日佛

1258 지심귀명례 상리불
至心歸命禮 上利佛

1259 지심귀명례 수미정불
至心歸命禮 須彌頂佛

1260 지심귀명례 치원적불
至心歸命禮 治怨賊佛

1261 지심귀명례 연화불
至心歸命禮 蓮花佛

1262 지심귀명례 응찬불
至心歸命禮 應讚佛

1263 지심귀명례 지차불
至心歸命禮 智次佛

1264 지심귀명례 이교불
至心歸命禮 離憍佛

1265 지심귀명례 묘위덕불
至心歸命禮 妙威德佛

1266 지심귀명례 상락불
至心歸命禮 常樂佛

1267 지심귀명례 불소국불
至心歸命禮 不小國佛

1268 지심귀명례 천명불
至心歸命禮 天名佛

1269 지심귀명례 심양불
至心歸命禮 甚養佛

1270 지심귀명례 무구월당칭불
至心歸命禮 無垢月幢稱佛

1271 지심귀명례 다공덕불
至心歸命禮 多功德佛

1272 지심귀명례 보월불
至心歸命禮 寶月佛

1273 지심귀명례 화광명왕불
至心歸命禮 火光明王佛

1274 지심귀명례 요선불
至心歸命禮 樂禪佛

1275 지심귀명례 무소소불
至心歸命禮 無所小佛

1276 지심귀명례 관공덕정진불
至心歸命禮 觀功德精進佛

1277 지심귀명례 덕보불
至心歸命禮 德寶佛

1278 지심귀명례 응명칭불
至心歸命禮 應名稱佛

1279 지심귀명례 화신불
至心歸命禮 花身佛

1280 지심귀명례 위덕혜불
至心歸命禮 威德慧佛

1281 지심귀명례 변재찬불
至心歸命禮 辯才讚佛

1282 지심귀명례 금강주불
至心歸命禮 金剛珠佛

1283 지심귀명례 무량수불
至心歸命禮 無量壽佛

1284 지심귀명례 주장엄불
至心歸命禮 珠莊嚴佛

1285 지심귀명례 대왕불
至心歸命禮 大王佛

1286 지심귀명례 덕고덕불
至心歸命禮 德高德佛

1287 지심귀명례 고명불
至心歸命禮 高名佛

1288 지심귀명례 백광불
至心歸命禮 百光佛

1289 지심귀명례 희열불
至心歸命禮 喜悅佛

1290 지심귀명례 용보불
至心歸命禮 龍步佛

1311 지심귀명례 사자분불
至心歸命禮 師子分佛

1312 지심귀명례 세간가락불
至心歸命禮 世間可樂佛

1313 지심귀명례 인왕불
至心歸命禮 人王佛

1314 지심귀명례 아미칭불
至心歸命禮 阿彌稱佛

1315 지심귀명례 의광명인승불
至心歸命禮 依光明人勝佛

1316 지심귀명례 보위덕불
至心歸命禮 寶威德佛

1317 지심귀명례 덕승불
至心歸命禮 德乘佛

1318 지심귀명례 각상불
至心歸命禮 覺想佛

1319 지심귀명례 희장엄불
至心歸命禮 喜莊嚴佛

1320 지심귀명례 향제불
至心歸命禮 香濟佛

1321 지심귀명례 지력주지정진불
至心歸命禮 地力住持精進佛

1322 지심귀명례 식공용불
至心歸命禮 息功用佛

1323 지심귀명례 자상불
至心歸命禮 慈相佛

1324 지심귀명례 무외거불
至心歸命禮 無畏去佛

1325 지심귀명례 견개불
至心歸命禮 堅鎧佛

1326 지심귀명례 위덕맹불
至心歸命禮 威德猛佛

1327 지심귀명례 주개불
至心歸命禮 珠鎧佛

1328 지심귀명례 인현불
至心歸命禮 仁賢佛

1329 지심귀명례 선서월불
至心歸命禮 善逝月佛

1330 지심귀명례 범자재불
至心歸命禮 梵自在佛

1331 지심귀명례 사자월불
至心歸命禮 師子月佛

1332 지심귀명례 불사색불
至心歸命禮 不死色佛

1333 지심귀명례 정생불
至心歸命禮 正生佛

1334 지심귀명례 선현덕불
至心歸命禮 善賢德佛

1335 지심귀명례 보화위요불
至心歸命禮 寶火圍遶佛

1336 지심귀명례 보명불
至心歸命禮 寶名佛

1337 지심귀명례 월관불
至心歸命禮 月觀佛

1338 지심귀명례 산광불
至心歸命禮 山光佛

1339 지심귀명례 선호불
至心歸命禮 善護佛

1340 지심귀명례 공양명불
至心歸命禮 供養名佛

1341 지심귀명례 시명불
至心歸命禮 施明佛

1342 지심귀명례 안락작승불
至心歸命禮 安樂作勝佛

1343 지심귀명례 전덕불
至心歸命禮 電德佛

1344 지심귀명례 보어불
至心歸命禮 寶語佛

1345 지심귀명례 선중불
至心歸命禮 善衆佛

1346 지심귀명례 선계불
至心歸命禮 善戒佛

1347 지심귀명례 구명불
至心歸命禮 救命佛

1348 지심귀명례 수순불
至心歸命禮 隨順佛

1349 지심귀명례 파유암불
至心歸命禮 破有闇佛

1350 지심귀명례 선승불
至心歸命禮 禪勝佛

1351 지심귀명례 사자광불
至心歸命禮 師子光佛

1352 지심귀명례 조명불
至心歸命禮 照明佛

1353 지심귀명례 이혜불
至心歸命禮 利慧佛

1354 지심귀명례 무구광명장불
至心歸命禮 無垢光明藏佛

1355 지심귀명례 향승왕불
至心歸命禮 香勝王佛

1356 지심귀명례 선적거불
至心歸命禮 善寂去佛

1357 지심귀명례 불파론불
至心歸命禮 不破論佛

1358 지심귀명례 청정월륜불
至心歸命禮 淸淨月輪佛

1359 지심귀명례 주륜불
至心歸命禮 珠輪佛

1360 지심귀명례 염미류불
至心歸命禮 焰彌留佛

1361 지심귀명례 길수불
至心歸命禮 吉手佛

1362 지심귀명례 선월불
至心歸命禮 善月佛

1363 지심귀명례 보염불
至心歸命禮 寶焰佛

1364 지심귀명례 라후수불
至心歸命禮 羅睺守佛

1365 지심귀명례 요보리불
至心歸命禮 樂菩提佛

1366 지심귀명례 등광불
至心歸命禮 等光佛

1367 지심귀명례 금지화불
至心歸命禮 金枝花佛

1368 지심귀명례 세최묘불
至心歸命禮 世最妙佛

1369 지심귀명례 무비설불
至心歸命禮 無比說佛

1370 지심귀명례 십세력불
至心歸命禮 十勢力佛

1371 지심귀명례 희력불
至心歸命禮 喜力佛

1372 지심귀명례 덕세력불
至心歸命禮 德勢力佛

1373 지심귀명례 불염족장불
至心歸命禮 不厭足藏佛

1374 지심귀명례 대세력불
至心歸命禮 大勢力佛

1375 지심귀명례 공덕장불
至心歸命禮 功德藏佛

1376 지심귀명례 진행불
至心歸命禮 眞行佛

1377 지심귀명례 상안불
至心歸命禮 上安佛

1378 지심귀명례 조현승불
至心歸命禮 照賢勝佛

1379 지심귀명례 바두마장불
至心歸命禮 波頭摩藏佛

1380 지심귀명례 견용맹보불
至心歸命禮 堅勇猛寶佛

1381 지심귀명례 광덕불
至心歸命禮 廣德佛

1382 지심귀명례 공덕산장불
至心歸命禮 功德山藏佛

1383 지심귀명례 복덕명불
至心歸命禮 福德明佛

1384 지심귀명례 조개불
至心歸命禮 造鎧佛

1385 지심귀명례 성수불
至心歸命禮 成手佛

1386 지심귀명례 선화불
至心歸命禮 善華佛

1387 지심귀명례 집보불
至心歸命禮 集寶佛

1388 지심귀명례 대해불
至心歸命禮 大海佛

1389 지심귀명례 지지불
至心歸命禮 持地佛

1390 지심귀명례 최법칭불
至心歸命禮 最法稱佛

1431 지심귀명례 범재불
至心歸命禮 梵財佛

1432 지심귀명례 보음불
至心歸命禮 寶音佛

1433 지심귀명례 정지불
至心歸命禮 正智佛

1434 지심귀명례 역득불
至心歸命禮 力得佛

1435 지심귀명례 승성취화불
至心歸命禮 勝成就華佛

1436 지심귀명례 화상불
至心歸命禮 華相佛

1437 지심귀명례 대모니불
至心歸命禮 大牟尼佛

1438 지심귀명례 화치불
至心歸命禮 華齒佛

1439 지심귀명례 금강모니불
至心歸命禮 金剛牟尼佛

1440 지심귀명례 명보불
至心歸命禮 名寶佛

1441 지심귀명례 희유명불
至心歸命禮 希有名佛

1442 지심귀명례 상계불
至心歸命禮 上戒佛

1443 지심귀명례 승쾌불
至心歸命禮 勝快佛

1444 지심귀명례 일명불
至心歸命禮 日明佛

1445 지심귀명례 범수불
至心歸命禮 梵壽佛

1446 지심귀명례 일체천불
至心歸命禮 一切天佛

1447 지심귀명례 청정장엄불
至心歸命禮 清淨莊嚴佛

1448 지심귀명례 무과지혜불
至心歸命禮 無過智慧佛

1449 지심귀명례 주장불
至心歸命禮 珠藏佛

1450 지심귀명례 덕류포불
至心歸命禮 德流布佛

1451 지심귀명례 능인불
至心歸命禮 能人佛

1452 지심귀명례 무박불
至心歸命禮 無縛佛

1453 지심귀명례 견법불
至心歸命禮 堅法佛

1454 지심귀명례 천덕불
至心歸命禮 天德佛

1455 지심귀명례 범모니불
至心歸命禮 梵牟尼佛

1456 지심귀명례 안상행불
至心歸命禮 安詳行佛

1457 지심귀명례 근정진불
至心歸命禮 勤精進佛

1458 지심귀명례 무애승행불
至心歸命禮 無礙勝行佛

1459 지심귀명례 적멸거불
至心歸命禮 寂滅去佛

1460 지심귀명례 덕성불
至心歸命禮 德聲佛

1461 지심귀명례 담복화불
至心歸命禮 薝蔔花佛

1462 지심귀명례 사라집불
至心歸命禮 莎羅集佛

1463 지심귀명례 조현수승불
至心歸命禮 照賢首勝佛

1464 지심귀명례 대애불
至心歸命禮 大愛佛

1465 지심귀명례 수만색불
至心歸命禮 須曼色佛

1466 지심귀명례 중묘불
至心歸命禮 衆妙佛

1467 지심귀명례 가락불
至心歸命禮 可樂佛

1468 지심귀명례 세력행불
至心歸命禮 勢力行佛

1469 지심귀명례 선정의불
至心歸命禮 善定義佛

1470 지심귀명례 우왕불
至心歸命禮 牛王佛

1511 지심귀명례 공덕광불
至心歸命禮 功德光佛

1512 지심귀명례 성류포불
至心歸命禮 聲流布佛

1513 지심귀명례 명항복진자재불
至心歸命禮 名降伏瞋自在佛

1514 지심귀명례 화광불
至心歸命禮 花光佛

1515 지심귀명례 선성왕불
至心歸命禮 善成王佛

1516 지심귀명례 등왕불
至心歸命禮 燈王佛

1517 지심귀명례 무애성지불
至心歸命禮 無礙聲智佛

1518 지심귀명례 안주법불
至心歸命禮 安住法佛

1519 지심귀명례 광명무구장불
至心歸命禮 光明無垢藏佛

1520 지심귀명례 무소발행불
至心歸命禮 無所發行佛

1521 지심귀명례 화장불
至心歸命禮 華藏佛

1522 지심귀명례 사유감로불
至心歸命禮 思惟甘露佛

1523 지심귀명례 신단엄불
至心歸命禮 身端嚴佛

1524 지심귀명례 정의불
至心歸命禮 淨義佛

1525 지심귀명례 위맹군불
至心歸命禮 威猛軍佛

1526 지심귀명례 무장애성불
至心歸命禮 無障礙聲佛

1527 지심귀명례 역행불
至心歸命禮 力行佛

1528 지심귀명례 라후천불
至心歸命禮 羅睺天佛

1529 지심귀명례 지취불
至心歸命禮 智聚佛

1530 지심귀명례 양염불
至心歸命禮 陽炎佛

1531 지심귀명례 여왕불
至心歸命禮 如王佛

1532 지심귀명례 승복전불
至心歸命禮 勝福田佛

1533 지심귀명례 라후라불
至心歸命禮 羅睺羅佛

1534 지심귀명례 대약불
至心歸命禮 大藥佛

1535 지심귀명례 난사벽지불
至心歸命禮 難捨辟支佛

1536 지심귀명례 복덕칭상승불
至心歸命禮 福德稱上勝佛

1537 지심귀명례 덕수불
至心歸命禮 德手佛

1538 지심귀명례 명무외불
至心歸命禮 名無畏佛

1539 지심귀명례 유포왕불
至心歸命禮 流布王佛

1540 지심귀명례 불류보불
至心歸命禮 不謬步佛

1541 지심귀명례 법장불
至心歸命禮 法藏佛

1542 지심귀명례 묘의불
至心歸命禮 妙意佛

1543 지심귀명례 덕주불
至心歸命禮 德主佛

1544 지심귀명례 실제칭불
至心歸命禮 實諦稱佛

1545 지심귀명례 혜정불
至心歸命禮 慧頂佛

1546 지심귀명례 지당왕불
至心歸命禮 智幢王佛

1547 지심귀명례 의행불
至心歸命禮 意行佛

1548 지심귀명례 범음불
至心歸命禮 梵音佛

1549 지심귀명례 보공덕견고왕불
至心歸命禮 普功德堅固王佛

1550 지심귀명례 뇌음불
至心歸命禮 雷音佛

1551 지심귀명례 통상불
至心歸命禮 通相佛

1552 지심귀명례 혜음불
至心歸命禮 慧音佛

1553 지심귀명례 일화승왕불
至心歸命禮 日華勝王佛

1554 지심귀명례 선덕장엄불
至心歸命禮 善德莊嚴佛

1555 지심귀명례 공덕위덕불
至心歸命禮 功德威德佛

1556 지심귀명례 이타목불
至心歸命禮 梨陀目佛

1557 지심귀명례 사자지불
至心歸命禮 師子智佛

1558 지심귀명례 실상불
至心歸命禮 實相佛

1559 지심귀명례 득불안수불
至心歸命禮 得佛眼輸佛

1560 지심귀명례 불몰음불
至心歸命禮 不沒音佛

1561 지심귀명례 시무의왕불
至心歸命禮 示無義王佛

1562 지심귀명례 음덕불
至心歸命禮 音德佛

1563 지심귀명례 장엄사불
至心歸命禮 莊嚴辭佛

1564 지심귀명례 용지불
至心歸命禮 勇智佛

1565 지심귀명례 화적불
至心歸命禮 花積佛

1566 지심귀명례 화개불
至心歸命禮 花開佛

1567 지심귀명례 일체행광명승불
至心歸命禮 一切行光明勝佛

1568 지심귀명례 덕적불
至心歸命禮 德積佛

1569 지심귀명례 상형색불
至心歸命禮 上形色佛

1570 지심귀명례 금색화불
至心歸命禮 金色花佛

1571 지심귀명례 월등불
至心歸命禮 月燈佛

1572 지심귀명례 위덕왕불
至心歸命禮 威德王佛

1573 지심귀명례 보리왕불
至心歸命禮 菩提王佛

1574 지심귀명례 무진불
至心歸命禮 無盡佛

1575 지심귀명례 보리안불
至心歸命禮 菩提眼佛

1576 지심귀명례 신충만불
至心歸命禮 身充滿佛

1577 지심귀명례 혜국불
至心歸命禮 惠國佛

1578 지심귀명례 최상불
至心歸命禮 最上佛

1579 지심귀명례 청량조불
至心歸命禮 清凉照佛

1580 지심귀명례 혜덕불
至心歸命禮 慧德佛

1581 지심귀명례 묘음성불
至心歸命禮 妙音聲佛

1582 지심귀명례 선야마불
至心歸命禮 善夜摩佛

1583 지심귀명례 무파장불
至心歸命禮 無破藏佛

1584 지심귀명례 상시불
至心歸命禮 上施佛

1585 지심귀명례 대존불
至心歸命禮 大尊佛

1586 지심귀명례 지세불
至心歸命禮 智勢佛

1587 지심귀명례 대염불
至心歸命禮 大焰佛

1588 지심귀명례 제왕불
至心歸命禮 帝王佛

1589 지심귀명례 제력불
至心歸命禮 制力佛

1590 지심귀명례 중상수자재불
至心歸命禮 衆上首自在佛

1591 지심귀명례 쾌위덕불
至心歸命禮 快威德佛

1592 지심귀명례 명문불
至心歸命禮 名聞佛

1593 지심귀명례 단엄불
至心歸命禮 端嚴佛

1594 지심귀명례 무진구불
至心歸命禮 無塵垢佛

1595 지심귀명례 위의불
至心歸命禮 威儀佛

1596 지심귀명례 사자군불
至心歸命禮 師子軍佛

1597 지심귀명례 천왕불
至心歸命禮 泉王佛

1598 지심귀명례 명성불
至心歸命禮 名聲佛

1599 지심귀명례 수승불
至心歸命禮 殊勝佛

1600 지심귀명례 대장불
至心歸命禮 大藏佛

1601 지심귀명례 복덕광불
至心歸命禮 福德光佛

1602 지심귀명례 법용불
至心歸命禮 法用佛

1603 지심귀명례 명락법분신불
至心歸命禮 名樂法奮迅佛

1604 지심귀명례 지정불
至心歸命禮 智頂佛

1605 지심귀명례 보염권속불
至心歸命禮 寶炎眷屬佛

1606 지심귀명례 지왕불
至心歸命禮 地王佛

1607 지심귀명례 지해탈불
至心歸命禮 至解脫佛

1608 지심귀명례 금계불
至心歸命禮 金髻佛

1609 지심귀명례 라후일불
至心歸命禮 羅睺日佛

1610 지심귀명례 명파괴마륜불
至心歸命禮 名破壞魔輪佛

1631 지심귀명례 법정불
至心歸命禮 法頂佛

1632 지심귀명례 주지위덕승불
至心歸命禮 住持威德勝佛

1633 지심귀명례 선단엄불
至心歸命禮 善端嚴佛

1634 지심귀명례 길신불
至心歸命禮 吉身佛

1635 지심귀명례 사자리불
至心歸命禮 師子利佛

1636 지심귀명례 화루나불
至心歸命禮 和樓那佛

1637 지심귀명례 사자법불
至心歸命禮 師子法佛

1638 지심귀명례 등월왕불
至心歸命禮 等月王佛

1639 지심귀명례 애락불
至心歸命禮 愛樂佛

1640 지심귀명례 찬부동불
至心歸命禮 讚不動佛

1641 지심귀명례 중명왕불
至心歸命禮 衆明王佛

1642 지심귀명례 동남방치지불
至心歸命禮 東南方治地佛

1643 지심귀명례 묘명불
至心歸命禮 妙明佛

1644 지심귀명례 의주의불
至心歸命禮 意住義佛

1645 지심귀명례 광조불
至心歸命禮 光照佛

1646 지심귀명례 향덕불
至心歸命禮 香德佛

1647 지심귀명례 영희불
至心歸命禮 令喜佛

1648 지심귀명례 불허행불
至心歸命禮 不虛行佛

1649 지심귀명례 멸에불
至心歸命禮 滅恚佛

1650 지심귀명례 상색불
至心歸命禮 上色佛

1651 지심귀명례 선보불
至心歸命禮 善步佛

1652 지심귀명례 대음찬불
至心歸命禮 大音讚佛

1653 지심귀명례 당향불
至心歸命禮 當香佛

1654 지심귀명례 일천불
至心歸命禮 日天佛

1655 지심귀명례 요혜불
至心歸命禮 樂惠佛

1656 지심귀명례 섭신불
至心歸命禮 攝身佛

1657 지심귀명례 위덕세불
至心歸命禮 威德勢佛

1658 지심귀명례 이리불
至心歸命禮 利利佛

1659 지심귀명례 무구덕불
至心歸命禮 無垢德佛

1660 지심귀명례 상금불
至心歸命禮 上金佛

1661 지심귀명례 해탈계불
至心歸命禮 解脫髻佛

1662 지심귀명례 요법불
至心歸命禮 樂法佛

1663 지심귀명례 주행불
至心歸命禮 住行佛

1664 지심귀명례 사교만불
至心歸命禮 捨憍慢佛

1665 지심귀명례 지장불
至心歸命禮 智藏佛

1666 지심귀명례 범행불
至心歸命禮 梵行佛

1667 지심귀명례 전단불
至心歸命禮 栴檀佛

1668 지심귀명례 무우명불
至心歸命禮 無憂命佛

1669 지심귀명례 단엄신불
至心歸命禮 端嚴身佛

1670 지심귀명례 상국불
至心歸命禮 相國佛

1671 지심귀명례 무애장엄불
至心歸命禮 無礙莊嚴佛

1672 지심귀명례 대고산불
至心歸命禮 大高山佛

1673 지심귀명례 천광불
至心歸命禮 天光佛

1674 지심귀명례 혜화불
至心歸命禮 惠華佛

1675 지심귀명례 빈두마불
至心歸命禮 頻頭摩佛

1676 지심귀명례 지부불
至心歸命禮 智富佛

1677 지심귀명례 우바라화만불
至心歸命禮 憂波羅花鬘佛

1678 지심귀명례 보수불
至心歸命禮 寶手佛

1679 지심귀명례 정근불
至心歸命禮 淨根佛

1680 지심귀명례 구족론불
至心歸命禮 具足論佛

1681 지심귀명례 상론불
至心歸命禮 上論佛

1682 지심귀명례 보리광명불
至心歸命禮 菩提光明佛

1683 지심귀명례 요일불
至心歸命禮 樂日佛

1684 지심귀명례 유월불
至心歸命禮 有月佛

1685 지심귀명례 출니불
至心歸命禮 出泥佛

1686 지심귀명례 득지불
至心歸命禮 得智佛

1687 지심귀명례 상길불
至心歸命禮 上吉佛

1688 지심귀명례 찬라불
至心歸命禮 讚羅佛

1689 지심귀명례 법락불
至心歸命禮 法樂佛

1690 지심귀명례 구승불
至心歸命禮 求勝佛

1691 지심귀명례 주지속행불
至心歸命禮 住持速行佛

1692 지심귀명례 선성불
至心歸命禮 善聖佛

1693 지심귀명례 망광불
至心歸命禮 網光佛

1694 지심귀명례 유리장불
至心歸命禮 琉璃藏佛

1695 지심귀명례 승당승불
至心歸命禮 勝幢勝佛

1696 지심귀명례 이적불
至心歸命禮 利寂佛

1697 지심귀명례 교화불
至心歸命禮 敎化佛

1698 지심귀명례 세천불
至心歸命禮 世天佛

1699 지심귀명례 사라왕산장불
至心歸命禮 莎羅王山藏佛

1700 지심귀명례 중덕상명불
至心歸命禮 衆德上明佛

1701 지심귀명례 보덕불
至心歸命禮 寶德佛

1702 지심귀명례 아라마불
至心歸命禮 阿羅摩佛

1703 지심귀명례 바루나천불
至心歸命禮 婆樓那天佛

1704 지심귀명례 감로명불
至心歸命禮 甘露明佛

1705 지심귀명례 지화성취불
至心歸命禮 智花成就佛

1706 지심귀명례 방광명월불
至心歸命禮 放光明月佛

1707 지심귀명례 일체왕불
至心歸命禮 一切王佛

1708 지심귀명례 요지불
至心歸命禮 樂智佛

1709 지심귀명례 산왕불
至心歸命禮 山王佛

1710 지심귀명례 적멸불
至心歸命禮 寂滅佛

1711 지심귀명례 덕취력불
至心歸命禮 德聚力佛

1712 지심귀명례 행성취득명불
至心歸命禮 行成就得名佛

1713 지심귀명례 자업불
至心歸命禮 自業佛

1714 지심귀명례 묘화불
至心歸命禮 妙花佛

1715 지심귀명례 불가견불
至心歸命禮 不可見佛

1716 지심귀명례 공덕위취불
至心歸命禮 功德威聚佛

1717 지심귀명례 지무등불
至心歸命禮 智無等佛

1718 지심귀명례 감로음불
至心歸命禮 甘露音佛

1719 지심귀명례 선수불
至心歸命禮 善手佛

1720 지심귀명례 성여의통불
至心歸命禮 成如意通佛

1721 지심귀명례 사해탈의불
至心歸命禮 事解脫義佛

1722 지심귀명례 승음불
至心歸命禮 勝音佛

1723 지심귀명례 이타행불
至心歸命禮 梨陀行佛

1724 지심귀명례 선의불
至心歸命禮 善義佛

1725 지심귀명례 무과불
至心歸命禮 無過佛

1726 지심귀명례 행선불
至心歸命禮 行善佛

1727 지심귀명례 화장불
至心歸命禮 花藏佛

1728 지심귀명례 묘광불
至心歸命禮 妙光佛

1729 지심귀명례 요설불
至心歸命禮 樂說佛

1730 지심귀명례 선제불
至心歸命禮 善濟佛

1731 지심귀명례 능단일체업불
至心歸命禮 能斷一切業佛

1732 지심귀명례 인연광명불
至心歸命禮 因緣光明佛

1733 지심귀명례 요명불
至心歸命禮 樂明佛

1734 지심귀명례 변재일불
至心歸命禮 辯才日佛

1735 지심귀명례 무우승불
至心歸命禮 無憂勝佛

1736 지심귀명례 보월명불
至心歸命禮 寶月明佛

1737 지심귀명례 무변청정불
至心歸命禮 無邊清淨佛

1738 지심귀명례 사자애불
至心歸命禮 師子愛佛

1739 지심귀명례 대견불
至心歸命禮 大見佛

1740 지심귀명례 적정공덕보불
至心歸命禮 寂靜功德步佛

1741 지심귀명례 대계중불
至心歸命禮 大雞中佛

1742 지심귀명례 혜제불
至心歸命禮 惠濟佛

1743 지심귀명례 무등음불
至心歸命禮 無等音佛

1744 지심귀명례 보혜불
至心歸命禮 寶慧佛

1745 지심귀명례 보리의불
至心歸命禮 菩提意佛

1746 지심귀명례 수왕불
至心歸命禮 樹王佛

1747 지심귀명례 반타음불
至心歸命禮 槃陀音佛

1748 지심귀명례 복덕력불
至心歸命禮 福德力佛

1749 지심귀명례 세덕불
至心歸命禮 勢德佛

1750 지심귀명례 성애불
至心歸命禮 聖愛佛

1751 지심귀명례 세행불
至心歸命禮 勢行佛

1752 지심귀명례 호박불
至心歸命禮 琥珀佛

1753 지심귀명례 뇌음운불
至心歸命禮 雷音雲佛

1754 지심귀명례 선애목불
至心歸命禮 善愛目佛

1755 지심귀명례 선지불
至心歸命禮 善智佛

1756 지심귀명례 구족불
至心歸命禮 具足佛

1757 지심귀명례 전발기불
至心歸命禮 轉發起佛

1758 지심귀명례 무변혜불
至心歸命禮 無邊慧佛

1759 지심귀명례 법상불
至心歸命禮 法相佛

1760 지심귀명례 지음불
至心歸命禮 智音佛

1761 지심귀명례 허공불
至心歸命禮 虛空佛

1762 지심귀명례 사음불
至心歸命禮 祠音佛

1763 지심귀명례 혜음차별불
至心歸命禮 慧音差別佛

1764 지심귀명례 적정상불
至心歸命禮 寂靜上佛

1765 지심귀명례 성왕불
至心歸命禮 聖王佛

1766 지심귀명례 중의불
至心歸命禮 衆意佛

1767 지심귀명례 변재론불
至心歸命禮 辯才論佛

1768 지심귀명례 선적불
至心歸命禮 善寂佛

1769 지심귀명례 친광불
至心歸命禮 親光佛

1770 지심귀명례 성취승불
至心歸命禮 成就勝佛

1771 지심귀명례 해향염불
至心歸命禮 海香炎佛

1772 지심귀명례 공덕집불
至心歸命禮 功德集佛

1773 지심귀명례 화덕상불
至心歸命禮 花德相佛

1774 지심귀명례 변재국불
至心歸命禮 辯才國佛

1775 지심귀명례 보시불
至心歸命禮 寶施佛

1776 지심귀명례 애월불
至心歸命禮 愛月佛

1777 지심귀명례 월묘불
至心歸命禮 月妙佛

1778 지심귀명례 찬택섭취불
至心歸命禮 撰擇攝取佛

1779 지심귀명례 종종행왕불
至心歸命禮 種種行王佛

1780 지심귀명례 대월향불
至心歸命禮 大月香佛

1781 지심귀명례 등정불
至心歸命禮 等定佛

1782 지심귀명례 불괴불
至心歸命禮 不壞佛

1783 지심귀명례 멸구불
至心歸命禮 滅垢佛

1784 지심귀명례 불실력불
至心歸命禮 不失力佛

1785 지심귀명례 무요불
至心歸命禮 無嬈佛

1786 지심귀명례 묘면불
至心歸命禮 妙面佛

1787 지심귀명례 지제주불
至心歸命禮 智制住佛

1788 지심귀명례 법사왕불
至心歸命禮 法師王佛

1789 지심귀명례 무변장불
至心歸命禮 無邊杖佛

1790 지심귀명례 심의불
至心歸命禮 深意佛

1791 지심귀명례 무량불
至心歸命禮 無量佛

1792 지심귀명례 차별지불
至心歸命禮 差別智佛

1793 지심귀명례 세공양불
至心歸命禮 世供養佛

1794 지심귀명례 아승가의염불
至心歸命禮 阿僧伽意炎佛

1795 지심귀명례 삼세공불
至心歸命禮 三世供佛

1796 지심귀명례 응일장불
至心歸命禮 應日藏佛

1797 지심귀명례 천공양불
至心歸命禮 天供養佛

1798 지심귀명례 상지인불
至心歸命禮 上智人佛

1799 지심귀명례 진계불
至心歸命禮 眞髻佛

1800 지심귀명례 신감로불
至心歸命禮 信甘露佛

1801 지심귀명례 해탈위덕불
至心歸命禮 解脫威德佛

1802 지심귀명례 선의주지불
至心歸命禮 善意住持佛

1803 지심귀명례 보견명불
至心歸命禮 寶肩明佛

1804 지심귀명례 이타보불
至心歸命禮 梨陀步佛

1805 지심귀명례 수목불
至心歸命禮 隨目佛

1806 지심귀명례 청정불
至心歸命禮 清淨佛

1807 지심귀명례 명력불
至心歸命禮 明力佛

1808 지심귀명례 공덕취불
至心歸命禮 功德聚佛

1809 지심귀명례 구족덕불
至心歸命禮 具足德佛

1810 지심귀명례 산자재왕불
至心歸命禮 山自在王佛

1851 지심귀명례 능파제외불
至心歸命禮 能破諸畏佛

1852 지심귀명례 선위덕불
至心歸命禮 善威德佛

1853 지심귀명례 지력덕불
至心歸命禮 智力德佛

1854 지심귀명례 선등불
至心歸命禮 善燈佛

1855 지심귀명례 견행불
至心歸命禮 堅行佛

1856 지심귀명례 천음불
至心歸命禮 天音佛

1857 지심귀명례 요안불
至心歸命禮 樂安佛

1858 지심귀명례 이열불
至心歸命禮 離熱佛

1859 지심귀명례 쇄금강불
至心歸命禮 碎金剛佛

1860 지심귀명례 계명불
至心歸命禮 戒明佛

1861 지심귀명례 주계불
至心歸命禮 住戒佛

1862 지심귀명례 보연화승불
至心歸命禮 寶蓮華勝佛

1863 지심귀명례 견출불
至心歸命禮 堅出佛

1864 지심귀명례 안사나불
至心歸命禮 安闍那佛

1865 지심귀명례 증익불
至心歸命禮 增益佛

1866 지심귀명례 향명불
至心歸命禮 香明佛

1867 지심귀명례 위람명불
至心歸命禮 違藍明佛

1868 지심귀명례 염왕불
至心歸命禮 念王佛

1869 지심귀명례 밀발불
至心歸命禮 蜜鉢佛

1870 지심귀명례 무애상불
至心歸命禮 無碍相佛

1871 지심귀명례 지묘도불
至心歸命禮 至妙道佛

1872 지심귀명례 신계불
至心歸命禮 信戒佛

1873 지심귀명례 요보불
至心歸命禮 樂寶佛

1874 지심귀명례 명법불
至心歸命禮 明法佛

1875 지심귀명례 구위덕불
至心歸命禮 具威德佛

1876 지심귀명례 대자불
至心歸命禮 大慈佛

1877 지심귀명례 상자불
至心歸命禮 上慈佛

1878 지심귀명례 묘정불
至心歸命禮 妙頂佛

1879 지심귀명례 감로주불
至心歸命禮 甘露主佛

1880 지심귀명례 미루명불
至心歸命禮 彌樓明佛

1881 지심귀명례 성찬불
至心歸命禮 聖讚佛

1882 지심귀명례 광조불
至心歸命禮 廣照佛

1883 지심귀명례 선적정심불
至心歸命禮 善寂淨心佛

1884 지심귀명례 견명불
至心歸命禮 見明佛

1885 지심귀명례 선행보불
至心歸命禮 善行報佛

1886 지심귀명례 선희불
至心歸命禮 善喜佛

1887 지심귀명례 사광명불
至心歸命禮 捨光明佛

1888 지심귀명례 인위덕불
至心歸命禮 仁威德佛

1889 지심귀명례 지력정진불
至心歸命禮 地力精進佛

1890 지심귀명례 요복덕불
至心歸命禮 樂福德佛

1911 지심귀명례 라후월불
至心歸命禮 羅睺月佛

1912 지심귀명례 대염장불
至心歸命禮 大炎藏佛

1913 지심귀명례 약사상불
至心歸命禮 藥師上佛

1914 지심귀명례 지세력불
至心歸命禮 持勢力佛

1915 지심귀명례 안온애불
至心歸命禮 安穩愛佛

1916 지심귀명례 희명불
至心歸命禮 喜明佛

1917 지심귀명례 호음불
至心歸命禮 好音佛

1918 지심귀명례 대보륜불
至心歸命禮 大寶輪佛

1919 지심귀명례 폐색마불
至心歸命禮 閉塞魔佛

1920 지심귀명례 선업불
至心歸命禮 善業佛

1921 지심귀명례 음무착불
至心歸命禮 音無錯佛

1922 지심귀명례 대시불
至心歸命禮 大施佛

1923 지심귀명례 명찬불
至心歸命禮 名讚佛

1924 지심귀명례 세자재불
至心歸命禮 世自在佛

1925 지심귀명례 조제취연등불
至心歸命禮 照諸趣然燈佛

1926 지심귀명례 중상불
至心歸命禮 衆相佛

1927 지심귀명례 공덕칭불
至心歸命禮 功德稱佛

1928 지심귀명례 지혜불류불
至心歸命禮 智慧不謬佛

1929 지심귀명례 무변변상불
至心歸命禮 無邊辯相佛

1930 지심귀명례 멸치불
至心歸命禮 滅癡佛

1931 지심귀명례 변의불
至心歸命禮 辯意佛

1932 지심귀명례 전후상불
至心歸命禮 前後上佛

1933 지심귀명례 무변형불
至心歸命禮 無邊形佛

1934 지심귀명례 이타법불
至心歸命禮 梨陀法佛

1935 지심귀명례 응공양불
至心歸命禮 應供養佛

1936 지심귀명례 도우불
至心歸命禮 度憂佛

1937 지심귀명례 선친불
至心歸命禮 善親佛

1938 지심귀명례 세의불
至心歸命禮 世意佛

1939 지심귀명례 애신불
至心歸命禮 愛身佛

1940 지심귀명례 묘족불
至心歸命禮 妙足佛

1941 지심귀명례 우발라불
至 心 歸 命 禮 優 鉢 羅 佛

1942 지심귀명례 화영불
至 心 歸 命 禮 華 纓 佛

1943 지심귀명례 무변변광불
至 心 歸 命 禮 無 邊 辯 光 佛

1944 지심귀명례 신성불
至 心 歸 命 禮 信 聖 佛

1945 지심귀명례 덕정진불
至 心 歸 命 禮 德 精 進 佛

1946 지심귀명례 진실불
至 心 歸 命 禮 眞 實 佛

1947 지심귀명례 천주불
至 心 歸 命 禮 天 主 佛

1948 지심귀명례 요고음불
至 心 歸 命 禮 樂 高 音 佛

1949 지심귀명례 신정불
至 心 歸 命 禮 信 淨 佛

1950 지심귀명례 바기라타불
至 心 歸 命 禮 婆 耆 羅 陀 佛

1951 지심귀명례 복덕음불
至心歸命禮 福德音佛

1952 지심귀명례 불퇴법계후불
至心歸命禮 不退法界吼佛

1953 지심귀명례 무변덕불
至心歸命禮 無邊德佛

1954 지심귀명례 공덕미불
至心歸命禮 功德味佛

1955 지심귀명례 신청정불
至心歸命禮 信淸淨佛

1956 지심귀명례 취성불
至心歸命禮 聚成佛

1957 지심귀명례 사자유불
至心歸命禮 師子遊佛

1958 지심귀명례 행명불
至心歸命禮 行明佛

1959 지심귀명례 용음불
至心歸命禮 龍音佛

1960 지심귀명례 지륜불
至心歸命禮 持輪佛

1961 지심귀명례 재성불
至心歸命禮 財成佛

1962 지심귀명례 세애불
至心歸命禮 世愛佛

1963 지심귀명례 법명불
至心歸命禮 法名佛

1964 지심귀명례 무량보명불
至心歸命禮 無量寶名佛

1965 지심귀명례 운상불
至心歸命禮 雲相佛

1966 지심귀명례 혜도불
至心歸命禮 惠道佛

1967 지심귀명례 향풍불
至心歸命禮 香風佛

1968 지심귀명례 허공음불
至心歸命禮 虛空音佛

1969 지심귀명례 증장희불
至心歸命禮 增長喜佛

1970 지심귀명례 장엄면불
至心歸命禮 莊嚴面佛

1971 지심귀명례 주정불
至心歸命禮 珠淨佛

1972 지심귀명례 선재불
至心歸命禮 善財佛

1973 지심귀명례 등염불
至心歸命禮 燈焰佛

1974 지심귀명례 보음성불
至心歸命禮 寶音聲佛

1975 지심귀명례 인주왕불
至心歸命禮 人主王佛

1976 지심귀명례 정진선불
至心歸命禮 精進仙佛

1977 지심귀명례 미루위덕불
至心歸命禮 彌樓威德佛

1978 지심귀명례 나라연장불
至心歸命禮 那羅延藏佛

1979 지심귀명례 보명문불
至心歸命禮 寶名聞佛

1980 지심귀명례 득리불
至心歸命禮 得利佛

1981 지심귀명례 승분신위덕불
至 心 歸 命 禮 勝 奮 迅 威 德 佛

1982 지심귀명례 세화불
至 心 歸 命 禮 世 華 佛

1983 지심귀명례 고정불
至 心 歸 命 禮 高 頂 佛

1984 지심귀명례 무변변재성불
至 心 歸 命 禮 無 邊 辯 才 成 佛

1985 지심귀명례 차별지견불
至 心 歸 命 禮 差 別 知 見 佛

1986 지심귀명례 사자아불
至 心 歸 命 禮 師 子 牙 佛

1987 지심귀명례 이타보불
至 心 歸 命 禮 利 他 步 佛

1988 지심귀명례 천마사다불
至 心 歸 命 禮 天 摩 私 多 佛

1989 지심귀명례 법등개불
至 心 歸 命 禮 法 燈 蓋 佛

1990 지심귀명례 목건련불
至 心 歸 命 禮 目 犍 蓮 佛

1991 지심귀명례 무우국불
至心歸命禮 無優國佛

1992 지심귀명례 의사유불
至心歸命禮 意思惟佛

1993 지심귀명례 주청정불
至心歸命禮 住清淨佛

1994 지심귀명례 법천경불
至心歸命禮 法天敬佛

1995 지심귀명례 단세력불
至心歸命禮 斷勢力佛

1996 지심귀명례 극세력불
至心歸命禮 極勢力佛

1997 지심귀명례 장신불
至心歸命禮 藏信佛

1998 지심귀명례 견음불
至心歸命禮 堅音佛

1999 지심귀명례 노사나광명불
至心歸命禮 盧舍那光明佛

2000 지심귀명례 묘의불
至心歸命禮 妙義佛

2001 지심귀명례 용위불
至心歸命禮 龍威佛

2002 지심귀명례 화엄불
至心歸命禮 華嚴佛

2003 지심귀명례 왕중왕불
至心歸命禮 王中王佛

2004 지심귀명례 아수륜왕호불
至心歸命禮 阿須輪王護佛

2005 지심귀명례 작길상불
至心歸命禮 作吉祥佛

2006 지심귀명례 사자혜불
至心歸命禮 師子慧佛

2007 지심귀명례 보의불
至心歸命禮 寶意佛

2008 지심귀명례 성판사불
至心歸命禮 成辦事佛

2009 지심귀명례 성판사견근원불
至心歸命禮 成辦事見根原佛

2010 지심귀명례 종성화불
至心歸命禮 種姓華佛

2011 지심귀명례 고뢰음불
至心歸命禮 高雷音佛

2012 지심귀명례 무비변불
至心歸命禮 無比辯佛

2013 지심귀명례 지혜자재불
至心歸命禮 智慧自在佛

2014 지심귀명례 무외일불
至心歸命禮 無畏日佛

2015 지심귀명례 위회보불
至心歸命禮 威懷步佛

2016 지심귀명례 복덕광명불
至心歸命禮 福德光明佛

2017 지심귀명례 대지당불
至心歸命禮 大智幢佛

2018 지심귀명례 목건련성불
至心歸命禮 目健蓮性佛

2019 지심귀명례 무우촌불
至心歸命禮 無憂村佛

2020 지심귀명례 사유지혜불
至心歸命禮 思惟智慧佛

2021 지심귀명례 의지불
至心歸命禮 意智佛

2022 지심귀명례 제천공양법불
至心歸命禮 諸天供養法佛

2023 지심귀명례 용한불
至心歸命禮 勇悍佛

2024 지심귀명례 무한력불
至心歸命禮 無限力佛

2025 지심귀명례 지혜화불
至心歸命禮 智慧華佛

2026 지심귀명례 유리장엄왕불
至心歸命禮 琉璃莊嚴王佛

2027 지심귀명례 보현색신광불
至心歸命禮 普現色身光佛

2028 지심귀명례 아미타승상불
至心歸命禮 阿彌陀勝上佛

2029 지심귀명례 정회불
至心歸命禮 淨懷佛

2030 지심귀명례 부동지광불
至心歸命禮 不動智光佛

2031 지심귀명례 호결불
至心歸命禮 好結佛

2032 지심귀명례 선설청정당불
至心歸命禮 善說淸淨幢佛

2033 지심귀명례 허공산조불
至心歸命禮 虛空山照佛

2034 지심귀명례 대운광명불
至心歸命禮 大雲光明佛

2035 지심귀명례 보인수불
至心歸命禮 寶印手佛

2036 지심귀명례 향음불
至心歸命禮 香音佛

2037 지심귀명례 상광명불
至心歸命禮 常光明佛

2038 지심귀명례 전단상호불
至心歸命禮 栴檀相好佛

2039 지심귀명례 무한고불
至心歸命禮 無限高佛

2040 지심귀명례 연화당불
至心歸命禮 蓮華幢佛

2041 지심귀명례 연화화생불
至心歸命禮 蓮華化生佛

2042 지심귀명례 보암불
至心歸命禮 寶巖佛

2043 지심귀명례 아갈유향불
至心歸命禮 阿竭留香佛

2044 지심귀명례 대용불
至心歸命禮 大勇佛

2045 지심귀명례 전단향상호불
至心歸命禮 栴檀香相好佛

2046 지심귀명례 세간자재신불
至心歸命禮 世間自在身佛

2047 지심귀명례 대해의불
至心歸命禮 大海意佛

2048 지심귀명례 번당호불
至心歸命禮 幡幢好佛

2049 지심귀명례 범왕덕불
至心歸命禮 梵王德佛

2050 지심귀명례 대향훈불
至心歸命禮 大香熏佛

2051 지심귀명례 대용현불
至心歸命禮 大勇現佛

2052 지심귀명례 보륜불
至心歸命禮 寶輪佛

2053 지심귀명례 전일체념불
至心歸命禮 轉一切念佛

2054 지심귀명례 고광명불
至心歸命禮 高光明佛

2055 지심귀명례 항복중마왕불
至心歸命禮 降伏衆魔王佛

2056 지심귀명례 천망불
至心歸命禮 天輞佛

2057 지심귀명례 언종불
至心歸命禮 言從佛

2058 지심귀명례 상우화불
至心歸命禮 常雨華佛

2059 지심귀명례 대호락불
至心歸命禮 大好樂佛

2060 지심귀명례 사자상향불
至心歸命禮 師子上香佛

2061 지심귀명례 마천상호불
至心歸命禮 魔天相好佛

2062 지심귀명례 제석광명불
至心歸命禮 帝釋光明佛

2063 지심귀명례 대상호불
至心歸命禮 大相好佛

2064 지심귀명례 사자화호불
至心歸命禮 師子華好佛

2065 지심귀명례 적멸당번불
至心歸命禮 寂滅幢幡佛

2066 지심귀명례 지계왕불
至心歸命禮 持戒王佛

2067 지심귀명례 상호익종불
至心歸命禮 相好翼從佛

2068 지심귀명례 익종면수불
至心歸命禮 翼從面首佛

2069 지심귀명례 무우상호불
至心歸命禮 無憂相好佛

2070 지심귀명례 연화향불
至心歸命禮 蓮華香佛

2071 지심귀명례 대지불
至 心 歸 命 禮 大 地 佛

2072 지심귀명례 대력룡익종호불
至 心 歸 命 禮 大 力 龍 翼 從 好 佛

2073 지심귀명례 정행왕불
至 心 歸 命 禮 淨 行 王 佛

2074 지심귀명례 대유희불
至 心 歸 命 禮 大 遊 戲 佛

2075 지심귀명례 연화위불
至 心 歸 命 禮 蓮 華 威 佛

2076 지심귀명례 방사화불
至 心 歸 命 禮 放 捨 華 佛

2077 지심귀명례 염해연등불
至 心 歸 命 禮 炎 海 然 燈 佛

2078 지심귀명례 지만겁불
至 心 歸 命 禮 智 鬘 劫 佛

2079 지심귀명례 향상군불
至 心 歸 命 禮 香 象 群 佛

2080 지심귀명례 상관불
至 心 歸 命 禮 常 觀 佛

2081 지심귀명례 작직행불
至心歸命禮 作直行佛

2082 지심귀명례 상방사자불
至心歸命禮 上方師子佛

2083 지심귀명례 니구류수왕불
至心歸命禮 尼倶類樹王佛

2084 지심귀명례 무상중상불
至心歸命禮 無常中上佛

2085 지심귀명례 월위불
至心歸命禮 月威佛

2086 지심귀명례 전단색불
至心歸命禮 栴檀色佛

2087 지심귀명례 일공불
至心歸命禮 日空佛

2088 지심귀명례 위상복불
至心歸命禮 威相腹佛

2089 지심귀명례 수미산력불
至心歸命禮 須彌山力佛

2090 지심귀명례 마니주복불
至心歸命禮 摩尼珠腹佛

2151 지심귀명례 전단궁불
至心歸命禮 栴檀宮佛

2152 지심귀명례 항복사견인승불
至心歸命禮 降伏邪見人勝佛

2153 지심귀명례 광망불
至心歸命禮 光網佛

2154 지심귀명례 홍련화불
至心歸命禮 紅蓮華佛

2155 지심귀명례 혜화보광멸불
至心歸命禮 慧華寶光滅佛

2156 지심귀명례 선현광불
至心歸命禮 善現光佛

2157 지심귀명례 산중외불
至心歸命禮 散衆畏佛

2158 지심귀명례 구살라벽지불
至心歸命禮 俱薩羅辟支佛

2159 지심귀명례 안왕불
至心歸命禮 安王佛

2160 지심귀명례 법실불
至心歸命禮 法室佛

2161 지심귀명례 출십광불
至心歸命禮 出十光佛

2162 지심귀명례 과천광불
至心歸命禮 過千光佛

2163 지심귀명례 마루다애불
至心歸命禮 摩樓多愛佛

2164 지심귀명례 출현광불
至心歸命禮 出顯光佛

2165 지심귀명례 하방대자재불
至心歸命禮 下方大自在佛

2166 지심귀명례 무능굴성불
至心歸命禮 無能屈聲佛

2167 지심귀명례 명항복견자재불
至心歸命禮 名降伏見自在佛

2168 지심귀명례 방광명왕불
至心歸命禮 放光明王佛

2169 지심귀명례 무량정불
至心歸命禮 無量淨佛

2170 지심귀명례 무량익종불
至心歸命禮 無量翼從佛

2171 지심귀명례 연화덕불
至心歸命禮 蓮華德佛

2172 지심귀명례 주혜불
至心歸命禮 住慧佛

2173 지심귀명례 능인선불
至心歸命禮 能仁仙佛

2174 지심귀명례 혜칭불
至心歸命禮 慧稱佛

2175 지심귀명례 제수왕불
至心歸命禮 諸樹王佛

2176 지심귀명례 무진한불
至心歸命禮 無瞋恨佛

2177 지심귀명례 거승불
至心歸命禮 車乘佛

2178 지심귀명례 보실불
至心歸命禮 寶實佛

2179 지심귀명례 이우칭불
至心歸命禮 離愚稱佛

2180 지심귀명례 덕현불
至心歸命禮 德現佛

2181 지심귀명례 시일체념불
至心歸命禮 示一切念佛

2182 지심귀명례 부당정진불
至心歸命禮 不唐精進佛

2183 지심귀명례 향동광불
至心歸命禮 香動光佛

2184 지심귀명례 무능굴향광불
至心歸命禮 無能屈香光佛

2185 지심귀명례 중강왕불
至心歸命禮 衆彊王佛

2186 지심귀명례 출수미산정불
至心歸命禮 出須彌山頂佛

2187 지심귀명례 종보출덕불
至心歸命禮 從寶出德佛

2188 지심귀명례 연화상불
至心歸命禮 蓮華上佛

2189 지심귀명례 종보출불
至心歸命禮 從寶出佛

2190 지심귀명례 향광불
至心歸命禮 香光佛

2191 지심귀명례 칭원방불
至心歸命禮 稱遠方佛

2192 지심귀명례 장향자재불
至心歸命禮 藏香自在佛

2193 지심귀명례 운뢰왕불
至心歸命禮 雲雷王佛

2194 지심귀명례 무제광불
至心歸命禮 無際光佛

2195 지심귀명례 무량혜성불
至心歸命禮 無量慧成佛

2196 지심귀명례 종종무량행불
至心歸命禮 種種無量行佛

2197 지심귀명례 무량덕광왕불
至心歸命禮 無量德光王佛

2198 지심귀명례 존취불
至心歸命禮 尊聚佛

2199 지심귀명례 각화부덕불
至心歸命禮 覺華剖德佛

2200 지심귀명례 각화부상왕불
至心歸命禮 覺華剖上王佛

2201 지심귀명례 보체불
至心歸命禮 寶體佛

2202 지심귀명례 무당칭불
至心歸命禮 無唐稱佛

2203 지심귀명례 공발의불
至心歸命禮 共發意佛

2204 지심귀명례 장엄일체의불
至心歸命禮 莊嚴一切意佛

2205 지심귀명례 개연화보불
至心歸命禮 蓋蓮華寶佛

2206 지심귀명례 광윤성왕불
至心歸命禮 光輪成王佛

2207 지심귀명례 덕왕광불
至心歸命禮 德王光佛

2208 지심귀명례 과일체덕불
至心歸命禮 過一切德佛

2209 지심귀명례 등광행불
至心歸命禮 燈光行佛

2210 지심귀명례 성작광불
至心歸命禮 成作光佛

2231 지심귀명례 행승불
至心歸命禮 行勝佛

2232 지심귀명례 무량개불
至心歸命禮 無量蓋佛

2233 지심귀명례 익종불
至心歸命禮 翼從佛

2234 지심귀명례 월현덕불
至心歸命禮 月現德佛

2235 지심귀명례 즉발의능전륜불
至心歸命禮 卽發意能轉輪佛

2236 지심귀명례 선적덕불
至心歸命禮 善寂德佛

2237 지심귀명례 이광야왕불
至心歸命禮 離曠野王佛

2238 지심귀명례 일륜광불
至心歸命禮 日輪光佛

2239 지심귀명례 불류사불
至心歸命禮 不謬思佛

2240 지심귀명례 혜공덕불
至心歸命禮 慧功德佛

2241 지심귀명례 중생왕중립불
至心歸命禮 衆生王中立佛

2242 지심귀명례 무장애후성불
至心歸命禮 無障礙吼聲佛

2243 지심귀명례 무애불
至心歸命禮 無礙佛

2244 지심귀명례 열고불
至心歸命禮 熱固佛

2245 지심귀명례 무비개불
至心歸命禮 無比鎧佛

2246 지심귀명례 광륜당덕왕불
至心歸命禮 光輪幢德王佛

2247 지심귀명례 인연조불
至心歸命禮 因緣助佛

2248 지심귀명례 인승력사불
至心歸命禮 人乘力士佛

2249 지심귀명례 정당불
至心歸命禮 淨幢佛

2250 지심귀명례 금강소수용불
至心歸命禮 金剛所須用佛

2271 지심귀명례 종성불
至心歸命禮 種姓佛

2272 지심귀명례 관제욕취불
至心歸命禮 觀諸欲趣佛

2273 지심귀명례 바두마장불
至心歸命禮 波頭摩藏佛

2274 지심귀명례 광광명인승불
至心歸命禮 光光明人勝佛

2275 지심귀명례 현덕불
至心歸命禮 現德佛

2276 지심귀명례 일연등상승불
至心歸命禮 日然燈上勝佛

2277 지심귀명례 괴중의불
至心歸命禮 壞衆疑佛

2278 지심귀명례 가문성불
至心歸命禮 可聞聲佛

2279 지심귀명례 선강불
至心歸命禮 仙江佛

2280 지심귀명례 법광명자재불
至心歸命禮 法光明自在佛

2281 지심귀명례 무량당불
至 心 歸 命 禮 無 量 幢 佛

2282 지심귀명례 청량불
至 心 歸 命 禮 清 凉 佛

2283 지심귀명례 광라망불
至 心 歸 命 禮 光 羅 網 佛

2284 지심귀명례 상미소불
至 心 歸 命 禮 常 微 笑 佛

2285 지심귀명례 무량덕성불
至 心 歸 命 禮 無 量 德 姓 佛

2286 지심귀명례 제법무소착불
至 心 歸 命 禮 諸 法 無 所 著 佛

2287 지심귀명례 제중생서개무탈불
至 心 歸 命 禮 諸 衆 生 誓 鎧 無 脫 佛

2288 지심귀명례 보견일체법불
至 心 歸 命 禮 普 見 一 切 法 佛

2289 지심귀명례 유무량덕불
至 心 歸 命 禮 有 無 量 德 佛

2290 지심귀명례 혜상광불
至 心 歸 命 禮 慧 上 光 佛

2291 지심귀명례 낙자재천불
至心歸命禮 樂自在天佛

2292 지심귀명례 방상불
至心歸命禮 方上佛

2293 지심귀명례 유화덕불
至心歸命禮 有華德佛

2294 지심귀명례 승수미불
至心歸命禮 勝須彌佛

2295 지심귀명례 지혜광불
至心歸命禮 智慧光佛

2296 지심귀명례 지혜취불
至心歸命禮 智慧聚佛

2297 지심귀명례 이복내해혜왕불
至心歸命禮 離服內解慧王佛

2298 지심귀명례 괴제욕불
至心歸命禮 壞諸欲佛

2299 지심귀명례 화위덕불
至心歸命禮 花威德佛

2300 지심귀명례 무량보화광명불
至心歸命禮 無量寶花光明佛

2301 지심귀명례 상멸도불
至心歸命禮 常滅度佛

2302 지심귀명례 견일체법불
至心歸命禮 見一切法佛

2303 지심귀명례 불타락불
至心歸命禮 不墮落佛

2304 지심귀명례 산왕군불
至心歸命禮 山王群佛

2305 지심귀명례 전단청량실불
至心歸命禮 栴檀清凉室佛

2306 지심귀명례 금면광불
至心歸命禮 金面光佛

2307 지심귀명례 양혜칭불
至心歸命禮 量慧稱佛

2308 지심귀명례 청량실불
至心歸命禮 清凉室佛

2309 지심귀명례 무비각화부불
至心歸命禮 無比覺華剖佛

2310 지심귀명례 선주수왕불
至心歸命禮 善住樹王佛

2311 지심귀명례 월광중상불
至心歸命禮 月光中上佛

2312 지심귀명례 바두마수불
至心歸命禮 波頭摩鬚佛

2313 지심귀명례 수미산신불
至心歸命禮 須彌山身佛

2314 지심귀명례 능작무외불
至心歸命禮 能作無畏佛

2315 지심귀명례 명호흥현불
至心歸命禮 名號興顯佛

2316 지심귀명례 명칭효불
至心歸命禮 名稱爻佛

2317 지심귀명례 명칭최존불
至心歸命禮 名稱最尊佛

2318 지심귀명례 제우불
至心歸命禮 除憂佛

2319 지심귀명례 연화상덕왕불
至心歸命禮 蓮華上德王佛

2320 지심귀명례 천화당불
至心歸命禮 闡華幢佛

2321 지심귀명례 보방향화불
至心歸命禮 普放香花佛

2322 지심귀명례 최안불
至心歸命禮 最眼佛

2323 지심귀명례 방염불
至心歸命禮 放焰佛

2324 지심귀명례 원방칭불
至心歸命禮 遠方稱佛

2325 지심귀명례 문벽지불
至心歸命禮 聞辟支佛

2326 지심귀명례 호근불
至心歸命禮 護根佛

2327 지심귀명례 화염불
至心歸命禮 火焰佛

2328 지심귀명례 삼계웅용불
至心歸命禮 三界雄勇佛

2329 지심귀명례 광륜불
至心歸命禮 光輪佛

2330 지심귀명례 허공웅교불
至心歸命禮 虛空雄巧佛

2331 지심귀명례 궁진웅불
至心歸命禮 窮盡雄佛

2332 지심귀명례 천고음성불
至心歸命禮 天鼓音聲佛

2333 지심귀명례 보웅불
至心歸命禮 普雄佛

2334 지심귀명례 혜칭불
至心歸命禮 慧稱佛

2335 지심귀명례 무외륜강계상불
至心歸命禮 無畏輪彊界上佛

2336 지심귀명례 선주왕불
至心歸命禮 善住王佛

2337 지심귀명례 제각강계응식불
至心歸命禮 諸覺彊界應飾佛

2338 지심귀명례 중덕취불
至心歸命禮 衆德聚佛

2339 지심귀명례 각보덕칭불
至心歸命禮 覺寶德稱佛

2340 지심귀명례 혜상덕불
至心歸命禮 慧上德佛

2341 지심귀명례 혜광왕중상명불
至心歸命禮 慧光王中上明佛

2342 지심귀명례 연화중출현불
至心歸命禮 蓮花中出現佛

2343 지심귀명례 존법웅불
至心歸命禮 尊法雄佛

2344 지심귀명례 월반광불
至心歸命禮 月半光佛

2345 지심귀명례 광상불
至心歸命禮 光象佛

2346 지심귀명례 선주산왕불
至心歸命禮 善住山王佛

2347 지심귀명례 연화중현덕불
至心歸命禮 蓮華中現德佛

2348 지심귀명례 집거불
至心歸命禮 執炬佛

2349 지심귀명례 보상덕불
至心歸命禮 寶上德佛

2350 지심귀명례 전단청량덕불
至心歸命禮 栴檀清凉德佛

2351 지심귀명례 보엄혜중상불
至心歸命禮 寶嚴慧中上佛

2352 지심귀명례 덕존불
至心歸命禮 德尊佛

2353 지심귀명례 선호당왕불
至心歸命禮 善護幢王佛

2354 지심귀명례 무량덕해불
至心歸命禮 無量德海佛

2355 지심귀명례 중취불
至心歸命禮 衆聚佛

2356 지심귀명례 일체덕취불
至心歸命禮 一切德聚佛

2357 지심귀명례 연화응덕불
至心歸命禮 蓮華應德佛

2358 지심귀명례 극상중왕불
至心歸命禮 極上中王佛

2359 지심귀명례 염광명인승불
至心歸命禮 焰光明人勝佛

2360 지심귀명례 무량산왕불
至心歸命禮 無量山王佛

2361 지심귀명례 허공륜상불
至心歸命禮 虛空輪上佛

2362 지심귀명례 보승광명불
至心歸命禮 寶勝光明佛

2363 지심귀명례 불공족보불
至心歸命禮 不空足步佛

2364 지심귀명례 잡보색화불
至心歸命禮 雜寶色華佛

2365 지심귀명례 최취불
至心歸命禮 最聚佛

2366 지심귀명례 불사홍서개불
至心歸命禮 不捨弘誓鎧佛

2367 지심귀명례 금화불
至心歸命禮 金華佛

2368 지심귀명례 항원불
至心歸命禮 降怨佛

2369 지심귀명례 잡화색불
至心歸命禮 雜華色佛

2370 지심귀명례 방광당불
至心歸命禮 放光幢佛

2371 지심귀명례 종연화출현불
至 心 歸 命 禮 從 蓮 華 出 現 佛

2372 지심귀명례 화개불
至 心 歸 命 禮 華 蓋 佛

2373 지심귀명례 피혜개불
至 心 歸 命 禮 被 慧 鎧 佛

2374 지심귀명례 칭력왕불
至 心 歸 命 禮 稱 力 王 佛

2375 지심귀명례 정음성불
至 心 歸 命 禮 淨 音 聲 佛

2376 지심귀명례 대웅불
至 心 歸 命 禮 大 雄 佛

2377 지심귀명례 무량취회불
至 心 歸 命 禮 無 量 聚 會 佛

2378 지심귀명례 사자성왕불
至 心 歸 命 禮 師 子 聲 王 佛

2379 지심귀명례 무애안불
至 心 歸 命 禮 無 礙 眼 佛

2380 지심귀명례 산중보불
至 心 歸 命 禮 散 衆 步 佛

2381 지심귀명례 괴의불
至心歸命禮 壞疑佛

2382 지심귀명례 무상성불
至心歸命禮 無想聲佛

2383 지심귀명례 무량덕구족불
至心歸命禮 無量德具足佛

2384 지심귀명례 유중덕불
至心歸命禮 有衆德佛

2385 지심귀명례 연화상덕불
至心歸命禮 蓮華上德佛

2386 지심귀명례 보존불
至心歸命禮 寶尊佛

2387 지심귀명례 거래금무애개불
至心歸命禮 去來今無礙鎧佛

2388 지심귀명례 보공덕집승왕불
至心歸命禮 寶功德集勝王佛

2389 지심귀명례 보산왕불
至心歸命禮 寶山王佛

2390 지심귀명례 일개중상불
至心歸命禮 日鎧中上佛

2391 지심귀명례 거등불
至心歸命禮 炬燈佛

2392 지심귀명례 무비광불
至心歸命禮 無比光佛

2393 지심귀명례 주지법불
至心歸命禮 住持法佛

2394 지심귀명례 장양불
至心歸命禮 長養佛

2395 지심귀명례 무량안불
至心歸命禮 無量眼佛

2396 지심귀명례 지강불
至心歸命禮 祉江佛

2397 지심귀명례 제원방개불
至心歸命禮 諸遠方鎧佛

2398 지심귀명례 각화유덕부불
至心歸命禮 覺華有德剖佛

2399 지심귀명례 수왕군불
至心歸命禮 樹王群佛

2400 지심귀명례 당승등불
至心歸命禮 幢勝燈佛

2401 지심귀명례 불가항복칭불
至 心 歸 命 禮 不 可 降 伏 稱 佛

2402 지심귀명례 이관불
至 心 歸 命 禮 異 觀 佛

2403 지심귀명례 현약왕불
至 心 歸 命 禮 賢 藥 王 佛

2404 지심귀명례 승묘승불
至 心 歸 命 禮 勝 妙 勝 佛

2405 지심귀명례 금광명위덕왕불
至 心 歸 命 禮 金 光 明 威 德 王 佛

2406 지심귀명례 보관향불
至 心 歸 命 禮 普 觀 香 佛

2407 지심귀명례 선중상덕불
至 心 歸 命 禮 善 中 上 德 佛

2408 지심귀명례 웅맹불
至 心 歸 命 禮 雄 猛 佛

2409 지심귀명례 향존당불
至 心 歸 命 禮 香 尊 幢 佛

2410 지심귀명례 향최덕불
至 心 歸 命 禮 香 最 德 佛

2431 지심귀명례 재무공외화덕불
至心歸命禮 在無恐畏華德佛

2432 지심귀명례 존선중덕불
至心歸命禮 尊善中德佛

2433 지심귀명례 무량웅맹형법불
至心歸命禮 無量雄猛形法佛

2434 지심귀명례 범중상응불
至心歸命禮 梵衆相應佛

2435 지심귀명례 대거승불
至心歸命禮 大車乘佛

2436 지심귀명례 극최덕상불
至心歸命禮 極最德上佛

2437 지심귀명례 막능승당불
至心歸命禮 莫能乘幢佛

2438 지심귀명례 지신벽지불
至心歸命禮 智身辟支佛

2439 지심귀명례 취향상주불
至心歸命禮 趣向常住佛

2440 지심귀명례 무량최향불
至心歸命禮 無量最香佛

2441 지심귀명례 월륜칭왕불
至心歸命禮 月輪稱王佛

2442 지심귀명례 존수미불
至心歸命禮 尊須彌佛

2443 지심귀명례 무동불명불
至心歸命禮 無同佛名佛

2444 지심귀명례 실법승결정불
至心歸命禮 實法勝決定佛

2445 지심귀명례 묘천불
至心歸命禮 妙天佛

2446 지심귀명례 주무량집덕불
至心歸命禮 住無量集德佛

2447 지심귀명례 위신왕불
至心歸命禮 威神王佛

2448 지심귀명례 선사원자조불
至心歸命禮 善思願自調佛

2449 지심귀명례 정륜왕불
至心歸命禮 淨輪王佛

2450 지심귀명례 혜상불
至心歸命禮 慧上佛

2451 지심귀명례 혜엄불
至心歸命禮 慧嚴佛

2452 지심귀명례 조성원방불
至心歸命禮 造成遠方佛

2453 지심귀명례 회중존불
至心歸命禮 會中尊佛

2454 지심귀명례 결단불
至心歸命禮 決斷佛

2455 지심귀명례 정묘성불
至心歸命禮 淨妙聲佛

2456 지심귀명례 혜은불
至心歸命禮 慧隱佛

2457 지심귀명례 극취상덕불
至心歸命禮 極趣上德佛

2458 지심귀명례 소취용의시불
至心歸命禮 所趣勇意視佛

2459 지심귀명례 무량보불
至心歸命禮 無量寶佛

2460 지심귀명례 파일체포외불
至心歸命禮 破一切怖畏佛

2461 지심귀명례 일체제애중웅불
至心歸命禮 一切諸愛中雄佛

2462 지심귀명례 광무애불
至心歸命禮 光無礙佛

2463 지심귀명례 무애광명불
至心歸命禮 無礙光明佛

2464 지심귀명례 보연화부상덕불
至心歸命禮 寶蓮華剖上德佛

2465 지심귀명례 제취중웅각신불
至心歸命禮 諸趣中雄覺身佛

2466 지심귀명례 호불
至心歸命禮 好佛

2467 지심귀명례 과화음성불
至心歸命禮 過化音聲佛

2468 지심귀명례 연화존재제보덕불
至心歸命禮 蓮花尊在諸寶德佛

2469 지심귀명례 해수미왕덕불
至心歸命禮 海須彌王德佛

2470 지심귀명례 무추혜불
至心歸命禮 無麤慧佛

2471 지심귀명례 재혜화불
至心歸命禮 在慧華佛

2472 지심귀명례 극취상위신취불
至心歸命禮 極趣上威神聚佛

2473 지심귀명례 적정불
至心歸命禮 寂定佛

2474 지심귀명례 이웅불
至心歸命禮 離雄佛

2475 지심귀명례 사일체보불
至心歸命禮 捨一切步佛

2476 지심귀명례 덕불가사의불
至心歸命禮 德不可思議佛

2477 지심귀명례 재어유희덕불
至心歸命禮 在於遊戱德佛

2478 지심귀명례 취무외덕불
至心歸命禮 趣無畏德佛

2479 지심귀명례 향취무량향광불
至心歸命禮 香趣無量香光佛

2480 지심귀명례 보각화불
至心歸命禮 普覺華佛

2481 지심귀명례 재복덕불
至心歸命禮 在福德佛

2482 지심귀명례 무량용웅맹불
至心歸命禮 無量勇雄猛佛

2483 지심귀명례 수미산신불
至心歸命禮 須彌山神佛

2484 지심귀명례 최향수미신불
至心歸命禮 最香須彌身佛

2485 지심귀명례 무량선광불
至心歸命禮 無量扇光佛

2486 지심귀명례 광보견불
至心歸命禮 光普見佛

2487 지심귀명례 수정불
至心歸命禮 受淨佛

2488 지심귀명례 지거주지불
至心歸命禮 智炬住持佛

2489 지심귀명례 공외불
至心歸命禮 恐畏佛

2490 지심귀명례 성등불
至心歸命禮 星燈佛

2491 지심귀명례 성숙불
至心歸命禮 成熟佛

2492 지심귀명례 극취상불
至心歸命禮 極趣上佛

2493 지심귀명례 존회불
至心歸命禮 尊會佛

2494 지심귀명례 금강유불
至心歸命禮 金剛有佛

2495 지심귀명례 혜중자재왕불
至心歸命禮 慧中自在王佛

2496 지심귀명례 혜력칭불
至心歸命禮 慧力稱佛

2497 지심귀명례 최안불
至心歸命禮 最安佛

2498 지심귀명례 덕신왕덕불
至心歸命禮 德身王德佛

2499 지심귀명례 선안불
至心歸命禮 善眼佛

2500 지심귀명례 견제일의불
至心歸命禮 見第一義佛

2501 지심귀명례 수미군왕불
至心歸命禮 須彌群王佛

2502 지심귀명례 허공수미불
至心歸命禮 虛空須彌佛

2503 지심귀명례 십력왕불
至心歸命禮 十力王佛

2504 지심귀명례 사자보행불
至心歸命禮 師子步行佛

2505 지심귀명례 시풍덕불
至心歸命禮 施豊德佛

2506 지심귀명례 명항복치자재불
至心歸命禮 名降伏癡自在佛

2507 지심귀명례 지승상왕불
至心歸命禮 智勝上王佛

2508 지심귀명례 현최덕불
至心歸命禮 賢最德佛

2509 지심귀명례 백상공덕불
至心歸命禮 百相功德佛

2510 지심귀명례 보화불
至心歸命禮 寶華佛

2511 지심귀명례 종연화불
至心歸命禮 從蓮華佛

2512 지심귀명례 무애산불
至心歸命禮 無礙山佛

2513 지심귀명례 수미의불
至心歸命禮 須彌意佛

2514 지심귀명례 존사불
至心歸命禮 尊思佛

2515 지심귀명례 공덕혜후불
至心歸命禮 功德慧厚佛

2516 지심귀명례 향상웅불
至心歸命禮 香象雄佛

2517 지심귀명례 무량웅불
至心歸命禮 無量雄佛

2518 지심귀명례 명칭부당불
至心歸命禮 名稱不唐佛

2519 지심귀명례 덕불가사의왕광불
至心歸命禮 德不可思議王光佛

2520 지심귀명례 종종원광불
至心歸命禮 種種願光佛

2521 지심귀명례 안온왕불
至心歸命禮 安穩王佛

2522 지심귀명례 연화중상덕불
至心歸命禮 蓮華中上德佛

2523 지심귀명례 상자기각오불
至心歸命禮 常自起覺寤佛

2524 지심귀명례 능전태불
至心歸命禮 能轉胎佛

2525 지심귀명례 지광명왕불
至心歸命禮 智光明王佛

2526 지심귀명례 구선불
至心歸命禮 求善佛

2527 지심귀명례 화승왕불
至心歸命禮 華勝王佛

2528 지심귀명례 불공과불
至心歸命禮 不空過佛

2529 지심귀명례 보라망상불
至心歸命禮 寶羅網像佛

2530 지심귀명례 색성웅불
至心歸命禮 色聲雄佛

2531 지심귀명례 무량허공웅불
至心歸命禮 無量虛空雄佛

2532 지심귀명례 화광명인승불
至心歸命禮 火光明人勝佛

2533 지심귀명례 동방일체제불
至心歸命禮 東方一切諸佛

2534 지심귀명례 허공존극상덕불
至心歸命禮 虛空尊極上德佛

2535 지심귀명례 성방토불
至心歸命禮 成方土佛

2536 지심귀명례 극취상수미불
至心歸命禮 極趣上須彌佛

2537 지심귀명례 지천불
至心歸命禮 地天佛

2538 지심귀명례 증상용맹불
至心歸命禮 增上勇猛佛

2539 지심귀명례 무변각해장불
至心歸命禮 無邊覺海藏佛

2540 지심귀명례 화당불
至心歸命禮 火幢佛

2541 지심귀명례 선무구위광불
至心歸命禮 善無垢威光佛

2542 지심귀명례 승선불
至心歸命禮 勝仙佛

2543 지심귀명례 역칭왕불
至心歸命禮 力稱王佛

2544 지심귀명례 덕광왕불
至心歸命禮 德光王佛

2545 지심귀명례 혜광왕불
至心歸命禮 慧光王佛

2546 지심귀명례 연화상유덕불
至心歸命禮 蓮華上有德佛

2547 지심귀명례 천일위덕불
至心歸命禮 千日威德佛

2548 지심귀명례 염연화덕불
至心歸命禮 染蓮花德佛

2549 지심귀명례 괴산중의불
至心歸命禮 壞散衆疑佛

2550 지심귀명례 수순계불
至心歸命禮 隨順戒佛

2551 지심귀명례 구류진불
至心歸命禮 拘留秦佛

2552 지심귀명례 당왕불
至心歸命禮 幢王佛

2553 지심귀명례 종연화덕불
至心歸命禮 從蓮花德佛

2554 지심귀명례 당락설국토불
至心歸命禮 幢樂說國土佛

2555 지심귀명례 자씨불
至心歸命禮 慈氏佛

2556 지심귀명례 연화광명불
至心歸命禮 蓮華光明佛

2557 지심귀명례 존왕법당불
至心歸命禮 尊王法幢佛

2558 지심귀명례 무량용불
至心歸命禮 無量勇佛

2559 지심귀명례 해수미불
至心歸命禮 海須彌佛

2560 지심귀명례 극지상불
至心歸命禮 極志上佛

2561 지심귀명례 상수행불
至心歸命禮 常修行佛

2562 지심귀명례 부당관불
至心歸命禮 不唐觀佛

2563 지심귀명례 언변음성무애불
至心歸命禮 言辯音聲無礙佛

2564 지심귀명례 무애덕칭광불
至心歸命禮 無礙德稱光佛

2565 지심귀명례 미륵선광불
至心歸命禮 彌勒仙光佛

2566 지심귀명례 선사유발행불
至心歸命禮 善思惟發行佛

2567 지심귀명례 선안여불
至心歸命禮 善眼如佛

2568 지심귀명례 지래불
至心歸命禮 智來佛

2569 지심귀명례 무구이도불
至心歸命禮 無垢離度佛

2570 지심귀명례 세정광불
至心歸命禮 世淨光佛

2571 지심귀명례 무애화불
至心歸命禮 無礙華佛

2572 지심귀명례 정승왕불
至心歸命禮 頂勝王佛

2573 지심귀명례 무애명불
至心歸命禮 無礙明佛

2574 지심귀명례 보승공덕불
至心歸命禮 寶勝功德佛

2575 지심귀명례 대체승불
至心歸命禮 大體勝佛

2576 지심귀명례 원만족불
至心歸命禮 願滿足佛

2577 지심귀명례 개실불
至心歸命禮 蓋實佛

2578 지심귀명례 승성취불
至心歸命禮 勝成就佛

2579 지심귀명례 성군왕불
至心歸命禮 星群王佛

2580 지심귀명례 선성불
至心歸命禮 善星佛

2581 지심귀명례 광륜장불
至心歸命禮 光輪場佛

2582 지심귀명례 운보호불
至心歸命禮 雲保護佛

2583 지심귀명례 극상덕불
至心歸命禮 極上德佛

2584 지심귀명례 무애웅불
至心歸命禮 無礙雄佛

2585 지심귀명례 무량웅용불
至心歸命禮 無量雄勇佛

2586 지심귀명례 언음무애불
至心歸命禮 言音無礙佛

2587 지심귀명례 대운광불
至心歸命禮 大雲光佛

2588 지심귀명례 나망광취불
至心歸命禮 羅網光聚佛

2589 지심귀명례 각화부불
至心歸命禮 覺華剖佛

2590 지심귀명례 연화웅불
至心歸命禮 蓮華雄佛

2591 지심귀명례 화산왕불
至心歸命禮 華山王佛

2592 지심귀명례 월취자재불
至心歸命禮 月聚自在佛

2593 지심귀명례 공경애불
至心歸命禮 恭敬愛佛

2594 지심귀명례 항복희자재불
至心歸命禮 降伏戱自在佛

2595 지심귀명례 이무우관불
至心歸命禮 離無愚觀佛

2596 지심귀명례 정상극출왕불
至心歸命禮 頂上極出王佛

2597 지심귀명례 연화정상왕불
至心歸命禮 蓮華頂上王佛

2598 지심귀명례 무우칭불
至心歸命禮 無愚稱佛

2599 지심귀명례 부당용불
至心歸命禮 不唐勇佛

2600 지심귀명례 무당웅불
至心歸命禮 無唐雄佛

2601 지심귀명례 무우광명불
至 心 歸 命 禮 無 憂 光 明 佛

2602 지심귀명례 무착지불
至 心 歸 命 禮 無 著 智 佛

2603 지심귀명례 파마왕궁불
至 心 歸 命 禮 破 魔 王 宮 佛

2604 지심귀명례 불착지불
至 心 歸 命 禮 不 錯 智 佛

2605 지심귀명례 정각연화보불
至 心 歸 命 禮 正 覺 蓮 華 步 佛

2606 지심귀명례 수희불
至 心 歸 命 禮 手 喜 佛

2607 지심귀명례 선사개불
至 心 歸 命 禮 禪 思 蓋 佛

2608 지심귀명례 무외친불
至 心 歸 命 禮 無 畏 親 佛

2609 지심귀명례 전단실불
至 心 歸 命 禮 栴 檀 室 佛

2610 지심귀명례 불공경계불
至 心 歸 命 禮 不 空 境 界 佛

2611 지심귀명례 적대염불
至心歸命禮 積大炎佛

2612 지심귀명례 선사수미불
至心歸命禮 禪思須彌佛

2613 지심귀명례 득해탈거불
至心歸命禮 得解脫去佛

2614 지심귀명례 무애제불
至心歸命禮 無涯際佛

2615 지심귀명례 유중보불
至心歸命禮 有衆寶佛

2616 지심귀명례 대사장엄불
至心歸命禮 大捨莊嚴佛

2617 지심귀명례 인다라재불
至心歸命禮 因陀羅財佛

2618 지심귀명례 일체덕불
至心歸命禮 一切德佛

2619 지심귀명례 각부화중덕불
至心歸命禮 覺剖花中德佛

2620 지심귀명례 비류난불
至心歸命禮 毘留難佛

2621 지심귀명례 향고산불
至心歸命禮 香高山佛

2622 지심귀명례 무과덕불
至心歸命禮 無過德佛

2623 지심귀명례 보통불
至心歸命禮 寶通佛

2624 지심귀명례 무량서개불
至心歸命禮 無量誓鎧佛

2625 지심귀명례 무량선덕불
至心歸命禮 無量禪德佛

2626 지심귀명례 허공륜장광불
至心歸命禮 虛空輪場光佛

2627 지심귀명례 무표식음성불
至心歸命禮 無表識音聲佛

2628 지심귀명례 전녀불
至心歸命禮 轉女佛

2629 지심귀명례 항복대중불
至心歸命禮 降伏大衆佛

2630 지심귀명례 법분신불
至心歸命禮 法奮迅佛

2631 지심귀명례 관의화출불
至心歸命禮 觀意花出佛

2632 지심귀명례 허공실불
至心歸命禮 虛空室佛

2633 지심귀명례 허공성불
至心歸命禮 虛空聲佛

2634 지심귀명례 재허공선사불
至心歸命禮 在虛空禪思佛

2635 지심귀명례 대안불
至心歸命禮 大眼佛

2636 지심귀명례 재존덕불
至心歸命禮 在尊德佛

2637 지심귀명례 각연화덕불
至心歸命禮 覺蓮華德佛

2638 지심귀명례 집대애불
至心歸命禮 集大礙佛

2639 지심귀명례 성취의불
至心歸命禮 成就義佛

2640 지심귀명례 사자호불
至心歸命禮 師子護佛

2641 지심귀명례 지혜승불
至心歸命禮 智慧勝佛

2642 지심귀명례 선중왕불
至心歸命禮 善中王佛

2643 지심귀명례 정수미불
至心歸命禮 靜須彌佛

2644 지심귀명례 정안불
至心歸命禮 靜眼佛

2645 지심귀명례 무우용보불
至心歸命禮 無遇勇步佛

2646 지심귀명례 최향상불
至心歸命禮 最香象佛

2647 지심귀명례 원해요설승불
至心歸命禮 願海樂說勝佛

2648 지심귀명례 향수미불
至心歸命禮 香須彌佛

2649 지심귀명례 합취불
至心歸命禮 合聚佛

2650 지심귀명례 향엄불
至心歸命禮 香嚴佛

2651 지심귀명례 거광명불
至心歸命禮 去光明佛

2652 지심귀명례 보수미불
至心歸命禮 寶須彌佛

2653 지심귀명례 사자상왕불
至心歸命禮 師子上王佛

2654 지심귀명례 바두마생불
至心歸命禮 波頭摩生佛

2655 지심귀명례 정수미불
至心歸命禮 淨須彌佛

2656 지심귀명례 살리수군왕불
至心歸命禮 薩梨樹群王佛

2657 지심귀명례 선주혜왕무장불
至心歸命禮 善住慧王無障佛

2658 지심귀명례 기시득명자재불
至心歸命禮 起施得名自在佛

2659 지심귀명례 무과정진불
至心歸命禮 無過精進佛

2660 지심귀명례 선사유서개불
至心歸命禮 善思惟誓鎧佛

2661 지심귀명례 산법칭불
至心歸命禮 散法稱佛

2662 지심귀명례 제중중존불
至心歸命禮 諸衆中尊佛

2663 지심귀명례 제존중왕불
至心歸命禮 諸尊中王佛

2664 지심귀명례 무량국토중왕불
至心歸命禮 無量國土中王佛

2665 지심귀명례 정진상중왕불
至心歸命禮 精進上中王佛

2666 지심귀명례 사리의불
至心歸命禮 捨離疑佛

2667 지심귀명례 선성중왕불
至心歸命禮 善星中王佛

2668 지심귀명례 조선개불
至心歸命禮 造禪鎧佛

2669 지심귀명례 조화불
至心歸命禮 造化佛

2670 지심귀명례 수미광불
至心歸命禮 須彌光佛

2671 지심귀명례 능성불
至心歸命禮 能聖佛

2672 지심귀명례 각성취불
至心歸命禮 各成就佛

2673 지심귀명례 백개불
至心歸命禮 帛蓋佛

2674 지심귀명례 향개불
至心歸命禮 香蓋佛

2675 지심귀명례 승족불
至心歸命禮 勝足佛

2676 지심귀명례 견일체중생불
至心歸命禮 見一切衆生佛

2677 지심귀명례 전단덕불
至心歸命禮 栴檀德佛

2678 지심귀명례 수미신당불
至心歸命禮 須彌身幢佛

2679 지심귀명례 무장애륜불
至心歸命禮 無障礙輪佛

2680 지심귀명례 살리수향불
至心歸命禮 薩梨樹香佛

2681 지심귀명례 성취당불
至心歸命禮 成就幢佛

2682 지심귀명례 자금색불
至心歸命禮 字金色佛

2683 지심귀명례 무외이의모수불
至心歸命禮 無畏離衣毛竪佛

2684 지심귀명례 법청정인승불
至心歸命禮 法淸淨人勝佛

2685 지심귀명례 가락광명불
至心歸命禮 可樂光明佛

2686 지심귀명례 성숙칭불
至心歸命禮 星宿稱佛

2687 지심귀명례 관세등불
至心歸命禮 觀世燈佛

2688 지심귀명례 실성취불
至心歸命禮 實成就佛

2689 지심귀명례 선사유혜불
至心歸命禮 善思惟慧佛

2690 지심귀명례 나망광중연기왕불
至心歸命禮 羅網光中緣起王佛

2811 지심귀명례 여오락재덕불
至心歸命禮 如娛樂在德佛

2812 지심귀명례 은왕덕불
至心歸命禮 隱王德佛

2813 지심귀명례 존수미위향산불
至心歸命禮 尊須彌威香山佛

2814 지심귀명례 대종성불
至心歸命禮 大種姓佛

2815 지심귀명례 사자분신제불
至心歸命禮 師子奮迅齊佛

2816 지심귀명례 홍련화덕불
至心歸命禮 紅蓮華德佛

2817 지심귀명례 백련화위덕불
至心歸命禮 白蓮華威德佛

2818 지심귀명례 후안불
至心歸命禮 吼眼佛

2819 지심귀명례 만족금강주지불
至心歸命禮 滿足金剛住持佛

2820 지심귀명례 무변제광불
至心歸命禮 無邊除光佛

2821 지심귀명례 현월광불
至心歸命禮 現月光佛

2822 지심귀명례 원방성칭불
至心歸命禮 遠方聲稱佛

2823 지심귀명례 월자재왕불
至心歸命禮 月自在王佛

2824 지심귀명례 불공분신불
至心歸命禮 不空奮迅佛

2825 지심귀명례 향존수미불
至心歸命禮 香尊須彌佛

2826 지심귀명례 길상유덕불
至心歸命禮 吉祥有德佛

2827 지심귀명례 재무량안은덕불
至心歸命禮 在無量眼隱德佛

2828 지심귀명례 재월광유덕불
至心歸命禮 在月光有德佛

2829 지심귀명례 일체이덕자장엄불
至心歸命禮 一切以德自莊嚴佛

2830 지심귀명례 요법행불
至心歸命禮 樂法行佛

2831 지심귀명례 막능승당번불
至心歸命禮 莫能勝幢幡佛

2832 지심귀명례 존은장광불
至心歸命禮 尊隱藏光佛

2833 지심귀명례 종위화왕불
至心歸命禮 從威華王佛

2834 지심귀명례 입재무변제불
至心歸命禮 入在無邊際佛

2835 지심귀명례 일체존불
至心歸命禮 一切尊佛

2836 지심귀명례 허공륜정왕불
至心歸命禮 虛空輪靜王佛

2837 지심귀명례 성음무표식불
至心歸命禮 聲音無表識佛

2838 지심귀명례 제보상덕불
至心歸命禮 諸寶上德佛

2839 지심귀명례 정천덕불
至心歸命禮 靜天德佛

2840 지심귀명례 무량향상불
至心歸命禮 無量香象佛

2841 지심귀명례 칭벽지불
至心歸命禮 稱辟支佛

2842 지심귀명례 조등명불
至心歸命禮 造燈明佛

2843 지심귀명례 연화존광불
至心歸命禮 蓮華尊光佛

2844 지심귀명례 시안온불
至心歸命禮 施安穩佛

2845 지심귀명례 명칭우불
至心歸命禮 名稱友佛

2846 지심귀명례 중생자재겁불
至心歸命禮 衆生自在劫佛

2847 지심귀명례 불화성취공덕불
至心歸命禮 佛華成就功德佛

2848 지심귀명례 대부분불
至心歸命禮 大部分佛

2849 지심귀명례 성취관불
至心歸命禮 成就觀佛

2850 지심귀명례 덕위제석위당광불
至心歸命禮 德威帝釋威幢光佛

2851 지심귀명례 보광위덕불
至心歸命禮 普光威德佛

2852 지심귀명례 이생불
至心歸命禮 離生佛

2853 지심귀명례 정진복원용불
至心歸命禮 精進伏怨勇佛

2854 지심귀명례 무애약수위덕불
至心歸命禮 無礙藥樹威德佛

2855 지심귀명례 상수광불
至心歸命禮 上首光佛

2856 지심귀명례 보연화살리수왕불
至心歸命禮 寶蓮花薩梨樹王佛

2857 지심귀명례 구덕불
至心歸命禮 求德佛

2858 지심귀명례 일륜장광불
至心歸命禮 日輪場光佛

2859 지심귀명례 보연용불
至心歸命禮 寶蓮勇佛

2860 지심귀명례 보연화살리수군불
至心歸命禮 寶蓮花薩梨樹群佛

2861 지심귀명례 일보개불
至心歸命禮 一寶蓋佛

2862 지심귀명례 주선사용불
至心歸命禮 住禪思勇佛

2863 지심귀명례 보당위덕불
至心歸命禮 寶幢威德佛

2864 지심귀명례 주무량용불
至心歸命禮 住無量勇佛

2865 지심귀명례 산해혜자재통왕불
至心歸命禮 山海慧自在通王佛

2866 지심귀명례 사유존상덕불
至心歸命禮 思惟尊象德佛

2867 지심귀명례 연화존덕불
至心歸命禮 蓮花尊德佛

2868 지심귀명례 일륜장존상덕불
至心歸命禮 日輪場尊上德佛

2869 지심귀명례 천월자재장불
至心歸命禮 千月自在藏佛

2870 지심귀명례 사유최용불
至心歸命禮 思惟最勇佛

2951 지심귀명례 감로광명불
至心歸命禮 甘露光明佛

2952 지심귀명례 향위불
至心歸命禮 香威佛

2953 지심귀명례 상당불
至心歸命禮 上幢佛

2954 지심귀명례 안온덕불
至心歸命禮 安穩德佛

2955 지심귀명례 나라연장불
至心歸命禮 那羅延藏佛

2956 지심귀명례 능사유인불
至心歸命禮 能思惟忍佛

2957 지심귀명례 현현불
至心歸命禮 顯現佛

2958 지심귀명례 보위불
至心歸命禮 寶威佛

2959 지심귀명례 재덕불
至心歸命禮 在德佛

2960 지심귀명례 무구지계왕불
至心歸命禮 無垢智戒王佛

2961 지심귀명례 만현불
至心歸命禮 滿賢佛

2962 지심귀명례 보위덕불
至心歸命禮 普威德佛

2963 지심귀명례 승보불
至心歸命禮 勝步佛

2964 지심귀명례 산왕수불
至心歸命禮 山王樹佛

2965 지심귀명례 보연등불
至心歸命禮 普然燈佛

2966 지심귀명례 열음성불
至心歸命禮 悅音聲佛

2967 지심귀명례 시위불
至心歸命禮 施威佛

2968 지심귀명례 보월불
至心歸命禮 普月佛

2969 지심귀명례 비월불
至心歸命禮 臂月佛

2970 지심귀명례 침수향불
至心歸命禮 沈水香佛

2971 지심귀명례 섭보리불
至心歸命禮 攝菩提佛

2972 지심귀명례 보덕향상불
至心歸命禮 寶德香象佛

2973 지심귀명례 당번불
至心歸命禮 幢幡佛

2974 지심귀명례 니구류수왕불
至心歸命禮 尼拘類樹王佛

2975 지심귀명례 사유명칭불
至心歸命禮 思惟名稱佛

2976 지심귀명례 보풍음불
至心歸命禮 普豊音佛

2977 지심귀명례 향존불
至心歸命禮 香尊佛

2978 지심귀명례 승명불
至心歸命禮 勝命佛

2979 지심귀명례 무진지적불
至心歸命禮 無盡智積佛

2980 지심귀명례 당위불
至心歸命禮 幢威佛

2981 지심귀명례 취위불
至心歸命禮 聚威佛

2982 지심귀명례 묘행불
至心歸命禮 妙行佛

2983 지심귀명례 유보불
至心歸命禮 喩寶佛

2984 지심귀명례 아사타당불
至心歸命禮 阿私陀幢佛

2985 지심귀명례 화위불
至心歸命禮 華威佛

2986 지심귀명례 대룡위불
至心歸命禮 大龍威佛

2987 지심귀명례 지혜찬탄불
至心歸命禮 智慧讚歎佛

2988 지심귀명례 무구법산불
至心歸命禮 無垢法山佛

2989 지심귀명례 십력오락불
至心歸命禮 十力娛樂佛

2990 지심귀명례 정연등불
至心歸命禮 淨然燈佛

2991 지심귀명례 천청정불
至心歸命禮 天淸淨佛

2992 지심귀명례 법화우불
至心歸命禮 法華雨佛

2993 지심귀명례 천제석정당불
至心歸命禮 天帝釋淨幢佛

2994 지심귀명례 전단잡향수불
至心歸命禮 栴檀雜香樹佛

2995 지심귀명례 유여수미산불
至心歸命禮 喩如須彌山佛

2996 지심귀명례 운중자재등명불
至心歸命禮 雲中自在燈明佛

2997 지심귀명례 운중자재왕불
至心歸命禮 雲中自在王佛

2998 지심귀명례 제세외각오불
至心歸命禮 除世畏覺寤佛

2999 지심귀명례 연화엽정불
至心歸命禮 蓮華葉淨佛

3000 지심귀명례 성왕화불
至心歸命禮 星王華佛

3001 지심귀명례 일체장엄무구광불
至心歸命禮 一切莊嚴無垢光佛

3002 지심귀명례 변재영락사념불
至心歸命禮 辯才瓔珞思念佛

3003 지심귀명례 무구월상왕명칭불
至心歸命禮 無垢月相王名稱佛

3004 지심귀명례 화장엄작광명불
至心歸命禮 華莊嚴作光明佛

3005 지심귀명례 작등명불
至心歸命禮 作燈明佛

3006 지심귀명례 보상상명칭불
至心歸命禮 寶上相名稱佛

3007 지심귀명례 무외관불
至心歸命禮 無畏觀佛

3008 지심귀명례 무외무겁명칭불
至心歸命禮 無畏無怯名稱佛

3009 지심귀명례 사자분신근불
至心歸命禮 師子奮迅根佛

3010 지심귀명례 금광위왕상사불
至心歸命禮 金光威王相似佛

3011 지심귀명례 구나장엄정현불
至心歸命禮 瞿那莊嚴頂顯佛

3012 지심귀명례 바가바제무량불
至心歸命禮 婆伽婆帝無量佛

3013 지심귀명례 백련화계무애불
至心歸命禮 白蓮華髻無礙佛

3014 지심귀명례 바가바제보리불
至心歸命禮 婆伽婆帝菩提佛

3015 지심귀명례 법거염공덕월불
至心歸命禮 法炬焰功德月佛

3016 지심귀명례 법왕정공덕월불
至心歸命禮 法王淨功德月佛

3017 지심귀명례 법원정공덕월불
至心歸命禮 法圓淨功德月佛

3018 지심귀명례 법안심심공덕월불
至心歸命禮 法眼甚深功德月佛

3019 지심귀명례 일체신형광덕불
至心歸命禮 一切身形廣德佛

3020 지심귀명례 전단공덕월불
至心歸命禮 栴檀功德月佛

3021 지심귀명례 구나연화공덕월불
至心歸命禮 瞿那蓮華功德月佛

3022 지심귀명례 법망청정공덕월불
至心歸命禮 法網清淨功德月佛

3023 지심귀명례 법계의월불
至心歸命禮 法界意月佛

3024 지심귀명례 제류이익원불
至心歸命禮 諸類利益願佛

3025 지심귀명례 광염안형월불
至心歸命禮 光焰眼形月佛

3026 지심귀명례 종종염치명성월불
至心歸命禮 種種焰熾明盛月佛

3027 지심귀명례 제원월불
至心歸命禮 諸願月佛

3028 지심귀명례 상엄당월불
至心歸命禮 相嚴幢月佛

3029 지심귀명례 보요월불
至心歸命禮 普曜月佛

3030 지심귀명례 무착의월불
至心歸命禮 無著意月佛

3031 지심귀명례 최상월불
至心歸命禮 最上月佛

3032 지심귀명례 공양월불
至心歸命禮 供養月佛

3033 지심귀명례 무변월불
至心歸命禮 無邊月佛

3034 지심귀명례 해탈월불
至心歸命禮 解脫月佛

3035 지심귀명례 삼매처세불
至心歸命禮 三昧處世佛

3036 지심귀명례 구나월불
至心歸命禮 瞿那月佛

3037 지심귀명례 월왕불
至心歸命禮 月王佛

3038 지심귀명례 사월불
至心歸命禮 似月佛

3039 지심귀명례 의복덕자재불
至心歸命禮 意福德自在佛

3040 지심귀명례 양랭불
至心歸命禮 凉冷佛

3041 지심귀명례 월면보음불
至心歸命禮 月面寶音佛

3042 지심귀명례 무의바라밀월불
至心歸命禮 無疑波羅蜜月佛

3043 지심귀명례 허공하무구지월불
至心歸命禮 虛空下無垢智月佛

3044 지심귀명례 부사의공덕조불
至心歸命禮 不思議功德照佛

3045 지심귀명례 제력위무구월불
至心歸命禮 諸力威無垢月佛

3046 지심귀명례 정진력난항복월불
至心歸命禮 精進力難降伏月佛

3047 지심귀명례 허공무구안월불
至心歸命禮 虛空無垢眼月佛

3048 지심귀명례 상등난강월불
至心歸命禮 相燈難降月佛

3049 지심귀명례 제신지형월불
至心歸命禮 諸身智形月佛

3050 지심귀명례 구족원화월불
至心歸命禮 具足願化月佛

3051 지심귀명례 위덕보불
至心歸命禮 威德步佛

3052 지심귀명례 사중담불
至心歸命禮 捨重擔佛

3053 지심귀명례 변방불
至心歸命禮 遍方佛

3054 지심귀명례 보덕화위불
至心歸命禮 普德花威佛

3055 지심귀명례 지공덕시절위불
至心歸命禮 地功德時節威佛

3056 지심귀명례 현공덕위불
至心歸命禮 賢功德威佛

3057 지심귀명례 보염산공덕위불
至心歸命禮 寶焰山功德威佛

3058 지심귀명례 공덕위불
至心歸命禮 功德威佛

3059 지심귀명례 제법훈수소생위불
至心歸命禮 諸法壎修所生威佛

3060 지심귀명례 산정최상위불
至心歸命禮 山頂最上威佛

3061 지심귀명례 삼세상위형불
至心歸命禮 三世相威形佛

3062 지심귀명례 묘금허공규위불
至心歸命禮 妙金虛空叫威佛

3063 지심귀명례 자재덕위불
至心歸命禮 自在德威佛

3064 지심귀명례 감로산위불
至心歸命禮 甘露山威佛

3065 지심귀명례 보산등덕불
至心歸命禮 寶山燈德佛

3066 지심귀명례 지일위불
至心歸命禮 智日威佛

3067 지심귀명례 사자분신거불
至心歸命禮 師子奮迅去佛

3068 지심귀명례 세간주위불
至心歸命禮 世間主威佛

3069 지심귀명례 일위불
至心歸命禮 日威佛

3070 지심귀명례 승위불
至心歸命禮 勝威佛

3071 지심귀명례 선위불
至心歸命禮 善威佛

3072 지심귀명례 위왕불
至心歸命禮 威王佛

3073 지심귀명례 염위불
至心歸命禮 焰威佛

3074 지심귀명례 속질위불
至心歸命禮 速疾威佛

3075 지심귀명례 불항복위불
至心歸命禮 不降伏威佛

3076 지심귀명례 미소위불
至心歸命禮 微笑威佛

3077 지심귀명례 지위불
至心歸命禮 地威佛

3078 지심귀명례 무위불
至心歸命禮 無威佛

3079 지심귀명례 명위불
至心歸命禮 命威佛

3080 지심귀명례 불가칭위불
至心歸命禮 不可稱威佛

3081 지심귀명례 별위불
至心歸命禮 別威佛

3082 지심귀명례 최승위불
至心歸命禮 最勝威佛

3083 지심귀명례 색정상위불
至心歸命禮 色淨相威佛

3084 지심귀명례 일연화최상위불
至心歸命禮 日蓮華最上威佛

3085 지심귀명례 무비최묘덕위불
至心歸命禮 無比最妙德威佛

3086 지심귀명례 무상대복운불
至心歸命禮 無上大福雲佛

3087 지심귀명례 지광법허공등불
至心歸命禮 智光法虛空燈佛

3088 지심귀명례 법계허공변만불
至心歸命禮 法界虛空遍滿佛

3089 지심귀명례 화염해등불
至心歸命禮 華焰海燈佛

3090 지심귀명례 법일운등불
至心歸命禮 法日雲燈佛

3131 지심귀명례 운산불
至心歸命禮 雲散佛

3132 지심귀명례 운자재불
至心歸命禮 雲自在佛

3133 지심귀명례 운득불
至心歸命禮 雲得佛

3134 지심귀명례 운시현불
至心歸命禮 雲示現佛

3135 지심귀명례 운근불
至心歸命禮 雲根佛

3136 지심귀명례 운영희불
至心歸命禮 雲令喜佛

3137 지심귀명례 운념불
至心歸命禮 雲念佛

3138 지심귀명례 운환희불
至心歸命禮 雲歡喜佛

3139 지심귀명례 운승의불
至心歸命禮 雲乘衣佛

3140 지심귀명례 운구나불
至心歸命禮 雲瞿那佛

3141 지심귀명례 전단운불
至心歸命禮 栴檀雲佛

3142 지심귀명례 보공덕운불
至心歸命禮 普功德雲佛

3143 지심귀명례 광명운불
至心歸命禮 光明雲佛

3144 지심귀명례 명칭산운불
至心歸命禮 名稱山雲佛

3145 지심귀명례 법원운불
至心歸命禮 法圓雲佛

3146 지심귀명례 정장불
至心歸命禮 頂藏佛

3147 지심귀명례 일체법광명원운불
至心歸命禮 一切法光明圓雲佛

3148 지심귀명례 금강견해당운불
至心歸命禮 金剛堅海幢雲佛

3149 지심귀명례 법화상당운불
至心歸命禮 法華相幢雲佛

3150 지심귀명례 보정진거운불
至心歸命禮 普精進炬雲佛

3151 지심귀명례 보전운불
至心歸命禮 普電雲佛

3152 지심귀명례 미간백호상운불
至心歸命禮 眉間白毫相雲佛

3153 지심귀명례 지정염운불
至心歸命禮 智頂焰雲佛

3154 지심귀명례 염월호운불
至心歸命禮 焰月毫雲佛

3155 지심귀명례 법정당운불
至心歸命禮 法頂幢雲佛

3156 지심귀명례 지진운불
至心歸命禮 智震雲佛

3157 지심귀명례 무구지공덕운불
至心歸命禮 無垢智功德雲佛

3158 지심귀명례 산공덕운불
至心歸命禮 山功德雲佛

3159 지심귀명례 일공덕운불
至心歸命禮 日功德雲佛

3160 지심귀명례 연화개부공덕운불
至心歸命禮 蓮華開敷功德雲佛

3161 지심귀명례 법보화공덕운불
至 心 歸 命 禮 法 寶 華 功 德 雲 佛

3162 지심귀명례 구나유희공덕불
至 心 歸 命 禮 瞿 那 遊 戲 功 德 佛

3163 지심귀명례 보명진성운불
至 心 歸 命 禮 普 明 震 聲 雲 佛

3164 지심귀명례 금광무구일염운불
至 心 歸 命 禮 金 光 無 垢 日 焰 雲 佛

3165 지심귀명례 지일연화운불
至 心 歸 命 禮 智 日 蓮 華 雲 佛

3166 지심귀명례 복운잡색불
至 心 歸 命 禮 福 雲 雜 色 佛

3167 지심귀명례 바가바제공덕해불
至 心 歸 命 禮 婆 伽 婆 帝 功 德 海 佛

3168 지심귀명례 법원공덕정광명불
至 心 歸 命 禮 法 圓 功 德 頂 光 明 佛

3169 지심귀명례 무변보화광불
至 心 歸 命 禮 無 邊 寶 華 光 佛

3170 지심귀명례 무애법허공광불
至 心 歸 命 禮 無 礙 法 虛 空 光 佛

3171 지심귀명례 상일륜보광불
至心歸命禮 相日輪普光佛

3172 지심귀명례 무변구나해광불
至心歸命禮 無邊瞿那海光佛

3173 지심귀명례 무구구나염광불
至心歸命禮 無垢瞿那焰光佛

3174 지심귀명례 염구나관지광명불
至心歸命禮 焰瞿那冠智光明佛

3175 지심귀명례 삼매무구관지광불
至心歸命禮 三昧無垢冠智光佛

3176 지심귀명례 세간제신광명형불
至心歸命禮 世間帝身光明形佛

3177 지심귀명례 명원광불
至心歸命禮 明圓光佛

3178 지심귀명례 법계사자광불
至心歸命禮 法界師子光佛

3179 지심귀명례 신광불
至心歸命禮 身光佛

3180 지심귀명례 삼세광명불
至心歸命禮 三世光明佛

3181 지심귀명례 분신염광명불
至心歸命禮 奮迅焰光明佛

3182 지심귀명례 지염운광명불
至心歸命禮 智焰雲光明佛

3183 지심귀명례 보화광명불
至心歸命禮 寶華光明佛

3184 지심귀명례 법력광불
至心歸命禮 法力光佛

3185 지심귀명례 무구광불
至心歸命禮 無垢光佛

3186 지심귀명례 자신광불
至心歸命禮 自身光佛

3187 지심귀명례 금색백광명불
至心歸命禮 金色百光明佛

3188 지심귀명례 법승숙불
至心歸命禮 法勝宿佛

3189 지심귀명례 월무구장불
至心歸命禮 月無垢藏佛

3190 지심귀명례 금광불
至心歸命禮 金光佛

3191 지심귀명례 대승기법불
至心歸命禮 大勝起法佛

3192 지심귀명례 감로향광불
至心歸命禮 甘露香光佛

3193 지심귀명례 고위덕거불
至心歸命禮 高威德去佛

3194 지심귀명례 구나광불
至心歸命禮 瞿那光佛

3195 지심귀명례 희광불
至心歸命禮 喜光佛

3196 지심귀명례 무량락칭불
至心歸命禮 無量樂稱佛

3197 지심귀명례 공위덕불
至心歸命禮 空威德佛

3198 지심귀명례 제석광불
至心歸命禮 帝釋光佛

3199 지심귀명례 첨바가무구광불
至心歸命禮 瞻波迦無垢光佛

3200 지심귀명례 이치행불
至心歸命禮 離癡行佛

3201 지심귀명례 뇌고광불
至心歸命禮 牢固光佛

3202 지심귀명례 화보전단불
至心歸命禮 華寶栴檀佛

3203 지심귀명례 산승장엄불
至心歸命禮 山勝莊嚴佛

3204 지심귀명례 명료달법자재불
至心歸命禮 名了達法自在佛

3205 지심귀명례 보월광불
至心歸命禮 寶月光佛

3206 지심귀명례 지광불
至心歸命禮 智光佛

3207 지심귀명례 독왕불
至心歸命禮 獨王佛

3208 지심귀명례 여여광불
至心歸命禮 如如光佛

3209 지심귀명례 지공덕구나당왕불
至心歸命禮 智功德瞿那幢王佛

3210 지심귀명례 무변공덕안당왕불
至心歸命禮 無邊功德眼幢王佛

3211 지심귀명례 지보염공덕당왕불
至心歸命禮 智寶焰功德幢王佛

3212 지심귀명례 보성명당왕불
至心歸命禮 普聲名幢王佛

3213 지심귀명례 법력용맹당왕불
至心歸命禮 法力勇猛幢王佛

3214 지심귀명례 대비당왕불
至心歸命禮 大悲幢王佛

3215 지심귀명례 시방광화운당왕불
至心歸命禮 十方廣化雲幢王佛

3216 지심귀명례 법정진속질당왕불
至心歸命禮 法精進速疾幢王佛

3217 지심귀명례 보염등당왕불
至心歸命禮 寶焰燈幢王佛

3218 지심귀명례 난항고행당왕불
至心歸命禮 難降苦行幢王佛

3219 지심귀명례 구나염당왕불
至心歸命禮 瞿那焰幢王佛

3220 지심귀명례 복등당왕불
至心歸命禮 福燈幢王佛

3221 지심귀명례 선행법당왕불
至心歸命禮 善行法幢王佛

3222 지심귀명례 보월당왕불
至心歸命禮 寶月幢王佛

3223 지심귀명례 현상당왕불
至心歸命禮 賢相幢王佛

3224 지심귀명례 자재구나당왕불
至心歸命禮 自在瞿那幢王佛

3225 지심귀명례 규명칭당왕불
至心歸命禮 叫名稱幢王佛

3226 지심귀명례 보안변만법당왕불
至心歸命禮 普眼遍滿法幢王佛

3227 지심귀명례 보취당왕불
至心歸命禮 寶聚幢王佛

3228 지심귀명례 보염면당왕불
至心歸命禮 寶焰面幢王佛

3229 지심귀명례 진법해보당왕불
至心歸命禮 盡法海寶幢王佛

3230 지심귀명례 화당왕불
至心歸命禮 華幢王佛

3231 지심귀명례 구나당왕불
至心歸命禮 瞿那幢王佛

3232 지심귀명례 사자당왕불
至心歸命禮 師子幢王佛

3233 지심귀명례 금강당왕불
至心歸命禮 金剛幢王佛

3234 지심귀명례 미류당왕불
至心歸命禮 彌留幢王佛

3235 지심귀명례 법당왕불
至心歸命禮 法幢王佛

3236 지심귀명례 화당왕불
至心歸命禮 火幢王佛

3237 지심귀명례 적당왕불
至心歸命禮 寂幢王佛

3238 지심귀명례 묘당왕불
至心歸命禮 妙幢王佛

3239 지심귀명례 불가량당왕불
至心歸命禮 不可量幢王佛

3240 지심귀명례 무구위당왕불
至心歸命禮 無垢威幢王佛

3241 지심귀명례 우바저사당왕불
至心歸命禮 優波低沙幢王佛

3242 지심귀명례 용건불
至心歸命禮 勇健佛

3243 지심귀명례 적당불
至心歸命禮 寂幢佛

3244 지심귀명례 제석당불
至心歸命禮 帝釋幢佛

3245 지심귀명례 선청정광명당불
至心歸命禮 善清淨光明幢佛

3246 지심귀명례 상당불
至心歸命禮 相幢佛

3247 지심귀명례 수당불
至心歸命禮 水幢佛

3248 지심귀명례 화복덕불
至心歸命禮 華福德佛

3249 지심귀명례 진성향당불
至心歸命禮 震聲響幢佛

3250 지심귀명례 광명지해당불
至心歸命禮 廣名智海幢佛

3251 지심귀명례 바가바제염보광불
至心歸命禮 婆伽婆帝焰寶光佛

3252 지심귀명례 명당불
至心歸命禮 明幢佛

3253 지심귀명례 관지당불
至心歸命禮 觀智幢佛

3254 지심귀명례 선정업당불
至心歸命禮 善淨業幢佛

3255 지심귀명례 금강나라연당불
至心歸命禮 金剛那羅延幢佛

3256 지심귀명례 왕광명당불
至心歸命禮 王光明幢佛

3257 지심귀명례 법계음당불
至心歸命禮 法界音幢佛

3258 지심귀명례 금화염당불
至心歸命禮 金華焰幢佛

3259 지심귀명례 법나라연당불
至心歸命禮 法那羅延幢佛

3260 지심귀명례 불가항복력당불
至心歸命禮 不可降伏力幢佛

3261 지심귀명례 법연화비로불당불
至心歸命禮 法蓮華毘盧佛幢佛

3262 지심귀명례 사마타당불
至心歸命禮 奢摩他幢佛

3263 지심귀명례 천위덕면불
至心歸命禮 天威德面佛

3264 지심귀명례 대보당불
至心歸命禮 大寶幢佛

3265 지심귀명례 무구당불
至心歸命禮 無垢幢佛

3266 지심귀명례 세간당불
至心歸命禮 世間幢佛

3267 지심귀명례 항복암불
至心歸命禮 降伏闇佛

3268 지심귀명례 법계후불
至心歸命禮 法界吼佛

3269 지심귀명례 원견불
至心歸命禮 圓堅佛

3270 지심귀명례 지당불
至心歸命禮 智幢佛

3271 지심귀명례 보공덕등당불
至心歸命禮 寶功德燈幢佛

3272 지심귀명례 보공덕비로당불
至心歸命禮 寶功德毘盧幢佛

3273 지심귀명례 화륜광명불
至心歸命禮 火輪光明佛

3274 지심귀명례 석가라당불
至心歸命禮 釋迦囉幢佛

3275 지심귀명례 비로자나당불
至心歸命禮 毘盧遮那幢佛

3276 지심귀명례 오백보광명불
至心歸命禮 五百普光明佛

3277 지심귀명례 법당불
至心歸命禮 法幢佛

3278 지심귀명례 일체청정구나당불
至心歸命禮 一切淸淨瞿那幢佛

3279 지심귀명례 인최승당불
至心歸命禮 人最勝幢佛

3280 지심귀명례 무량력당불
至心歸命禮 無量力幢佛

3281 지심귀명례 무변명염자재당불
至心歸命禮 無邊明焰自在幢佛

3282 지심귀명례 작광월당불
至心歸命禮 作光月幢佛

3283 지심귀명례 법자재지당불
至心歸命禮 法自在智幢佛

3284 지심귀명례 난승력보당불
至心歸命禮 難勝力普幢佛

3285 지심귀명례 보등보명당불
至心歸命禮 寶燈普明幢佛

3286 지심귀명례 인다라최승의당불
至心歸命禮 因陀羅最勝意幢佛

3287 지심귀명례 광명승왕불
至心歸命禮 光明勝王佛

3288 지심귀명례 선화법계음당불
至心歸命禮 善化法界音幢佛

3289 지심귀명례 광파약지공덕당불
至心歸命禮 廣波若智功德幢佛

3290 지심귀명례 치당불
至心歸命禮 熾幢佛

3291 지심귀명례 최승법당불
至心歸命禮 最勝法幢佛

3292 지심귀명례 발취속자재왕불
至心歸命禮 發趣速自在王佛

3293 지심귀명례 불가량당불
至心歸命禮 不可量幢佛

3294 지심귀명례 바제보화공덕성불
至心歸命禮 婆帝寶花功德聲佛

3295 지심귀명례 보명법공덕성불
至心歸命禮 普明法功德聲佛

3296 지심귀명례 일체위덕불
至心歸命禮 一切威德佛

3297 지심귀명례 화위덕왕불
至心歸命禮 華威德王佛

3298 지심귀명례 보성불
至心歸命禮 寶聲佛

3299 지심귀명례 월성불
至心歸命禮 月聲佛

3300 지심귀명례 연화성불
至心歸命禮 蓮華聲佛

3301 지심귀명례 무실성불
至心歸命禮 無實聲佛

3302 지심귀명례 일체법삼매광성불
至心歸命禮 一切法三昧光聲佛

3303 지심귀명례 보문비로자나성불
至心歸命禮 普門毘盧遮那聲佛

3304 지심귀명례 금마니산성불
至心歸命禮 金摩尼山聲佛

3305 지심귀명례 법거보장성불
至心歸命禮 法炬寶帳聲佛

3306 지심귀명례 법해후성불
至心歸命禮 法海吼聲佛

3307 지심귀명례 치염해성불
至心歸命禮 熾焰海聲佛

3308 지심귀명례 세주최승광명성불
至心歸命禮 世主最勝光明聲佛

3309 지심귀명례 법계음성불
至心歸命禮 法界音聲佛

3310 지심귀명례 무량성불
至心歸命禮 無量聲佛

3311 지심귀명례 이지성불
至心歸命禮 已知聲佛

3312 지심귀명례 난승성불
至心歸命禮 難勝聲佛

3313 지심귀명례 감로성불
至心歸命禮 甘露聲佛

3314 지심귀명례 해탈성불
至心歸命禮 解脫聲佛

3315 지심귀명례 법해사류공덕왕불
至心歸命禮 法海駛流功德王佛

3316 지심귀명례 보등왕불
至心歸命禮 寶燈王佛

3317 지심귀명례 적광왕불
至心歸命禮 寂光王佛

3318 지심귀명례 자영락공덕왕불
至心歸命禮 慈瓔珞功德王佛

3319 지심귀명례 호모공덕왕불
至心歸命禮 豪毛功德王佛

3320 지심귀명례 염중생명공덕왕불
至心歸命禮 念衆生名功德王佛

3321 지심귀명례 해공덕왕불
至心歸命禮 海功德王佛

3322 지심귀명례 마니주이당태장불
至心歸命禮 摩尼珠耳璫胎藏佛

3323 지심귀명례 중생묘명공덕자불
至心歸命禮 衆生妙名功德者佛

3324 지심귀명례 천공덕태장불
至心歸命禮 天功德胎藏佛

3325 지심귀명례 바제보화구나덕불
至心歸命禮 婆帝寶華瞿那德佛

3326 지심귀명례 월화위숙명공덕불
至心歸命禮 月華威宿明功德佛

3327 지심귀명례 보조승투전공덕불
至心歸命禮 普照勝鬪戰功德佛

3328 지심귀명례 구나해원형불
至心歸命禮 瞿那海圓形佛

3329 지심귀명례 법유희사당공덕불
至心歸命禮 法遊戲駛幢功德佛

3330 지심귀명례 화선향명공덕불
至心歸命禮 火善香明功德佛

3331 지심귀명례 중생정신공덕불
至心歸命禮 衆生正信功德佛

3332 지심귀명례 선설명공덕불
至心歸命禮 善說名功德佛

3333 지심귀명례 불퇴전륜공덕불
至心歸命禮 不退轉輪功德佛

3334 지심귀명례 일륜형상공덕불
至心歸命禮 日輪形上功德佛

3335 지심귀명례 아승지초발공덕불
至心歸命禮 阿僧祇初發功德佛

3336 지심귀명례 치성금광상공덕불
至心歸命禮 熾盛金光上功德佛

3337 지심귀명례 일체음성공덕불
至心歸命禮 一切音聲功德佛

3338 지심귀명례 지혜등명당공덕불
至心歸命禮 智慧燈明幢功德佛

3339 지심귀명례 나라연고행공덕불
至心歸命禮 那羅延苦行功德佛

3340 지심귀명례 심법광왕공덕불
至心歸命禮 深法光王功德佛

3341 지심귀명례 생사태장공덕불
至心歸命禮 生死胎藏功德佛

3342 지심귀명례 화운선음공덕불
至心歸命禮 化雲善音功德佛

3343 지심귀명례 법형상장엄공덕불
至心歸命禮 法形像莊嚴功德佛

3344 지심귀명례 수왕증장공덕불
至心歸命禮 樹王增長功德佛

3345 지심귀명례 보염산공덕불
至心歸命禮 寶焰山功德佛

3346 지심귀명례 지염해공덕불
至心歸命禮 智焰海功德佛

3347 지심귀명례 대원사류공덕불
至心歸命禮 大願駛流功德佛

3348 지심귀명례 염당왕공덕불
至心歸命禮 念幢王功德佛

3349 지심귀명례 인다라왕공덕불
至心歸命禮 因陀羅王功德佛

3350 지심귀명례 삼매상최상공덕불
至心歸命禮 三昧像最上功德佛

3351 지심귀명례 다라왕최상공덕불
至心歸命禮 多羅王最上功德佛

3352 지심귀명례 불보생공덕불
至心歸命禮 佛寶生功德佛

3353 지심귀명례 법륜월최상공덕불
至心歸命禮 法輪月最上功德佛

3354 지심귀명례 법계형공덕불
至心歸命禮 法界形功德佛

3355 지심귀명례 지묘장공덕불
至心歸命禮 智妙藏功德佛

3356 지심귀명례 유리태장상공덕불
至心歸命禮 琉璃胎藏上功德佛

3357 지심귀명례 비로자나형공덕불
至心歸命禮 毘盧遮那形功德佛

3358 지심귀명례 복덕형공덕불
至心歸命禮 福德形功德佛

3359 지심귀명례 허공운공덕불
至心歸命禮 虛空雲功德佛

3360 지심귀명례 최승상공덕불
至心歸命禮 最勝相功德佛

3361 지심귀명례 광명상왕당공덕불
至 心 歸 命 禮 光 明 相 王 幢 功 德 佛

3362 지심귀명례 법해위공덕불
至 心 歸 命 禮 法 海 威 功 德 佛

3363 지심귀명례 법등공덕불
至 心 歸 命 禮 法 燈 功 德 佛

3364 지심귀명례 공체공덕불
至 心 歸 命 禮 空 體 功 德 佛

3365 지심귀명례 마니왕태장공덕불
至 心 歸 命 禮 摩 尼 王 胎 藏 功 德 佛

3366 지심귀명례 법성광공덕불
至 心 歸 命 禮 法 城 光 功 德 佛

3367 지심귀명례 광당공덕불
至 心 歸 命 禮 光 幢 功 德 佛

3368 지심귀명례 보왕공덕불
至 心 歸 命 禮 寶 王 功 德 佛

3369 지심귀명례 의지공덕불
至 心 歸 命 禮 意 智 功 德 佛

3370 지심귀명례 구나수미류공덕불
至 心 歸 命 禮 瞿 那 須 彌 留 功 德 佛

3371 지심귀명례 구나해공덕불
至心歸命禮 瞿那海功德佛

3372 지심귀명례 마니수미류공덕불
至心歸命禮 摩尼須彌留功德佛

3373 지심귀명례 세등공덕불
至心歸命禮 世燈功德佛

3374 지심귀명례 사자수미류공덕불
至心歸命禮 師子須彌留功德佛

3375 지심귀명례 취집공덕불
至心歸命禮 聚集功德佛

3376 지심귀명례 월상공덕불
至心歸命禮 月上功德佛

3377 지심귀명례 월승공덕불
至心歸命禮 月勝功德佛

3378 지심귀명례 상연화공덕불
至心歸命禮 上蓮華功德佛

3379 지심귀명례 연화잉공덕불
至心歸命禮 蓮華孕功德佛

3380 지심귀명례 지위공덕불
至心歸命禮 地威功德佛

3381 지심귀명례 최상광공덕불
至心歸命禮 最上光功德佛

3382 지심귀명례 미류당공덕불
至心歸命禮 彌留幢功德佛

3383 지심귀명례 해공덕불
至心歸命禮 海功德佛

3384 지심귀명례 염치공덕불
至心歸命禮 焰熾功德佛

3385 지심귀명례 수공덕불
至心歸命禮 水功德佛

3386 지심귀명례 불가획공덕불
至心歸命禮 不可獲功德佛

3387 지심귀명례 행공덕불
至心歸命禮 行功德佛

3388 지심귀명례 보시공덕불
至心歸命禮 寶施功德佛

3389 지심귀명례 인등공덕불
至心歸命禮 忍燈功德佛

3390 지심귀명례 풍질공덕불
至心歸命禮 風疾功德佛

3391 지심귀명례 보염공덕불
至心歸命禮 寶焰功德佛

3392 지심귀명례 무상공덕불
至心歸命禮 無上功德佛

3393 지심귀명례 무변상공덕불
至心歸命禮 無邊上功德佛

3394 지심귀명례 정공덕불
至心歸命禮 頂功德佛

3395 지심귀명례 성공덕불
至心歸命禮 聲功德佛

3396 지심귀명례 적공덕불
至心歸命禮 寂功德佛

3397 지심귀명례 무우공덕불
至心歸命禮 無憂功德佛

3398 지심귀명례 미류공덕불
至心歸命禮 彌留功德佛

3399 지심귀명례 운공덕불
至心歸命禮 雲功德佛

3400 지심귀명례 위공덕불
至心歸命禮 威功德佛

3401 지심귀명례 구나공덕불
至心歸命禮 瞿那功德佛

3402 지심귀명례 중공덕불
至心歸命禮 衆功德佛

3403 지심귀명례 군타공덕불
至心歸命禮 軍陀功德佛

3404 지심귀명례 부사의공덕불
至心歸命禮 不思議功德佛

3405 지심귀명례 구나보공덕불
至心歸命禮 瞿那寶功德佛

3406 지심귀명례 화공덕불
至心歸命禮 花功德佛

3407 지심귀명례 인다라공덕불
至心歸命禮 因陀羅功德佛

3408 지심귀명례 연화상유희공덕불
至心歸命禮 蓮花上遊戱功德佛

3409 지심귀명례 연화공덕불
至心歸命禮 蓮花功德佛

3410 지심귀명례 적우바라공덕불
至心歸命禮 赤優鉢羅功德佛

3411 지심귀명례 문성공덕불
至心歸命禮 聞聲功德佛

3412 지심귀명례 불화진체공덕불
至心歸命禮 佛花眞體功德佛

3413 지심귀명례 향광명공덕불
至心歸命禮 香光明功德佛

3414 지심귀명례 보상공덕불
至心歸命禮 寶上功德佛

3415 지심귀명례 연화상공덕불
至心歸命禮 蓮花上功德佛

3416 지심귀명례 보화진공덕지불
至心歸命禮 寶花眞功德智佛

3417 지심귀명례 성취덕불
至心歸命禮 成就德佛

3418 지심귀명례 지진체공덕불
至心歸命禮 智眞體功德佛

3419 지심귀명례 원광위왕공덕불
至心歸命禮 圓光威王功德佛

3420 지심귀명례 향상공덕불
至心歸命禮 香上功德佛

3421 지심귀명례 지장공덕불
至心歸命禮 智藏功德佛

3422 지심귀명례 무량진체공덕불
至心歸命禮 無量眞體功德佛

3423 지심귀명례 진유공덕불
至心歸命禮 眞有功德佛

3424 지심귀명례 무변덕진체공덕불
至心歸命禮 無邊德眞體功德佛

3425 지심귀명례 화진체공덕불
至心歸命禮 花眞體功德佛

3426 지심귀명례 보화공덕불
至心歸命禮 寶花功德佛

3427 지심귀명례 연화진체공덕불
至心歸命禮 蓮花眞體功德佛

3428 지심귀명례 연화최상공덕불
至心歸命禮 蓮花最上功德佛

3429 지심귀명례 허공공덕불
至心歸命禮 虛空功德佛

3430 지심귀명례 범공덕불
至心歸命禮 梵功德佛

3431 지심귀명례 승공덕불
至心歸命禮 勝功德佛

3432 지심귀명례 불연화공덕불
至心歸命禮 佛蓮花功德佛

3433 지심귀명례 일체공덕불
至心歸命禮 一切功德佛

3434 지심귀명례 법봉운당불
至心歸命禮 法峯雲幢佛

3435 지심귀명례 보광중상공덕불
至心歸命禮 普光衆上功德佛

3436 지심귀명례 명연화공덕불
至心歸命禮 明蓮花功德佛

3437 지심귀명례 방연화진체공덕불
至心歸命禮 放蓮花眞體功德佛

3438 지심귀명례 진체공덕불
至心歸命禮 眞體功德佛

3439 지심귀명례 무변광공덕불
至心歸命禮 無邊光功德佛

3440 지심귀명례 무외진체공덕불
至心歸命禮 無畏眞體功德佛

3441 지심귀명례 선행지불
至心歸命禮 善行智佛

3442 지심귀명례 실공덕불
至心歸命禮 實功德佛

3443 지심귀명례 현상공덕불
至心歸命禮 賢上功德佛

3444 지심귀명례 지실공덕불
至心歸命禮 至實功德佛

3445 지심귀명례 대공덕불
至心歸命禮 大功德佛

3446 지심귀명례 지우바라공덕불
至心歸命禮 智優鉢羅功德佛

3447 지심귀명례 보우바라공덕불
至心歸命禮 寶優鉢羅功德佛

3448 지심귀명례 지상공덕불
至心歸命禮 智上功德佛

3449 지심귀명례 최상공덕불
至心歸命禮 最上功德佛

3450 지심귀명례 초발심불퇴공덕불
至心歸命禮 初發心不退功德佛

3451 지심귀명례 무진금강공덕불
至心歸命禮 無盡金剛功德佛

3452 지심귀명례 미묘성공덕불
至心歸命禮 微妙聲功德佛

3453 지심귀명례 보조명망비로불
至心歸命禮 普照明網毘盧佛

3454 지심귀명례 종종보광명불
至心歸命禮 種種寶光明佛

3455 지심귀명례 지산법계보위왕불
至心歸命禮 智山法界普威王佛

3456 지심귀명례 법해광뢰왕불
至心歸命禮 法海光雷王佛

3457 지심귀명례 무애덕명칭해탈불
至心歸命禮 無礙德名稱解脫佛

3458 지심귀명례 법운성광등왕불
至心歸命禮 法雲城光燈王佛

3459 지심귀명례 법허공최상공덕불
至心歸命禮 法虛空最上功德佛

3460 지심귀명례 법륜광진성왕불
至心歸命禮 法輪光震聲王佛

3461 지심귀명례 일체법해진음왕불
至心歸命禮 一切法海震音王佛

3462 지심귀명례 지위산왕불
至心歸命禮 智威山王佛

3463 지심귀명례 법운진성왕불
至心歸命禮 法雲震聲王佛

3464 지심귀명례 지거광명왕불
至心歸命禮 智炬光明王佛

3465 지심귀명례 법해언설랑명왕불
至心歸命禮 法海言說朗鳴王佛

3466 지심귀명례 법염산당왕불
至心歸命禮 法焰山幢王佛

3467 지심귀명례 산왕공덕태장왕불
至心歸命禮 山王功德胎藏王佛

3468 지심귀명례 번전방소광명왕불
至心歸命禮 翻轉方所光明王佛

3469 지심귀명례 지상사자당왕불
至心歸命禮 智相師子幢王佛

3470 지심귀명례 보일광명왕불
至心歸命禮 普日光明王佛

3471 지심귀명례 법계성형지등왕불
至心歸命禮 法界城形智燈王佛

3472 지심귀명례 법월변지광명왕불
至心歸命禮 法月邊智光明王佛

3473 지심귀명례 제법해최상파왕불
至心歸命禮 諸法海最上波王佛

3474 지심귀명례 제방등왕불
至心歸命禮 諸方燈王佛

3475 지심귀명례 광명법해파왕불
至心歸命禮 廣名法海波王佛

3476 지심귀명례 법염치위왕불
至心歸命禮 法焰熾威王佛

3477 지심귀명례 광원산정왕불
至心歸命禮 光圓山頂王佛

3478 지심귀명례 운진명왕불
至心歸命禮 雲震名王佛

3479 지심귀명례 보명공덕태장왕불
至心歸命禮 普明功德胎藏王佛

3480 지심귀명례 비로공덕미류왕불
至心歸命禮 毘盧功德彌留王佛

3481 지심귀명례 무애허공당상왕불
至心歸命禮 無礙虛空幢相王佛

3482 지심귀명례 광대지염왕불
至心歸命禮 廣大智焰王佛

3483 지심귀명례 광명산염왕불
至心歸命禮 光明散焰王佛

3484 지심귀명례 영락개진명왕불
至心歸命禮 瓔珞蓋震鳴王佛

3485 지심귀명례 공덕태장취후왕불
至心歸命禮 功德胎藏聚吼王佛

3486 지심귀명례 전등당왕불
至心歸命禮 電燈幢王佛

3487 지심귀명례 무량상선행왕불
至心歸命禮 無量上善行王佛

3488 지심귀명례 공덕선등장왕불
至心歸命禮 功德善燈藏王佛

3489 지심귀명례 정법호보당왕불
至心歸命禮 正法護寶幢王佛

3490 지심귀명례 법궁전진명왕불
至心歸命禮 法宮殿震鳴王佛

3491 지심귀명례 제등광왕불
至心歸命禮 諸燈光王佛

3492 지심귀명례 염공덕구나당왕불
至心歸命禮 焰功德瞿那幢王佛

3493 지심귀명례 염부단위왕불
至心歸命禮 閻浮檀威王佛

3494 지심귀명례 법륜염위왕불
至心歸命禮 法輪焰威王佛

3495 지심귀명례 비로공덕태장왕불
至心歸命禮 毘盧功德胎藏王佛

3496 지심귀명례 보묘공덕왕불
至心歸命禮 寶妙功德王佛

3497 지심귀명례 제화향자재왕불
至心歸命禮 諸華香自在王佛

3498 지심귀명례 제화자재왕불
至心歸命禮 諸華自在王佛

3499 지심귀명례 법지보경불
至心歸命禮 法智普鏡佛

3500 지심귀명례 적광명왕불
至心歸命禮 寂光明王佛

3501 지심귀명례 천진음왕불
至心歸命禮 千震音王佛

3502 지심귀명례 제법후왕불
至心歸命禮 諸法吼王佛

3503 지심귀명례 보염산공덕위왕불
至心歸命禮 寶焰山功德威王佛

3504 지심귀명례 비로공덕위왕불
至心歸命禮 毘盧功德威王佛

3505 지심귀명례 법월광왕불
至心歸命禮 法月光王佛

3506 지심귀명례 지광왕불
至心歸命禮 智光王佛

3507 지심귀명례 일위공덕왕불
至心歸命禮 日威功德王佛

3508 지심귀명례 구나철위산왕불
至心歸命禮 瞿那鐵圍山王佛

3509 지심귀명례 제중생조명왕불
至心歸命禮 諸衆生照明王佛

3510 지심귀명례 법인다라왕불
至心歸命禮 法因陀羅王佛

3511 지심귀명례 운공덕왕불
至心歸命禮 雲功德王佛

3512 지심귀명례 비일명광왕불
至心歸命禮 非一明光王佛

3513 지심귀명례 후왕불
至心歸命禮 吼王佛

3514 지심귀명례 난복당왕불
至心歸命禮 難伏幢王佛

3515 지심귀명례 다라니자재왕불
至心歸命禮 陀羅尼自在王佛

3516 지심귀명례 최상미류왕불
至心歸命禮 最上彌留王佛

3517 지심귀명례 사자유희왕불
至心歸命禮 師子遊戱王佛

3518 지심귀명례 월광왕불
至心歸命禮 月光王佛

3519 지심귀명례 일체법광명왕불
至心歸命禮 一切法光明王佛

3520 지심귀명례 무상왕불
至心歸命禮 無上王佛

3521 지심귀명례 향염운공덕왕불
至心歸命禮 香焰雲功德王佛

3522 지심귀명례 고음왕불
至心歸命禮 鼓音王佛

3523 지심귀명례 승왕불
至心歸命禮 勝王佛

3524 지심귀명례 향취왕불
至心歸命禮 香聚王佛

3525 지심귀명례 정조왕불
至心歸命禮 淨照王佛

3526 지심귀명례 파도왕불
至心歸命禮 波濤王佛

3527 지심귀명례 범음왕불
至心歸命禮 梵音王佛

3528 지심귀명례 안다라니자재불
至心歸命禮 眼陀羅尼自在佛

3529 지심귀명례 위덕기불
至心歸命禮 威德起佛

3530 지심귀명례 마니왕불
至心歸命禮 摩尼王佛

3531 지심귀명례 구나왕불
至心歸命禮 瞿拏王佛

3532 지심귀명례 장엄왕불
至心歸命禮 莊嚴王佛

3533 지심귀명례 적왕불
至心歸命禮 寂王佛

3534 지심귀명례 첩질왕불
至心歸命禮 捷疾王佛

3535 지심귀명례 전남녀항복불
至心歸命禮 轉男女降伏佛

3536 지심귀명례 무외왕불
至心歸命禮 無畏王佛

3537 지심귀명례 광염왕불
至心歸命禮 光焰王佛

3538 지심귀명례 의왕불
至心歸命禮 醫王佛

3539 지심귀명례 비류노왕불
至心歸命禮 毘琉奴王佛

3540 지심귀명례 사라왕불
至心歸命禮 娑羅王佛

3541 지심귀명례 조왕불
至心歸命禮 照王佛

3542 지심귀명례 대도사불
至心歸命禮 大導師佛

3543 지심귀명례 건달바왕불
至心歸命禮 乾闥婆王佛

3544 지심귀명례 진마리벽지불
至心歸命禮 秦摩利辟支佛

3545 지심귀명례 구나당왕불
至心歸命禮 瞿拏幢王佛

3546 지심귀명례 무구열소당왕불
至心歸命禮 無垢悅笑幢王佛

3547 지심귀명례 미묘음왕불
至心歸命禮 微妙音王佛

3548 지심귀명례 연화덕잉왕불
至心歸命禮 蓮華德孕王佛

3549 지심귀명례 산염왕불
至心歸命禮 散焰王佛

3550 지심귀명례 향염광왕불
至心歸命禮 香焰光王佛

3551 지심귀명례 미류취왕불
至心歸命禮 彌留聚王佛

3552 지심귀명례 연화선주제석왕불
至心歸命禮 蓮華善住帝釋王佛

3553 지심귀명례 원영락장엄왕불
至心歸命禮 願瓔珞莊嚴王佛

3554 지심귀명례 해지의신통왕불
至心歸命禮 海持意神通王佛

3555 지심귀명례 운왕불
至心歸命禮 雲王佛

3556 지심귀명례 요익왕불
至心歸命禮 饒益王佛

3557 지심귀명례 금광위왕불
至心歸命禮 金光威王佛

3558 지심귀명례 파산제야차신왕불
至心歸命禮 破散諸夜叉神王佛

3559 지심귀명례 보광장엄왕불
至心歸命禮 寶光莊嚴王佛

3560 지심귀명례 자재위성왕불
至心歸命禮 自在威聲王佛

3561 지심귀명례 화화유희신통왕불
至心歸命禮 華火遊戲神通王佛

3562 지심귀명례 개부화사라왕불
至心歸命禮 開敷華娑羅王佛

3563 지심귀명례 선적지월후음왕불
至心歸命禮 善寂智月吼音王佛

3564 지심귀명례 자재산불
至心歸命禮 自在山佛

3565 지심귀명례 등작불
至心歸命禮 燈作佛

3566 지심귀명례 초심의진성상왕불
至心歸命禮 初心意震聲上王佛

3567 지심귀명례 무포삼매최상왕불
至心歸命禮 無怖三昧最上王佛

3568 지심귀명례 니구타왕불
至心歸命禮 尼俱陀王佛

3569 지심귀명례 희약보잉마니왕불
至心歸命禮 喜躍寶孕摩尼王佛

3570 지심귀명례 중주왕불
至心歸命禮 衆主王佛

3571 지심귀명례 희락광왕불
至心歸命禮 喜樂光王佛

3572 지심귀명례 금강상왕불
至心歸命禮 金剛上王佛

3573 지심귀명례 미류정왕불
至心歸命禮 彌留頂王佛

3574 지심귀명례 청광왕불
至心歸命禮 淸光王佛

3575 지심귀명례 연화수광왕불
至心歸命禮 蓮華鬚光王佛

3576 지심귀명례 도장상향광왕불
至心歸命禮 刀杖上香光王佛

3577 지심귀명례 상설왕불
至心歸命禮 上舌王佛

3578 지심귀명례 부사의구나광왕불
至心歸命禮 不思議瞿拏光王佛

3579 지심귀명례 현상왕불
至心歸命禮 賢上王佛

3580 지심귀명례 연화상왕불
至心歸命禮 蓮華上王佛

3581 지심귀명례 난복상왕불
至心歸命禮 難伏上王佛

3582 지심귀명례 미류광왕불
至心歸命禮 彌留光王佛

3583 지심귀명례 미류등왕불
至心歸命禮 彌留燈王佛

3584 지심귀명례 사라자재왕불
至心歸命禮 娑羅自在王佛

3585 지심귀명례 고자재음왕불
至心歸命禮 鼓自在音王佛

3586 지심귀명례 강건군장전왕불
至心歸命禮 强健軍將戰王佛

3587 지심귀명례 보광최상공덕왕불
至心歸命禮 普光最上功德王佛

3588 지심귀명례 정주마니취왕불
至心歸命禮 正住摩尼聚王佛

3589 지심귀명례 법수청정허공왕불
至心歸命禮 法水清淨虛空王佛

3590 지심귀명례 보광공덕미류왕불
至心歸命禮 寶光功德彌留王佛

3591 지심귀명례 지당음왕불
至心歸命禮 智幢音王佛

3592 지심귀명례 제석당상왕불
至心歸命禮 帝釋幢相王佛

3593 지심귀명례 선주산제석왕불
至心歸命禮 善住山帝釋王佛

3594 지심귀명례 파산운예왕불
至心歸命禮 破散雲翳王佛

3595 지심귀명례 보첨망연화왕불
至心歸命禮 寶瞻望蓮華王佛

3596 지심귀명례 보공덕광위왕불
至心歸命禮 寶功德光威王佛

3597 지심귀명례 보월광명약왕불
至心歸命禮 寶月光明藥王佛

3598 지심귀명례 실벽지불
至心歸命禮 實辟支佛

3599 지심귀명례 산인다라왕불
至心歸命禮 山因陀羅王佛

3600 지심귀명례 사라제석왕불
至心歸命禮 娑羅帝釋王佛

3601 지심귀명례 정최상왕불
至心歸命禮 頂最上王佛

3602 지심귀명례 산정최상왕불
至心歸命禮 山頂最上王佛

3603 지심귀명례 가외연화최상왕불
至心歸命禮 可畏蓮華最上王佛

3604 지심귀명례 정진최상왕불
至心歸命禮 精進最上王佛

3605 지심귀명례 무변계최상왕불
至心歸命禮 無邊界最上王佛

3606 지심귀명례 불화승상왕불
至心歸命禮 佛華勝上王佛

3607 지심귀명례 일성취불
至心歸命禮 日成就佛

3608 지심귀명례 화부왕불
至心歸命禮 華敷王佛

3609 지심귀명례 불화부왕불
至心歸命禮 佛華敷王佛

3610 지심귀명례 허공청정왕불
至心歸命禮 虛空清淨王佛

3611 지심귀명례 지자재왕불
至心歸命禮 智自在王佛

3612 지심귀명례 무독정심벽지불
至心歸命禮 無毒淨心辟支佛

3613 지심귀명례 진성왕불
至心歸命禮 震聲王佛

3614 지심귀명례 진상왕불
至心歸命禮 震上王佛

3615 지심귀명례 진하왕불
至心歸命禮 震下王佛

3616 지심귀명례 진성력불
至心歸命禮 震聲力佛

3617 지심귀명례 가능가왕불
至心歸命禮 迦陵伽王佛

3618 지심귀명례 구나광명왕불
至心歸命禮 瞿拏光明王佛

3619 지심귀명례 바제광복장명불
至心歸命禮 婆帝廣福藏明佛

3620 지심귀명례 구나광명불
至心歸命禮 瞿拏光明佛

3621 지심귀명례 허공광명불
至心歸命禮 虛空光明佛

3622 지심귀명례 향광명불
至心歸命禮 香光明佛

3623 지심귀명례 자재당왕불
至心歸命禮 自在幢王佛

3624 지심귀명례 미류광명불
至心歸命禮 彌留光明佛

3625 지심귀명례 아리다벽지불
至心歸命禮 阿利多辟支佛

3626 지심귀명례 수기불
至心歸命禮 授記佛

3627 지심귀명례 청정광명불
至心歸命禮 清淨光明佛

3628 지심귀명례 바두마광불
至心歸命禮 波頭摩光佛

3629 지심귀명례 무변광명불
至心歸命禮 無邊光明佛

3630 지심귀명례 삼매유불
至心歸命禮 三昧喩佛

3631 지심귀명례 염광명불
至心歸命禮 焰光明佛

3632 지심귀명례 화광명불
至心歸命禮 火光明佛

3633 지심귀명례 일광명불
至心歸命禮 日光明佛

3634 지심귀명례 법성다장불
至心歸命禮 法聲多藏佛

3635 지심귀명례 법원광명불
至心歸命禮 法圓光明佛

3636 지심귀명례 지원광명불
至心歸命禮 智圓光明佛

3637 지심귀명례 염부단광명불
至心歸命禮 閻浮檀光明佛

3638 지심귀명례 보광명불
至心歸命禮 寶光明佛

3639 지심귀명례 나망광당불
至心歸命禮 羅網光幢佛

3640 지심귀명례 일유보원보광명불
至心歸命禮 一遊步圓普光明佛

3641 지심귀명례 법계광명불
至心歸命禮 法界光明佛

3642 지심귀명례 법질후성불
至心歸命禮 法疾吼聲佛

3643 지심귀명례 덕왕광명불
至心歸命禮 德王光明佛

3644 지심귀명례 제법교위형광명불
至心歸命禮 諸法敎威形光明佛

3645 지심귀명례 일상광명공덕위불
至心歸命禮 日上光明功德威佛

3646 지심귀명례 다요공덕위광명불
至心歸命禮 多饒功德威光明佛

3647 지심귀명례 치성유리광명불
至心歸命禮 熾盛琉璃光明佛

3648 지심귀명례 공덕장마니광명불
至心歸命禮 功德藏摩尼光明佛

3649 지심귀명례 이제무지일불
至心歸命禮 離諸無智曀佛

3650 지심귀명례 힐혜장엄불
至心歸命禮 詰慧莊嚴佛

3651 지심귀명례 바제구나무진광불
至心歸命禮 婆帝瞿拏無盡光佛

3652 지심귀명례 구나명자재광불
至心歸命禮 瞿那名自在光佛

3653 지심귀명례 불퇴구나해광불
至心歸命禮 不退瞿那海光佛

3654 지심귀명례 해탈정진일광불
至心歸命禮 解脫精進日光佛

3655 지심귀명례 제반연정무미광불
至心歸命禮 諸攀緣淨無迷光佛

3656 지심귀명례 지상광불
至心歸命禮 智上光佛

3657 지심귀명례 묘월원광불
至心歸命禮 妙月願光佛

3658 지심귀명례 심법해묘광불
至心歸命禮 深法海妙光佛

3659 지심귀명례 무공선보광불
至心歸命禮 無共善寶光佛

3660 지심귀명례 십상광불
至心歸命禮 十上光佛

3661 지심귀명례 행승주왕불
至心歸命禮 行勝住王佛

3662 지심귀명례 광광불
至心歸命禮 廣光佛

3663 지심귀명례 주장광불
至心歸命禮 主藏光佛

3664 지심귀명례 월상광불
至心歸命禮 月上光佛

3665 지심귀명례 조광불
至心歸命禮 照光佛

3666 지심귀명례 친미불
至心歸命禮 親味佛

3667 지심귀명례 평등향광불
至心歸命禮 平等香光佛

3668 지심귀명례 무변상광불
至心歸命禮 無邊上光佛

3669 지심귀명례 천상광불
至心歸命禮 千上光佛

3670 지심귀명례 허공원광불
至心歸命禮 虛空圓光佛

3671 지심귀명례 불공광불
至心歸命禮 不空光佛

3672 지심귀명례 무량사자력불
至心歸命禮 無量師子力佛

3673 지심귀명례 무상광불
至心歸命禮 無上光佛

3674 지심귀명례 불화광불
至心歸命禮 佛華光佛

3675 지심귀명례 공덕성취불
至心歸命禮 功德成就佛

3676 지심귀명례 감로세불
至心歸命禮 甘露勢佛

3677 지심귀명례 무변제광불
至心歸命禮 無邊際光佛

3678 지심귀명례 희락광불
至心歸命禮 喜樂光佛

3679 지심귀명례 보염위연등불
至心歸命禮 寶炎圍然燈佛

3680 지심귀명례 선염광불
至心歸命禮 善焰光佛

3681 지심귀명례 아무하견불
至心歸命禮 阿無荷見佛

3682 지심귀명례 견무장엄불
至心歸命禮 見無莊嚴佛

3683 지심귀명례 다광불
至心歸命禮 多光佛

3684 지심귀명례 제신통광불
至心歸命禮 諸神通光佛

3685 지심귀명례 공덕거불
至心歸命禮 功德去佛

3686 지심귀명례 향방광불
至心歸命禮 香放光佛

3687 지심귀명례 법계전광불
至心歸命禮 法界電光佛

3688 지심귀명례 광대지광불
至心歸命禮 廣大智光佛

3689 지심귀명례 바제장엄미류불
至心歸命禮 婆帝莊嚴彌留佛

3690 지심귀명례 지현미류불
至心歸命禮 智賢彌留佛

3691 지심귀명례 보문지현미류불
至心歸命禮 普門智賢彌留佛

3692 지심귀명례 지광미류불
至心歸命禮 智光彌留佛

3693 지심귀명례 비로공덕미류불
至心歸命禮 毘盧功德彌留佛

3694 지심귀명례 법등공덕미류불
至心歸命禮 法燈功德彌留佛

3695 지심귀명례 공덕선미류불
至心歸命禮 功德善彌留佛

3696 지심귀명례 공덕미류불
至心歸命禮 功德彌留佛

3697 지심귀명례 구나수미류불
至心歸命禮 瞿那須彌留佛

3698 지심귀명례 마니수미류불
至心歸命禮 摩泥須彌留佛

3699 지심귀명례 공덕차별불
至心歸命禮 功德差別佛

3700 지심귀명례 보미류불
至心歸命禮 寶彌留佛

3701 지심귀명례 승보상불
至心歸命禮 勝寶上佛

3702 지심귀명례 대수미류불
至心歸命禮 大須彌留佛

3703 지심귀명례 선상미류불
至心歸命禮 善相彌留佛

3704 지심귀명례 복미류불
至心歸命禮 福彌留佛

3705 지심귀명례 최승미류불
至心歸命禮 最勝彌留佛

3706 지심귀명례 선미류불
至心歸命禮 善彌留佛

3707 지심귀명례 보염산미류불
至心歸命禮 寶焰山彌留佛

3708 지심귀명례 난복미류불
至心歸命禮 難伏彌留佛

3709 지심귀명례 최상미류불
至心歸命禮 最上彌留佛

3710 지심귀명례 허공미류불
至心歸命禮 虛空彌留佛

3711 지심귀명례 해미류불
至心歸命禮 海彌留佛

3712 지심귀명례 향미류불
至心歸命禮 香彌留佛

3713 지심귀명례 향승미류불
至心歸命禮 香勝彌留佛

3714 지심귀명례 정미류불
至心歸命禮 淨彌留佛

3715 지심귀명례 주분별불
至心歸命禮 住分別佛

3716 지심귀명례 승묘미류불
至心歸命禮 勝妙彌留佛

3717 지심귀명례 견고기불
至心歸命禮 堅固起佛

3718 지심귀명례 분별미류불
至心歸命禮 分別彌留佛

3719 지심귀명례 수산불
至心歸命禮 樹山佛

3720 지심귀명례 상공덕산불
至心歸命禮 相功德山佛

3721 지심귀명례 평등수미면불
至心歸命禮 平等須彌面佛

3722 지심귀명례 적광심취불
至心歸命禮 寂光深聚佛

3723 지심귀명례 보광염불
至心歸命禮 寶光炎佛

3724 지심귀명례 법력공덕취불
至心歸命禮 法力功德聚佛

3725 지심귀명례 변재취불
至心歸命禮 辯才聚佛

3726 지심귀명례 득금개취불
至心歸命禮 得金蓋聚佛

3727 지심귀명례 상취불
至心歸命禮 上聚佛

3728 지심귀명례 향취불
至心歸命禮 香聚佛

3729 지심귀명례 취불
至心歸命禮 聚佛

3730 지심귀명례 일취불
至心歸命禮 一聚佛

3731 지심귀명례 보화취불
至心歸命禮 寶華聚佛

3732 지심귀명례 인다라위불
至心歸命禮 因陀羅闈佛

3733 지심귀명례 광취불
至心歸命禮 光聚佛

3734 지심귀명례 상방무량경계불
至心歸命禮 上方無量境界佛

3735 지심귀명례 광명관불
至心歸命禮 光明觀佛

3736 지심귀명례 건광불
至心歸命禮 健光佛

3737 지심귀명례 항복열불
至心歸命禮 降伏熱佛

3738 지심귀명례 용공덕불
至心歸命禮 龍功德佛

3739 지심귀명례 필경지불
至心歸命禮 畢竟智佛

3740 지심귀명례 파금강불
至心歸命禮 破金剛佛

3741 지심귀명례 일체소의왕불
至心歸命禮 一切所依王佛

3742 지심귀명례 선위의불
至心歸命禮 善威儀佛

3743 지심귀명례 보연화광불
至心歸命禮 寶蓮華光佛

3744 지심귀명례 흥일체상불
至心歸命禮 興一切相佛

3745 지심귀명례 금강광불
至心歸命禮 金剛光佛

3746 지심귀명례 월원광불
至心歸命禮 月圓光佛

3747 지심귀명례 부사의구나광불
至心歸命禮 不思議瞿那光佛

3748 지심귀명례 무변승불
至心歸命禮 無邊勝佛

3749 지심귀명례 진금염부단당광불
至心歸命禮 眞金閻浮檀幢光佛

3750 지심귀명례 보공덕화위광불
至心歸命禮 普功德華威光佛

3751 지심귀명례 보법문면봉광불
至心歸命禮 普法門面峯光佛

3752 지심귀명례 법염미류봉광불
至心歸命禮 法焰彌留峯光佛

3753 지심귀명례 무구법산지봉광불
至心歸命禮 無垢法山智峯光佛

3754 지심귀명례 중보마니원광불
至心歸命禮 衆寶摩尼圓光佛

3755 지심귀명례 법해진성의불
至心歸命禮 法海震聲意佛

3756 지심귀명례 광명당왕의불
至心歸命禮 光明幢王意佛

3757 지심귀명례 제사명시의불
至心歸命禮 祭祀名施意佛

3758 지심귀명례 무진의불
至心歸命禮 無盡意佛

3759 지심귀명례 무애의불
至心歸命禮 無礙意佛

3760 지심귀명례 백호공덕광명의불
至心歸命禮 白豪功德光明意佛

3761 지심귀명례 방처지광당의불
至心歸命禮 方處智光幢意佛

3762 지심귀명례 광의불
至心歸命禮 光意佛

3763 지심귀명례 신법의불
至心歸命禮 愼法意佛

3764 지심귀명례 적정의불
至心歸命禮 寂靜意佛

3765 지심귀명례 경상광명불
至心歸命禮 鏡像光明佛

3766 지심귀명례 무량당의불
至心歸命禮 無量幢意佛

3767 지심귀명례 지의불
至心歸命禮 智意佛

3768 지심귀명례 민의불
至心歸命禮 愍意佛

3769 지심귀명례 무반연의불
至心歸命禮 無攀緣意佛

3770 지심귀명례 무소의불
至心歸命禮 無小意佛

3771 지심귀명례 천의불
至心歸命禮 天意佛

3772 지심귀명례 금강의불
至心歸命禮 金剛意佛

3773 지심귀명례 사유의불
至心歸命禮 思惟意佛

3774 지심귀명례 승의불
至心歸命禮 勝意佛

3775 지심귀명례 청정의불
至心歸命禮 清淨意佛

3776 지심귀명례 의불
至心歸命禮 意佛

3777 지심귀명례 아미타사자불
至心歸命禮 阿彌陀師子佛

3778 지심귀명례 범의불
至心歸命禮 梵意佛

3779 지심귀명례 석가불
至心歸命禮 釋迦佛

3780 지심귀명례 바제제세계자재불
至心歸命禮 婆帝諸世界自在佛

3781 지심귀명례 대고승불
至心歸命禮 大高勝佛

3782 지심귀명례 지자재불
至心歸命禮 智自在佛

3783 지심귀명례 무비장칭불
至心歸命禮 無比藏稱佛

3784 지심귀명례 대자재불
至心歸命禮 大自在佛

3785 지심귀명례 최자재불
至心歸命禮 最自在佛

3786 지심귀명례 승공양불
至心歸命禮 勝供養佛

3787 지심귀명례 사자자재불
至心歸命禮 師子自在佛

3788 지심귀명례 무외관시자재불
至心歸命禮 無畏觀視自在佛

3789 지심귀명례 구나사자자재불
至心歸命禮 瞿那師子自在佛

3790 지심귀명례 법상룡자재불
至心歸命禮 法上龍自在佛

3791 지심귀명례 무미법자재불
至心歸命禮 無迷法自在佛

3792 지심귀명례 인자재불
至心歸命禮 人自在佛

3793 지심귀명례 위자재불
至心歸命禮 威自在佛

3794 지심귀명례 범위자재불
至心歸命禮 梵威自在佛

3795 지심귀명례 중자재불
至心歸命禮 衆自在佛

3796 지심귀명례 성자재불
至心歸命禮 聲自在佛

3797 지심귀명례 광화자재불
至心歸命禮 廣化自在佛

3798 지심귀명례 월광자재불
至心歸命禮 月光自在佛

3799 지심귀명례 무관혜불
至心歸命禮 無觀慧佛

3800 지심귀명례 의자재불
至心歸命禮 意自在佛

3801 지심귀명례 광명무구태장불
至心歸命禮 光明無垢胎藏佛

3802 지심귀명례 화태장불
至心歸命禮 華胎藏佛

3803 지심귀명례 구나연화태장불
至心歸命禮 瞿那蓮華胎藏佛

3804 지심귀명례 연화태장불
至心歸命禮 蓮華胎藏佛

3805 지심귀명례 태장불
至心歸命禮 胎藏佛

3806 지심귀명례 소리야태장불
至心歸命禮 蘇利耶胎藏佛

3807 지심귀명례 연화공덕태장불
至心歸命禮 蓮華功德胎藏佛

3808 지심귀명례 천주태장불
至心歸命禮 天主胎藏佛

3809 지심귀명례 차별거불
至心歸命禮 差別去佛

3810 지심귀명례 금강태장불
至心歸命禮 金剛胎藏佛

3811 지심귀명례 일태장불
至心歸命禮 日胎藏佛

3812 지심귀명례 공덕화태장불
至心歸命禮 功德華胎藏佛

3813 지심귀명례 지광연화태장불
至心歸命禮 智光蓮華胎藏佛

3814 지심귀명례 법지소생태장불
至心歸命禮 法智所生胎藏佛

3815 지심귀명례 백염광명태장불
至心歸命禮 百焰光明胎藏佛

3816 지심귀명례 무량염화광태장불
至心歸命禮 無量焰化光胎藏佛

3817 지심귀명례 구나보위태장불
至心歸命禮 瞿那寶威胎藏佛

3818 지심귀명례 주계마니태장불
至心歸命禮 主髻摩尼胎藏佛

3819 지심귀명례 무광공미류태장불
至心歸命禮 無光功彌留胎藏佛

3820 지심귀명례 바라왕공덕태장불
至心歸命禮 婆羅王功德胎藏佛

3821 지심귀명례 보연화광명태장불
至心歸命禮 寶蓮華光明胎藏佛

3822 지심귀명례 비로공덕태장불
至心歸命禮 毘盧功德胎藏佛

3823 지심귀명례 보상장엄미류명불
至心歸命禮 寶相莊嚴彌留名佛

3824 지심귀명례 보염산불
至心歸命禮 寶焰山佛

3825 지심귀명례 기복덕불
至心歸命禮 起福德佛

3826 지심귀명례 보소생불
至心歸命禮 寶所生佛

3827 지심귀명례 칭신불
至心歸命禮 稱信佛

3828 지심귀명례 보화권속불
至心歸命禮 寶火眷屬佛

3829 지심귀명례 보장불
至心歸命禮 寶杖佛

3830 지심귀명례 신세간불
至心歸命禮 信世間佛

3851 지심귀명례 법해소생의불
至心歸命禮 法海所生意佛

3852 지심귀명례 중해소생의불
至心歸命禮 重海所生意佛

3853 지심귀명례 월마니광왕불
至心歸命禮 月摩尼光王佛

3854 지심귀명례 대염적불
至心歸命禮 大炎積佛

3855 지심귀명례 해문불
至心歸命禮 海門佛

3856 지심귀명례 복덕해불
至心歸命禮 福德海佛

3857 지심귀명례 고행해불
至心歸命禮 苦行海佛

3858 지심귀명례 무파바가바지상불
至心歸命禮 無破婆伽婆智上佛

3859 지심귀명례 지광구나해불
至心歸命禮 智光瞿那海佛

3860 지심귀명례 현상불
至心歸命禮 賢上佛

3861 지심귀명례 억상불
至心歸命禮 憶上佛

3862 지심귀명례 묘상불
至心歸命禮 妙上佛

3863 지심귀명례 무외상불
至心歸命禮 無畏上佛

3864 지심귀명례 용상불
至心歸命禮 龍上佛

3865 지심귀명례 인상불
至心歸命禮 因上佛

3866 지심귀명례 무진법해보당불
至心歸命禮 無盡法海寶幢佛

3867 지심귀명례 염부상불
至心歸命禮 閻浮上佛

3868 지심귀명례 인다라상불
至心歸命禮 因陀羅上佛

3869 지심귀명례 법상불
至心歸命禮 法上佛

3870 지심귀명례 허공상불
至心歸命禮 虛空上佛

3871 지심귀명례 명상불
至心歸命禮 鳴上佛

3872 지심귀명례 승지천불
至心歸命禮 勝智天佛

3873 지심귀명례 멸마불
至心歸命禮 滅魔佛

3874 지심귀명례 승상불
至心歸命禮 勝上佛

3875 지심귀명례 누칭불
至心歸命禮 漏稱佛

3876 지심귀명례 선생불
至心歸命禮 善生佛

3877 지심귀명례 선출불
至心歸命禮 善出佛

3878 지심귀명례 인욕등불
至心歸命禮 忍辱燈佛

3879 지심귀명례 선분별불
至心歸命禮 善分別佛

3880 지심귀명례 선현불
至心歸命禮 善現佛

3881 지심귀명례 사자선불
至心歸命禮 師子仙佛

3882 지심귀명례 선투전불
至心歸命禮 善鬪戰佛

3883 지심귀명례 선행불
至心歸命禮 善行佛

3884 지심귀명례 선호숙불
至心歸命禮 善互宿佛

3885 지심귀명례 선총명불
至心歸命禮 善聰明佛

3886 지심귀명례 희선불
至心歸命禮 喜善佛

3887 지심귀명례 아미타주지불
至心歸命禮 阿彌陀住持佛

3888 지심귀명례 선정불
至心歸命禮 善定佛

3889 지심귀명례 선청정구나보주불
至心歸命禮 善清淨瞿那寶住佛

3890 지심귀명례 대비운승불
至心歸命禮 大悲雲勝佛

3891 지심귀명례 선범불
至心歸命禮 善梵佛

3892 지심귀명례 천구력삼매유보불
至心歸命禮 天垢力三昧遊步佛

3893 지심귀명례 선보구나유보불
至心歸命禮 善寶瞿那遊步佛

3894 지심귀명례 천원유보불
至心歸命禮 天怨遊步佛

3895 지심귀명례 보형장엄광유보불
至心歸命禮 寶形莊嚴光遊步佛

3896 지심귀명례 영부정의발유보불
至心歸命禮 令不正意拔遊步佛

3897 지심귀명례 진여유보불
至心歸命禮 眞如遊步佛

3898 지심귀명례 선유보불
至心歸命禮 善遊步佛

3899 지심귀명례 사자유보불
至心歸命禮 師子遊步佛

3900 지심귀명례 금강유보불
至心歸命禮 金剛遊步佛

3901 지심귀명례 미수유보불
至心歸命禮 彌須遊步佛

3902 지심귀명례 연화유보불
至心歸命禮 蓮華遊步佛

3903 지심귀명례 보연화유보불
至心歸命禮 寶蓮華遊步佛

3904 지심귀명례 난복당불
至心歸命禮 難伏幢佛

3905 지심귀명례 용력유보불
至心歸命禮 勇力遊步佛

3906 지심귀명례 역천범천불
至心歸命禮 力天梵天佛

3907 지심귀명례 선범천불
至心歸命禮 善梵天佛

3908 지심귀명례 최상천불
至心歸命禮 最上天佛

3909 지심귀명례 선천불
至心歸命禮 仙天佛

3910 지심귀명례 실천불
至心歸命禮 實天佛

3911 지심귀명례 자재천불
至心歸命禮 自在天佛

3912 지심귀명례 대제석천불
至心歸命禮 大帝釋天佛

3913 지심귀명례 바소천불
至心歸命禮 婆素天佛

3914 지심귀명례 우다나천불
至心歸命禮 憂陀那天佛

3915 지심귀명례 비세법천불
至心歸命禮 毘貰法天佛

3916 지심귀명례 법경상불
至心歸命禮 法鏡像佛

3917 지심귀명례 수천불
至心歸命禮 水天佛

3918 지심귀명례 승제석불
至心歸命禮 勝帝釋佛

3919 지심귀명례 무애력제석불
至心歸命禮 無礙力帝釋佛

3920 지심귀명례 명등불
至心歸命禮 明燈佛

3921 지심귀명례 대제석불
至心歸命禮 大帝釋佛

3922 지심귀명례 인제석불
至心歸命禮 人帝釋佛

3923 지심귀명례 천제석불
至心歸命禮 天帝釋佛

3924 지심귀명례 염대제석불
至心歸命禮 焰大帝釋佛

3925 지심귀명례 중제석불
至心歸命禮 衆帝釋佛

3926 지심귀명례 대중제석불
至心歸命禮 大衆帝釋佛

3927 지심귀명례 신제석불
至心歸命禮 愼帝釋佛

3928 지심귀명례 세제석불
至心歸命禮 世帝釋佛

3929 지심귀명례 일체세제석불
至心歸命禮 一切世帝釋佛

3930 지심귀명례 자제석불
至心歸命禮 自帝釋佛

3931 지심귀명례 보제석불
至心歸命禮 寶帝釋佛

3932 지심귀명례 월상불
至心歸命禮 月上佛

3933 지심귀명례 무언최상불
至心歸命禮 無言最上佛

3934 지심귀명례 의상불
至心歸命禮 醫上佛

3935 지심귀명례 법최상불
至心歸命禮 法最上佛

3936 지심귀명례 연화최상불
至心歸命禮 蓮華最上佛

3937 지심귀명례 아마라장불
至心歸命禮 阿摩羅藏佛

3938 지심귀명례 지최중상불
至心歸命禮 智最重上佛

3939 지심귀명례 최상상불
至心歸命禮 最上上佛

3940 지심귀명례 위최상불
至心歸命禮 威最上佛

3941 지심귀명례 법진체최상불
至心歸命禮 法眞體最上佛

3942 지심귀명례 승지법계최상불
至心歸命禮 勝智法界最上佛

3943 지심귀명례 체복덕미류최상불
至心歸命禮 切福德彌留最上佛

3944 지심귀명례 일체행광최상불
至心歸命禮 一切行光最上佛

3945 지심귀명례 지덕불
至心歸命禮 智德佛

3946 지심귀명례 금덕불
至心歸命禮 金德佛

3947 지심귀명례 구나덕불
至心歸命禮 瞿那德佛

3948 지심귀명례 무량광명승왕불
至心歸命禮 無量光明勝王佛

3949 지심귀명례 각불지승불
至心歸命禮 覺佛智勝佛

3950 지심귀명례 제석덕불
至心歸命禮 帝釋德佛

3951 지심귀명례 일체일법덕불
至心歸命禮 一切日法德佛

3952 지심귀명례 무변복덕덕불
至心歸命禮 無邊福德德佛

3953 지심귀명례 광명덕불
至心歸命禮 光明德佛

3954 지심귀명례 금화덕불
至心歸命禮 金華德佛

3955 지심귀명례 보리분화덕불
至心歸命禮 菩提分華德佛

3956 지심귀명례 법덕불
至心歸命禮 法德佛

3957 지심귀명례 보신불
至心歸命禮 普身佛

3958 지심귀명례 상장엄불
至心歸命禮 相莊嚴佛

3959 지심귀명례 종종신불
至心歸命禮 種種身佛

3960 지심귀명례 염원신불
至心歸命禮 焰圓身佛

3961 지심귀명례 보개부화신불
至心歸命禮 寶開敷華身佛

3962 지심귀명례 부신불
至心歸命禮 敷身佛

3963 지심귀명례 보연화개부신불
至心歸命禮 寶蓮華開敷身佛

3964 지심귀명례 법연화개부신불
至心歸命禮 法蓮華開敷身佛

3965 지심귀명례 상장엄신불
至心歸命禮 相莊嚴身佛

3966 지심귀명례 결료광개부신불
至心歸命禮 決了光開敷身佛

3967 지심귀명례 법광개부신불
至心歸命禮 法光開敷身佛

3968 지심귀명례 선화신불
至心歸命禮 善華身佛

3969 지심귀명례 바가바제범음불
至心歸命禮 婆伽婆帝梵音佛

3970 지심귀명례 복덕운주불
至心歸命禮 福德雲晝佛

3971 지심귀명례 신색음불
至心歸命禮 愼色音佛

3972 지심귀명례 심음불
至心歸命禮 甚音佛

3973 지심귀명례 고음불
至心歸命禮 鼓音佛

3974 지심귀명례 운고음불
至心歸命禮 雲鼓音佛

3975 지심귀명례 청정근불
至心歸命禮 淸淨根佛

3976 지심귀명례 수두단불
至心歸命禮 輸頭檀佛

3977 지심귀명례 정성음불
至心歸命禮 淨聲音佛

3978 지심귀명례 일체법진음불
至心歸命禮 一切法震音佛

3979 지심귀명례 무변지법계음불
至心歸命禮 無邊智法界音佛

3980 지심귀명례 대염취불
至心歸命禮 大焰聚佛

3981 지심귀명례 무량취불
至心歸命禮 無量聚佛

3982 지심귀명례 법재봉취불
至心歸命禮 法財峯聚佛

3983 지심귀명례 선견지광염형취불
至心歸命禮 善堅智光焰形聚佛

3984 지심귀명례 고만취불
至心歸命禮 高滿聚佛

3985 지심귀명례 바라제석취불
至心歸命禮 婆羅帝釋聚佛

3986 지심귀명례 모니취불
至心歸命禮 牟尼聚佛

3987 지심귀명례 부동취불
至心歸命禮 不動聚佛

3988 지심귀명례 만취불
至心歸命禮 滿聚佛

3989 지심귀명례 월취불
至心歸命禮 月聚佛

3990 지심귀명례 보취불
至心歸命禮 普聚佛

3991 지심귀명례 백성승장불
至心歸命禮 百聖勝藏佛

3992 지심귀명례 호상치불
至心歸命禮 豪相齒佛

3993 지심귀명례 상치불
至心歸命禮 上齒佛

3994 지심귀명례 선치불
至心歸命禮 善齒佛

3995 지심귀명례 선범치불
至心歸命禮 善梵齒佛

3996 지심귀명례 낙심불
至心歸命禮 樂心佛

3997 지심귀명례 바취덕불
至心歸命禮 婆聚德佛

3998 지심귀명례 제사덕불
至心歸命禮 祭祀德佛

3999 지심귀명례 보무구지통불
至心歸命禮 普無垢智通佛

4000 지심귀명례 불덕불
至心歸命禮 佛德佛

4001 지심귀명례 무변보불
至心歸命禮 無邊寶佛

4002 지심귀명례 건덕불
至心歸命禮 健德佛

4003 지심귀명례 무변광불
至心歸命禮 無邊廣佛

4004 지심귀명례 무변광명불
至心歸命禮 無邊光明佛

4005 지심귀명례 대주불
至心歸命禮 大主佛

4006 지심귀명례 무변묘불
至心歸命禮 無邊妙佛

4007 지심귀명례 무변수불
至心歸命禮 無邊手佛

4008 지심귀명례 무변좌불
至心歸命禮 無邊坐佛

4009 지심귀명례 무변최상공덕불
至心歸命禮 無邊最上功德佛

4010 지심귀명례 무변진불
至心歸命禮 無邊眞佛

4011 지심귀명례 무변개불
至心歸命禮 無邊蓋佛

4012 지심귀명례 무변명불
至心歸命禮 無邊鳴佛

4013 지심귀명례 아승지겁성취불
至心歸命禮 阿僧祇劫成就佛

4014 지심귀명례 무구각불
至心歸命禮 無垢覺佛

4015 지심귀명례 청정각불
至心歸命禮 清淨覺佛

4016 지심귀명례 광각불
至心歸命禮 廣覺佛

4017 지심귀명례 무량각불
至心歸命禮 無量覺佛

4018 지심귀명례 월각불
至心歸命禮 月覺佛

4019 지심귀명례 허공각불
至心歸命禮 虛空覺佛

4020 지심귀명례 무애지선불
至心歸命禮 無閡智善佛

4021 지심귀명례 생각불
至 心 歸 命 禮 生 覺 佛

4022 지심귀명례 사자광무변력각불
至 心 歸 命 禮 師 子 光 無 邊 力 覺 佛

4023 지심귀명례 개부보상월각불
至 心 歸 命 禮 開 敷 寶 相 月 覺 佛

4024 지심귀명례 법원광명계불
至 心 歸 命 禮 法 圓 光 明 髻 佛

4025 지심귀명례 보광명계불
至 心 歸 命 禮 普 光 明 髻 佛

4026 지심귀명례 불허공광명계불
至 心 歸 命 禮 佛 虛 空 光 明 髻 佛

4027 지심귀명례 공양적불
至 心 歸 命 禮 供 養 積 佛

4028 지심귀명례 향염광명계불
至 心 歸 命 禮 香 焰 光 明 髻 佛

4029 지심귀명례 염치계불
至 心 歸 命 禮 焰 熾 髻 佛

4030 지심귀명례 보덕계불
至 心 歸 命 禮 寶 德 髻 佛

4031 지심귀명례 천제석계불
至心歸命禮 天帝釋髻佛

4032 지심귀명례 묘색계불
至心歸命禮 妙色髻佛

4033 지심귀명례 마니계불
至心歸命禮 摩尼髻佛

4034 지심귀명례 가외상불
至心歸命禮 可畏上佛

4035 지심귀명례 가외의불
至心歸命禮 可畏意佛

4036 지심귀명례 선가외의불
至心歸命禮 善可畏意佛

4037 지심귀명례 가외안불
至心歸命禮 可畏眼佛

4038 지심귀명례 가외최상불
至心歸命禮 可畏最上佛

4039 지심귀명례 가외현불
至心歸命禮 可畏現佛

4040 지심귀명례 가외불
至心歸命禮 可畏佛

4041 지심귀명례 가외력불
至心歸命禮 可畏力佛

4042 지심귀명례 가외염불
至心歸命禮 可畏焰佛

4043 지심귀명례 가외명불
至心歸命禮 可畏鳴佛

4044 지심귀명례 화자재불
至心歸命禮 化自在佛

4045 지심귀명례 일체화불
至心歸命禮 一切化佛

4046 지심귀명례 화자재불
至心歸命禮 花自在佛

4047 지심귀명례 지자재승불
至心歸命禮 智自在勝佛

4048 지심귀명례 위자재승불
至心歸命禮 威自在勝佛

4049 지심귀명례 무변명승불
至心歸命禮 無邊鳴勝佛

4050 지심귀명례 명승불
至心歸命禮 明勝佛

4051 지심귀명례 견승불
至心歸命禮 堅勝佛

4052 지심귀명례 천신지자재승불
至心歸命禮 天神智自在勝佛

4053 지심귀명례 적근불
至心歸命禮 寂根佛

4054 지심귀명례 적의불
至心歸命禮 寂意佛

4055 지심귀명례 적정불
至心歸命禮 寂靖佛

4056 지심귀명례 적상불
至心歸命禮 寂上佛

4057 지심귀명례 지칭왕불
至心歸命禮 智稱王佛

4058 지심귀명례 적정불
至心歸命禮 寂靜佛

4059 지심귀명례 조복불
至心歸命禮 調伏佛

4060 지심귀명례 조복상불
至心歸命禮 調伏上佛

4061 지심귀명례 해승적불
至心歸命禮 海勝積佛

4062 지심귀명례 선조심불
至心歸命禮 善調心佛

4063 지심귀명례 만다라불
至心歸命禮 曼陀羅佛

4064 지심귀명례 금강내신불
至心歸命禮 金剛內信佛

4065 지심귀명례 금강정불
至心歸命禮 金剛淨佛

4066 지심귀명례 금강지산불
至心歸命禮 金剛智山佛

4067 지심귀명례 마니묘불
至心歸命禮 摩尼妙佛

4068 지심귀명례 금강봉불
至心歸命禮 金剛峯佛

4069 지심귀명례 금강진체불
至心歸命禮 金剛眞體佛

4070 지심귀명례 금강제불
至心歸命禮 金剛齊佛

4071 지심귀명례 금강쇄불
至心歸命禮 金剛碎佛

4072 지심귀명례 금강연화상불
至心歸命禮 金剛蓮華上佛

4073 지심귀명례 지공양불
至心歸命禮 智供養佛

4074 지심귀명례 암마라월불
至心歸命禮 菴摩羅月佛

4075 지심귀명례 범상불
至心歸命禮 梵上佛

4076 지심귀명례 분상불
至心歸命禮 分上佛

4077 지심귀명례 진체법상불
至心歸命禮 眞體法上佛

4078 지심귀명례 금강중연화상불
至心歸命禮 金剛重蓮華上佛

4079 지심귀명례 명상불
至心歸命禮 名上佛

4080 지심귀명례 상불
至心歸命禮 上佛

4081 지심귀명례 적광당상불
至 心 歸 命 禮 寂 光 幢 上 佛

4082 지심귀명례 무변지보행사자불
至 心 歸 命 禮 無 邊 智 步 行 師 子 佛

4083 지심귀명례 무외금강나라불
至 心 歸 命 禮 無 畏 金 剛 那 羅 佛

4084 지심귀명례 공덕염불
至 心 歸 命 禮 功 德 炎 佛

4085 지심귀명례 법허공애광사자불
至 心 歸 命 禮 法 虛 空 愛 光 師 子 佛

4086 지심귀명례 체삼매해광사자불
至 心 歸 命 禮 體 三 昧 海 光 師 子 佛

4087 지심귀명례 법등행보사자불
至 心 歸 命 禮 法 燈 行 步 師 子 佛

4088 지심귀명례 대비사자불
至 心 歸 命 禮 大 悲 師 子 佛

4089 지심귀명례 사자군후불
至 心 歸 命 禮 師 子 群 吼 佛

4090 지심귀명례 사자군성불
至 心 歸 命 禮 師 子 群 聲 佛

4091 지심귀명례 사자군보불
至心歸命禮 師子群步佛

4092 지심귀명례 비로자나불
至心歸命禮 毘盧遮那佛

4093 지심귀명례 비로자나정지불
至心歸命禮 毘盧遮那淨至佛

4094 지심귀명례 비로자나광장엄불
至心歸命禮 毘盧遮那光莊嚴佛

4095 지심귀명례 법허공비로자나불
至心歸命禮 法虛空毘盧遮那佛

4096 지심귀명례 난득안비로자나불
至心歸命禮 難得眼毘盧遮那佛

4097 지심귀명례 치공덕화희비로불
至心歸命禮 齒功德華喜毘盧佛

4098 지심귀명례 무변광음성비로불
至心歸命禮 無邊光音聲毘盧佛

4099 지심귀명례 바제용보천행불
至心歸命禮 婆帝勇步天行佛

4100 지심귀명례 선유보선적색행불
至心歸命禮 善遊步善寂色行佛

4101 지심귀명례 행행불
至心歸命禮 行行佛

4102 지심귀명례 보화승불
至心歸命禮 寶華勝佛

4103 지심귀명례 도피안불
至心歸命禮 到彼岸佛

4104 지심귀명례 제애불
至心歸命禮 除愛佛

4105 지심귀명례 적도피안불
至心歸命禮 寂到彼岸佛

4106 지심귀명례 무비위덕불
至心歸命禮 無比威德佛

4107 지심귀명례 구나장엄과겁불
至心歸命禮 瞿那莊嚴過劫佛

4108 지심귀명례 구나보공덕적겁불
至心歸命禮 瞿那寶功德積劫佛

4109 지심귀명례 공덕보불
至心歸命禮 功德寶佛

4110 지심귀명례 치성염공덕장엄불
至心歸命禮 熾盛焰功德莊嚴佛

4111 지심귀명례 산공덕장엄불
至心歸命禮 山功德莊嚴佛

4112 지심귀명례 광명장엄불
至心歸命禮 光明莊嚴佛

4113 지심귀명례 명장엄불
至心歸命禮 明莊嚴佛

4114 지심귀명례 칭혜불
至心歸命禮 稱慧佛

4115 지심귀명례 무진복해수장엄불
至心歸命禮 無盡福海秀莊嚴佛

4116 지심귀명례 우발라연등불
至心歸命禮 優發羅然燈佛

4117 지심귀명례 아승지겁수습혜불
至心歸命禮 阿僧祇劫修習慧佛

4118 지심귀명례 무변명칭불
至心歸命禮 無邊名稱佛

4119 지심귀명례 명칭광불
至心歸命禮 名稱光佛

4120 지심귀명례 명칭초출불
至心歸命禮 名稱初出佛

4121 지심귀명례 가외명칭불
至心歸命禮 可畏名稱佛

4122 지심귀명례 희현명칭불
至心歸命禮 喜賢名稱佛

4123 지심귀명례 무구월명칭불
至心歸命禮 無垢月名稱佛

4124 지심귀명례 나라연금강정진불
至心歸命禮 那羅延金剛精進佛

4125 지심귀명례 대세지정진불
至心歸命禮 大勢至精進佛

4126 지심귀명례 보바두마불
至心歸命禮 寶波頭摩佛

4127 지심귀명례 참괴안불
至心歸命禮 慚愧顔佛

4128 지심귀명례 치성정진불
至心歸命禮 熾盛精進佛

4129 지심귀명례 무변정진불
至心歸命禮 無邊精進佛

4130 지심귀명례 대정진주불
至心歸命禮 大精進主佛

4131 지심귀명례 세간애최상정진불
至心歸命禮 世間愛最上精進佛

4132 지심귀명례 선정무구염불
至心歸命禮 善淨無垢焰佛

4133 지심귀명례 대좌염불
至心歸命禮 大坐焰佛

4134 지심귀명례 치성치불
至心歸命禮 熾盛熾佛

4135 지심귀명례 구나치불
至心歸命禮 瞿那熾佛

4136 지심귀명례 주불
至心歸命禮 主佛

4137 지심귀명례 난승치불
至心歸命禮 難勝熾佛

4138 지심귀명례 방치불
至心歸命禮 放熾佛

4139 지심귀명례 다마라발전단향불
至心歸命禮 多摩羅拔栴檀香佛

4140 지심귀명례 제향불
至心歸命禮 諸香佛

4141 지심귀명례 치면향불
至 心 歸 命 禮 熾 面 香 佛

4142 지심귀명례 정위덕불
至 心 歸 命 禮 淨 威 德 佛

4143 지심귀명례 불보향불
至 心 歸 命 禮 不 普 香 佛

4144 지심귀명례 향구불
至 心 歸 命 禮 香 臼 佛

4145 지심귀명례 요향불
至 心 歸 命 禮 饒 香 佛

4146 지심귀명례 무유향불
至 心 歸 命 禮 無 有 香 佛

4147 지심귀명례 무유향상불
至 心 歸 命 禮 無 有 香 象 佛

4148 지심귀명례 향보선정지화불
至 心 歸 命 禮 香 普 善 淨 智 華 佛

4149 지심귀명례 법계화불
至 心 歸 命 禮 法 界 華 佛

4150 지심귀명례 치등화불
至 心 歸 命 禮 熾 燈 華 佛

4151 지심귀명례 무변지불
至心歸命禮 無邊智佛

4152 지심귀명례 산화불
至心歸命禮 散華佛

4153 지심귀명례 보화불
至心歸命禮 普華佛

4154 지심귀명례 여의장엄불
至心歸命禮 如意莊嚴佛

4155 지심귀명례 지보법견불
至心歸命禮 智寶法見佛

4156 지심귀명례 장엄체불
至心歸命禮 莊嚴體佛

4157 지심귀명례 백체불
至心歸命禮 白體佛

4158 지심귀명례 애체불
至心歸命禮 愛體佛

4159 지심귀명례 불훼체불
至心歸命禮 不毀體佛

4160 지심귀명례 불화분불
至心歸命禮 不化分佛

4161 지심귀명례 분불
至心歸命禮 分佛

4162 지심귀명례 분별분불
至心歸命禮 分別分佛

4163 지심귀명례 상묘개화분불
至心歸命禮 相妙開華分佛

4164 지심귀명례 일체의현불
至心歸命禮 一切義現佛

4165 지심귀명례 일체현불
至心歸命禮 一切現佛

4166 지심귀명례 무애현불
至心歸命禮 無礙現佛

4167 지심귀명례 일의현불
至心歸命禮 一義現佛

4168 지심귀명례 불공견불
至心歸命禮 不空見佛

4169 지심귀명례 의견불
至心歸命禮 義見佛

4170 지심귀명례 실견불
至心歸命禮 實見佛

4171 지심귀명례 법견불
至心歸命禮 法見佛

4172 지심귀명례 법준불
至心歸命禮 法浚佛

4173 지심귀명례 무처외불
至心歸命禮 無處畏佛

4174 지심귀명례 무외분불
至心歸命禮 無畏分佛

4175 지심귀명례 불가외불
至心歸命禮 不可畏佛

4176 지심귀명례 제외불
至心歸命禮 除畏佛

4177 지심귀명례 탈일체외불
至心歸命禮 脫一切畏佛

4178 지심귀명례 이외공덕모수불
至心歸命禮 離畏功德毛竪佛

4179 지심귀명례 다승불
至心歸命禮 多勝佛

4180 지심귀명례 승자불
至心歸命禮 勝者佛

4181 지심귀명례 승승불
至心歸命禮 勝勝佛

4182 지심귀명례 승중승불
至心歸命禮 勝中勝佛

4183 지심귀명례 광승불
至心歸命禮 光勝佛

4184 지심귀명례 불가불승불
至心歸命禮 不可不勝佛

4185 지심귀명례 일체구나소생불
至心歸命禮 一切瞿那所生佛

4186 지심귀명례 보공덕소생불
至心歸命禮 普功德所生佛

4187 지심귀명례 무구소생불
至心歸命禮 無垢所生佛

4188 지심귀명례 제방소생불
至心歸命禮 諸方所生佛

4189 지심귀명례 일소생불
至心歸命禮 日所生佛

4190 지심귀명례 법인의지승불
至心歸命禮 法印意智勝佛

4191 지심귀명례 공덕생불
至心歸命禮 功德生佛

4192 지심귀명례 월거지불
至心歸命禮 月炬持佛

4193 지심귀명례 일체보장엄색지불
至心歸命禮 一切寶莊嚴色持佛

4194 지심귀명례 대거지불
至心歸命禮 大炬持佛

4195 지심귀명례 거지불
至心歸命禮 炬持佛

4196 지심귀명례 바지불
至心歸命禮 波持佛

4197 지심귀명례 무애력지불
至心歸命禮 無礙力持佛

4198 지심귀명례 지지불
至心歸命禮 至持佛

4199 지심귀명례 무변무애력불
至心歸命禮 無邊無礙力佛

4200 지심귀명례 대공덕력불
至心歸命禮 大功德力佛

4201 지심귀명례 법고출성불
至心歸命禮 法鼓出聲佛

4202 지심귀명례 현력불
至心歸命禮 賢力佛

4203 지심귀명례 선환희불
至心歸命禮 善歡喜佛

4204 지심귀명례 사자치불
至心歸命禮 師子齒佛

4205 지심귀명례 보미류사자력불
至心歸命禮 寶彌留師子力佛

4206 지심귀명례 법계광지불
至心歸命禮 法界廣智佛

4207 지심귀명례 일체중생심체규불
至心歸命禮 一切衆生心體叫佛

4208 지심귀명례 성지불
至心歸命禮 聲智佛

4209 지심귀명례 규지불
至心歸命禮 叫智佛

4210 지심귀명례 지주불
至心歸命禮 智主佛

4211 지심귀명례 삼매미류최상지불
至心歸命禮 三昧彌留最上智佛

4212 지심귀명례 보관지불
至心歸命禮 普觀智佛

4213 지심귀명례 삼세광지불
至心歸命禮 三世廣智佛

4214 지심귀명례 용흔불
至心歸命禮 龍欣佛

4215 지심귀명례 최흔불
至心歸命禮 最欣佛

4216 지심귀명례 환흔불
至心歸命禮 歡欣佛

4217 지심귀명례 화수흔불
至心歸命禮 華鬚欣佛

4218 지심귀명례 정흔불
至心歸命禮 淨欣佛

4219 지심귀명례 법지불
至心歸命禮 法持佛

4220 지심귀명례 법지지불
至心歸命禮 法地持佛

4221 지심귀명례 선광명승불
至心歸命禮 善光明勝佛

4222 지심귀명례 천정불
至心歸命禮 天淨佛

4223 지심귀명례 풍다라니자재불
至心歸命禮 風陀羅尼自在佛

4224 지심귀명례 허공정불
至心歸命禮 虛空淨佛

4225 지심귀명례 음분정불
至心歸命禮 音分淨佛

4226 지심귀명례 정지자불
至心歸命禮 淨智者佛

4227 지심귀명례 청정허공불
至心歸命禮 清淨虛空佛

4228 지심귀명례 음분건불
至心歸命禮 音分健佛

4229 지심귀명례 보당건불
至心歸命禮 普幢健佛

4230 지심귀명례 중제건불
至心歸命禮 衆帝健佛

4231 지심귀명례 선법건불
至心歸命禮 善法健佛

4232 지심귀명례 법계연화불
至心歸命禮 法界蓮華佛

4233 지심귀명례 법연화불
至心歸命禮 法蓮華佛

4234 지심귀명례 동연화불
至心歸命禮 同蓮華佛

4235 지심귀명례 연화수불
至心歸命禮 蓮華鬚佛

4236 지심귀명례 분다리불
至心歸命禮 分茶利佛

4237 지심귀명례 도분화불
至心歸命禮 道分華佛

4238 지심귀명례 세간자재왕불
至心歸命禮 世間自在王佛

4239 지심귀명례 개부불
至心歸命禮 開敷佛

4240 지심귀명례 의희화불
至心歸命禮 意喜華佛

4241 지심귀명례 무변화불
至心歸命禮 無邊華佛

4242 지심귀명례 삼매승분신불
至心歸命禮 三昧勝奮迅佛

4243 지심귀명례 정진군웅불
至心歸命禮 精進軍雄佛

4244 지심귀명례 금강군웅불
至心歸命禮 金剛軍雄佛

4245 지심귀명례 치성군불
至心歸命禮 熾盛軍佛

4246 지심귀명례 역군불
至心歸命禮 力軍佛

4247 지심귀명례 연화군불
至心歸命禮 蓮華軍佛

4248 지심귀명례 가라비라군불
至心歸命禮 迦羅毘羅軍佛

4249 지심귀명례 세제위공덕현자불
至心歸命禮 世帝威功德賢者佛

4250 지심귀명례 금마니산위현자불
至心歸命禮 金摩尼山威賢者佛

4251 지심귀명례 본성신공덕현자불
至心歸命禮 本性身功德賢者佛

4252 지심귀명례 소현자불
至心歸命禮 小賢者佛

4253 지심귀명례 현자불
至心歸命禮 賢者佛

4254 지심귀명례 현신불
至心歸命禮 賢身佛

4255 지심귀명례 퇴벽지불
至心歸命禮 退辟支佛

4256 지심귀명례 무변승자불
至心歸命禮 無邊勝者佛

4257 지심귀명례 대승자불
至心歸命禮 大勝者佛

4258 지심귀명례 항타승자불
至心歸命禮 降他勝者佛

4259 지심귀명례 난승자불
至心歸命禮 難勝者佛

4260 지심귀명례 강화자불
至心歸命禮 降化者佛

4261 지심귀명례 연등불
至心歸命禮 然燈佛

4262 지심귀명례 작무외불
至心歸命禮 作無畏佛

4263 지심귀명례 작광불
至心歸命禮 作光佛

4264 지심귀명례 작환희불
至心歸命禮 作歡喜佛

4265 지심귀명례 화의불
至心歸命禮 火意佛

4266 지심귀명례 구물두작개부불
至心歸命禮 拘物頭作開敷佛

4267 지심귀명례 바제석가모니불
至心歸命禮 婆帝釋迦牟尼佛

4268 지심귀명례 금선불
至心歸命禮 金仙佛

4269 지심귀명례 용선불
至心歸命禮 龍仙佛

4270 지심귀명례 선자불
至心歸命禮 仙者佛

4271 지심귀명례 선승불
至心歸命禮 仙勝佛

4272 지심귀명례 청정체안불
至心歸命禮 清淨體眼佛

4273 지심귀명례 위덕자재불
至心歸命禮 威德自在佛

4274 지심귀명례 청정일면불
至心歸命禮 清淨日面佛

4275 지심귀명례 범면불
至心歸命禮 梵面佛

4276 지심귀명례 선안청정면불
至心歸命禮 善眼清淨面佛

4277 지심귀명례 금색자불
至心歸命禮 金色者佛

4278 지심귀명례 범색자불
至心歸命禮 梵色者佛

4279 지심귀명례 상색자불
至心歸命禮 常色者佛

4280 지심귀명례 대천마색자불
至心歸命禮 大天摩色者佛

4281 지심귀명례 섬바가색자불
至心歸命禮 贍婆迦色者佛

4282 지심귀명례 견뢰불
至心歸命禮 堅牢佛

4283 지심귀명례 관세자재불
至心歸命禮 觀世自在佛

4284 지심귀명례 산지불
至心歸命禮 珊地佛

4285 지심귀명례 내견신불
至心歸命禮 內堅信佛

4286 지심귀명례 견건용기장사불
至心歸命禮 堅健勇器杖捨佛

4287 지심귀명례 무유희용약명칭불
至心歸命禮 無遊戲勇躍名稱佛

4288 지심귀명례 법상칭불
至心歸命禮 法上稱佛

4289 지심귀명례 보칭불
至心歸命禮 寶稱佛

4290 지심귀명례 무변칭불
至心歸命禮 無邊稱佛

4291 지심귀명례 무구비불
至心歸命禮 無垢臂佛

4292 지심귀명례 선비불
至心歸命禮 善臂佛

4293 지심귀명례 수비불
至心歸命禮 垂臂佛

4294 지심귀명례 구나비불
至心歸命禮 瞿那臂佛

4295 지심귀명례 향상분신불
至心歸命禮 香象奮迅佛

4296 지심귀명례 바가바제원광불
至心歸命禮 婆伽婆帝圓光佛

4297 지심귀명례 지현원불
至心歸命禮 智賢圓佛

4298 지심귀명례 고행원불
至心歸命禮 苦行圓佛

4299 지심귀명례 니마야불
至心歸命禮 泥摩野佛

4300 지심귀명례 풍니마야불
至心歸命禮 風泥摩耶佛

4301 지심귀명례 아니마야불
至心歸命禮 阿泥摩耶佛

4302 지심귀명례 공경니마야불
至心歸命禮 恭敬泥摩耶佛

4303 지심귀명례 불타구나소생불
至心歸命禮 不墮瞿那所生佛

4304 지심귀명례 무량구나재불
至心歸命禮 無量瞿那財佛

4305 지심귀명례 나취집불
至心歸命禮 那聚集佛

4306 지심귀명례 대구나불
至心歸命禮 大瞿那佛

4307 지심귀명례 선화자불
至心歸命禮 善化者佛

4308 지심귀명례 적자결료불
至心歸命禮 寂者決了佛

4309 지심귀명례 후자불
至心歸命禮 吼者佛

4310 지심귀명례 운장불
至心歸命禮 雲藏佛

4311 지심귀명례 원장불
至心歸命禮 怨藏佛

4312 지심귀명례 보불
至心歸命禮 普佛

4313 지심귀명례 선장불
至心歸命禮 仙藏佛

4314 지심귀명례 명항복탐자재불
至心歸命禮 名降伏貪自在佛

4315 지심귀명례 만족묘불
至心歸命禮 滿足妙佛

4316 지심귀명례 만족일체구나불
至心歸命禮 滿足一切瞿那佛

4317 지심귀명례 희후불
至心歸命禮 喜吼佛

4318 지심귀명례 천도불
至心歸命禮 踐蹈佛

4319 지심귀명례 천도마불
至心歸命禮 踐蹈魔佛

4320 지심귀명례 두타진불
至心歸命禮 頭陀塵佛

4321 지심귀명례 무진불
至心歸命禮 無塵佛

4322 지심귀명례 복욕진불
至心歸命禮 伏欲塵佛

4323 지심귀명례 선붕우불
至心歸命禮 善朋友佛

4324 지심귀명례 세우불
至心歸命禮 世友佛

4325 지심귀명례 가신우불
至心歸命禮 可信友佛

4326 지심귀명례 풍질행승불
至心歸命禮 風疾行勝佛

4327 지심귀명례 잡리불
至心歸命禮 雜利佛

4328 지심귀명례 부장리불
至心歸命禮 不藏利佛

4329 지심귀명례 일불
至心歸命禮 日佛

4330 지심귀명례 복일불
至心歸命禮 伏日佛

4331 지심귀명례 최승일불
至心歸命禮 最勝日佛

4332 지심귀명례 규성일불
至心歸命禮 叫聲日佛

4333 지심귀명례 묘성음불
至心歸命禮 妙聲音佛

4334 지심귀명례 묘규성불
至心歸命禮 妙叫聲佛

4335 지심귀명례 중상수불
至心歸命禮 衆上首佛

4336 지심귀명례 무구아리야불
至心歸命禮 無垢阿梨耶佛

4337 지심귀명례 무구독불
至心歸命禮 無垢犢佛

4338 지심귀명례 최승색불
至心歸命禮 最勝色佛

4339 지심귀명례 보단정불
至心歸命禮 普端正佛

4340 지심귀명례 일체면개색불
至心歸命禮 一切面開色佛

4341 지심귀명례 계자불
至心歸命禮 髻者佛

4342 지심귀명례 득락설불
至心歸命禮 得樂說佛

4343 지심귀명례 다가라계평등불
至心歸命禮 多伽羅髻平等佛

4344 지심귀명례 무피불
至心歸命禮 無避佛

4345 지심귀명례 월자불
至心歸命禮 月者佛

4346 지심귀명례 사자위덕불
至心歸命禮 師子威德佛

4347 지심귀명례 상길상불
至心歸命禮 常吉祥佛

4348 지심귀명례 불가복불
至心歸命禮 不可伏佛

4349 지심귀명례 당불가항불
至心歸命禮 幢不可降佛

4350 지심귀명례 제사불
至心歸命禮 帝沙佛

4351 지심귀명례 묘후성불
至心歸命禮 妙吼聲佛

4352 지심귀명례 상주불
至心歸命禮 商主佛

4353 지심귀명례 대상주불
至心歸命禮 大商主佛

4354 지심귀명례 작이익불
至心歸命禮 作利益佛

4355 지심귀명례 일체세이익불
至心歸命禮 一切世利益佛

4356 지심귀명례 승주불
至心歸命禮 勝主佛

4357 지심귀명례 무주법행불
至心歸命禮 無主法行佛

4358 지심귀명례 승설불
至心歸命禮 勝說佛

4359 지심귀명례 묘적정불
至心歸命禮 妙寂靜佛

4360 지심귀명례 지광명승불
至心歸命禮 智光明勝佛

4361 지심귀명례 난복무외불
至心歸命禮 難伏無畏佛

4362 지심귀명례 불가박불
至心歸命禮 不可撲佛

4363 지심귀명례 력사불
至心歸命禮 力士佛

4364 지심귀명례 무상지혜불
至心歸命禮 無相智慧佛

4365 지심귀명례 허공지불
至心歸命禮 虛空智佛

4366 지심귀명례 단어언불
至心歸命禮 斷語言佛

4367 지심귀명례 어향불
至心歸命禮 語響佛

4368 지심귀명례 복덕소생불
至心歸命禮 福德所生佛

4369 지심귀명례 복덕소출불
至心歸命禮 福德所出佛

4370 지심귀명례 대선불
至心歸命禮 大仙佛

4371 지심귀명례 월광청정불
至心歸命禮 月光清淨佛

4372 지심귀명례 지주불
至心歸命禮 地主佛

4373 지심귀명례 적향음왕불
至心歸命禮 寂香音王佛

4374 지심귀명례 무량선불
至心歸命禮 無量仙佛

4375 지심귀명례 천관불
至心歸命禮 天冠佛

4376 지심귀명례 명관불
至心歸命禮 明冠佛

4377 지심귀명례 의고상불
至心歸命禮 意高上佛

4378 지심귀명례 불타불
至心歸命禮 不墮佛

4379 지심귀명례 불타지불
至心歸命禮 不墮持佛

4380 지심귀명례 일위덕장엄불
至心歸命禮 日威德莊嚴佛

4381 지심귀명례 도피안불
至心歸命禮 渡彼岸佛

4382 지심귀명례 건달바불
至心歸命禮 乾闥婆佛

4383 지심귀명례 바라비가야불
至心歸命禮 鉢囉鼻迦耶佛

4384 지심귀명례 정족하불
至心歸命禮 淨足下佛

4385 지심귀명례 허공하불
至心歸命禮 虛空下佛

4386 지심귀명례 화자불
至心歸命禮 化者佛

4387 지심귀명례 선화자불
至心歸命禮 善化者佛

4388 지심귀명례 묘제불
至心歸命禮 妙臍佛

4389 지심귀명례 적향선제불
至心歸命禮 寂香善臍佛

4390 지심귀명례 살다가발제불
至心歸命禮 薩多伽拔帝佛

4391 지심귀명례 적정발제불
至心歸命禮 寂靜拔帝佛

4392 지심귀명례 비마면불
至心歸命禮 毘摩面佛

4393 지심귀명례 아미타승불
至心歸命禮 阿彌陀勝佛

4394 지심귀명례 역광명의불
至心歸命禮 力光明意佛

4395 지심귀명례 허공사불
至心歸命禮 虛空思佛

4396 지심귀명례 미묘어언불
至心歸命禮 微妙語言佛

4397 지심귀명례 윤어언불
至心歸命禮 輪語言佛

4398 지심귀명례 경공양불
至心歸命禮 敬供養佛

4399 지심귀명례 범천공양불
至心歸命禮 梵天供養佛

4400 지심귀명례 견용군융장사불
至心歸命禮 堅勇軍戎杖捨佛

4401 지심귀명례 사파랑불
至心歸命禮 捨波浪佛

4402 지심귀명례 여교불
至心歸命禮 如敎佛

4403 지심귀명례 미묘불
至心歸命禮 微妙佛

4404 지심귀명례 가희불
至心歸命禮 可喜佛

4405 지심귀명례 불피훼불
至心歸命禮 不被毁佛

4406 지심귀명례 적정당불
至心歸命禮 寂靜幢佛

4407 지심귀명례 남방보만불
至心歸命禮 南方普滿佛

4408 지심귀명례 구류손대불
至心歸命禮 拘留孫大佛

4409 지심귀명례 초발심단의불
至心歸命禮 初發心斷疑佛

4410 지심귀명례 발번뇌불
至心歸命禮 拔煩惱佛

4411 지심귀명례 일체도피안단의불
至心歸命禮 一切到彼岸斷疑佛

4412 지심귀명례 능평등작불
至心歸命禮 能平等作佛

4413 지심귀명례 범공양불
至心歸命禮 梵供養佛

4414 지심귀명례 경포의불
至心歸命禮 驚怖意佛

4415 지심귀명례 난항일불
至心歸命禮 難降日佛

4416 지심귀명례 화자불
至心歸命禮 火者佛

4417 지심귀명례 비사문불
至心歸命禮 毘沙門佛

4418 지심귀명례 수자불
至心歸命禮 水者佛

4419 지심귀명례 진자불
至心歸命禮 塵者佛

4420 지심귀명례 상열반자불
至心歸命禮 常涅槃者佛

4421 지심귀명례 상연등불
至心歸命禮 常然燈佛

4422 지심귀명례 현혁자불
至心歸命禮 顯赫者佛

4423 지심귀명례 범자불
至心歸命禮 梵者佛

4424 지심귀명례 교진여불
至心歸命禮 憍陳如佛

4425 지심귀명례 아추바야불
至心歸命禮 阿芻婆夜佛

4426 지심귀명례 동뢰고불
至心歸命禮 動牢固佛

4427 지심귀명례 전승불
至心歸命禮 戰勝佛

4428 지심귀명례 명무비불
至心歸命禮 名無比佛

4429 지심귀명례 무애성불
至心歸命禮 無愛性佛

4430 지심귀명례 대비불
至心歸命禮 大悲佛

4431 지심귀명례 상용맹불
至心歸命禮 常勇猛佛

4432 지심귀명례 비자불
至心歸命禮 悲者佛

4433 지심귀명례 예월광불
至心歸命禮 翳月光佛

4434 지심귀명례 요만다라향불
至心歸命禮 樂曼陀羅香佛

4435 지심귀명례 음숙왕개부신통불
至心歸命禮 音宿王開敷神通佛

4436 지심귀명례 영산의의불
至心歸命禮 令散疑意佛

4437 지심귀명례 무착처불
至心歸命禮 無著處佛

4438 지심귀명례 승행불
至心歸命禮 勝行佛

4439 지심귀명례 금망장엄불
至心歸命禮 金網莊嚴佛

4440 지심귀명례 가득영락불
至心歸命禮 可得瓔珞佛

4441 지심귀명례 사다야불
至心歸命禮 娑多耶佛

4442 지심귀명례 명법행광혜불
至心歸命禮 名法行廣慧佛

4443 지심귀명례 용월불
至心歸命禮 龍月佛

4444 지심귀명례 분명불
至心歸命禮 分明佛

4445 지심귀명례 대기불
至心歸命禮 大器佛

4446 지심귀명례 비섭바사나불
至心歸命禮 毘葉婆斯那佛

4447 지심귀명례 비바시불
至心歸命禮 毘婆尸佛

4448 지심귀명례 포마불
至心歸命禮 怖魔佛

4449 지심귀명례 노자불
至心歸命禮 盧遮佛

4450 지심귀명례 중생허공심형상불
至心歸命禮 中生虛空心形像佛

4551 지심귀명례 약사유리광왕불
至心歸命禮 藥師琉璃光王佛

4552 지심귀명례 최상공덕칭취왕불
至心歸命禮 最上功德稱聚王佛

4553 지심귀명례 정주마니적취왕불
至心歸命禮 正住摩尼積聚王佛

4554 지심귀명례 보광장엄자재왕불
至心歸命禮 寶光莊嚴自在王佛

4555 지심귀명례 지거불
至心歸命禮 智炬佛

4556 지심귀명례 금광적형불
至心歸命禮 金光積形佛

4557 지심귀명례 수마벽지불
至心歸命禮 須摩辟支佛

4558 지심귀명례 상음진왕제불
至心歸命禮 常音震王諸佛

4559 지심귀명례 지거치성불
至心歸命禮 智炬熾盛佛

4560 지심귀명례 금강적형불
至心歸命禮 金剛積形佛

4561 지심귀명례 실언광혜불
至心歸命禮 實言廣惠佛

4562 지심귀명례 가외음진왕제불
至心歸命禮 可畏音震王諸佛

4563 지심귀명례 전단운왕불
至心歸命禮 栴檀雲王佛

4564 지심귀명례 승전단향체불
至心歸命禮 勝栴檀香體佛

4565 지심귀명례 지통맹불
至心歸命禮 智通猛佛

4566 지심귀명례 인원만등불
至心歸命禮 忍圓滿燈佛

4567 지심귀명례 법원광불
至心歸命禮 法圓光佛

4568 지심귀명례 무외장엄불
至心歸命禮 無畏莊嚴佛

4569 지심귀명례 적광보요왕불
至心歸命禮 寂光普曜王佛

4570 지심귀명례 선주법불
至心歸命禮 善住法佛

4571 지심귀명례 법해파도공덕왕불
至心歸命禮 法海波濤功德王佛

4572 지심귀명례 무변광공덕위형불
至心歸命禮 無邊光功德威形佛

4573 지심귀명례 위력다왕공덕형불
至心歸命禮 威力多王功德形佛

4574 지심귀명례 아승지겁수습각불
至心歸命禮 阿僧祇劫修習覺佛

4575 지심귀명례 제법유희위형불
至心歸命禮 諸法遊戲威形佛

4576 지심귀명례 묘금허공형불
至心歸命禮 妙金虛空形佛

4577 지심귀명례 보미류불
至心歸命禮 寶彌留佛

4578 지심귀명례 무량향상왕불
至心歸命禮 無量香上王佛

4579 지심귀명례 무량공덕위덕불
至心歸命禮 無量功德威德佛

4580 지심귀명례 법해능뢰불
至心歸命禮 法海能雷佛

4581 지심귀명례 진보후성불
至心歸命禮 珍寶吼聲佛

4582 지심귀명례 주지승공덕불
至心歸命禮 住持勝功德佛

4583 지심귀명례 세간화불
至心歸命禮 世間花佛

4584 지심귀명례 허공각정불
至心歸命禮 虛空覺正佛

4585 지심귀명례 미류봉명불
至心歸命禮 彌留峯明佛

4586 지심귀명례 운봉불
至心歸命禮 雲峯佛

4587 지심귀명례 일등당봉불
至心歸命禮 日燈幢峯佛

4588 지심귀명례 찰증각불
至心歸命禮 刹證覺佛

4589 지심귀명례 월정벽지불
至心歸命禮 月淨辟支佛

4590 지심귀명례 구나미류불
至心歸命禮 瞿那彌留佛

4591 지심귀명례 삼보불
至心歸命禮 三寶佛

4592 지심귀명례 비로자나상계불
至心歸命禮 毘盧遮那上戒佛

4593 지심귀명례 광장엄불
至心歸命禮 光莊嚴佛

4594 지심귀명례 법해불
至心歸命禮 法海佛

4595 지심귀명례 위두불
至心歸命禮 威頭佛

4596 지심귀명례 세간주불
至心歸命禮 世間主佛

4597 지심귀명례 위현공덕불
至心歸命禮 威賢功德佛

4598 지심귀명례 제법광왕불
至心歸命禮 諸法光王佛

4599 지심귀명례 금강보제불
至心歸命禮 金剛寶齊佛

4600 지심귀명례 지무애력불
至心歸命禮 持無礙力佛

4601 지심귀명례 법계형불
至心歸命禮 法界形佛

4602 지심귀명례 제방등명왕불
至心歸命禮 諸方燈明王佛

4603 지심귀명례 비위덕불
至心歸命禮 悲威德佛

4604 지심귀명례 범해불
至心歸命禮 梵海佛

4605 지심귀명례 인원등명불
至心歸命禮 忍圓燈明佛

4606 지심귀명례 견고성불
至心歸命禮 堅固聲佛

4607 지심귀명례 지자재칭불
至心歸命禮 智自在稱佛

4608 지심귀명례 무구명칭불
至心歸命禮 無垢名稱佛

4609 지심귀명례 법해도파공덕왕불
至心歸命禮 法海濤波功德王佛

4610 지심귀명례 법주왕불
至心歸命禮 法主王佛

4611 지심귀명례 구나운불
至心歸命禮 瞿那雲佛

4612 지심귀명례 법공덕불
至心歸命禮 法功德佛

4613 지심귀명례 항복탐불
至心歸命禮 降伏貪佛

4614 지심귀명례 지염위공덕불
至心歸命禮 智焰威功德佛

4615 지심귀명례 양족존불
至心歸命禮 兩足尊佛

4616 지심귀명례 산광명불
至心歸命禮 山光明佛

4617 지심귀명례 삼만다생등불
至心歸命禮 三漫多生燈佛

4618 지심귀명례 호공능형불
至心歸命禮 豪功能形佛

4619 지심귀명례 적명불
至心歸命禮 寂鳴佛

4620 지심귀명례 광지불
至心歸命禮 廣智佛

4621 지심귀명례 조법동왕불
至心歸命禮 照法同王佛

4622 지심귀명례 여왕불
至心歸命禮 與王佛

4623 지심귀명례 상미류불
至心歸命禮 相彌留佛

4624 지심귀명례 운음명불
至心歸命禮 雲音鳴佛

4625 지심귀명례 공양승불
至心歸命禮 供養勝佛

4626 지심귀명례 구나왕불
至心歸命禮 瞿那王佛

4627 지심귀명례 부미류불
至心歸命禮 富彌留佛

4628 지심귀명례 성적불
至心歸命禮 聲寂佛

4629 지심귀명례 대성천불
至心歸命禮 大聖天佛

4630 지심귀명례 화적불
至心歸命禮 華積佛

4631 지심귀명례 해태장불
至心歸命禮 海胎藏佛

4632 지심귀명례 출생공덕불
至心歸命禮 出生功德佛

4633 지심귀명례 천주라마니태장불
至心歸命禮 天主羅摩尼胎藏佛

4634 지심귀명례 금산금광불
至心歸命禮 金山金光佛

4635 지심귀명례 임화불
至心歸命禮 林華佛

4636 지심귀명례 인자재왕불
至心歸命禮 人自在王佛

4637 지심귀명례 재화공덕불
至心歸命禮 財貨功德佛

4638 지심귀명례 약수승불
至心歸命禮 藥樹勝佛

4639 지심귀명례 일체생지불
至心歸命禮 一切生智佛

4640 지심귀명례 지고당불
至心歸命禮 智高幢佛

4641 지심귀명례 적등공덕불
至心歸命禮 寂燈功德佛

4642 지심귀명례 무변명왕불
至心歸命禮 無邊明王佛

4643 지심귀명례 운서보불
至心歸命禮 雲徐步佛

4644 지심귀명례 선택력득불
至心歸命禮 選擇力得佛

4645 지심귀명례 법등공덕미루불
至心歸命禮 法燈功德彌嘍佛

4646 지심귀명례 사자희지등왕불
至心歸命禮 師子戲智燈王佛

4647 지심귀명례 보구나운불
至心歸命禮 普求那雲佛

4648 지심귀명례 염마니불
至心歸命禮 炎摩尼佛

4649 지심귀명례 출생장엄불
至心歸命禮 出生莊嚴佛

4650 지심귀명례 뇌법해진명불
至心歸命禮 雷法海震鳴佛

4651 지심귀명례 법계음명불
至心歸命禮 法界音鳴佛

4652 지심귀명례 화운불
至心歸命禮 化雲佛

4653 지심귀명례 선음공덕불
至心歸命禮 善音功德佛

4654 지심귀명례 보방위불
至心歸命禮 普方威佛

4655 지심귀명례 사자화승불
至心歸命禮 師子華勝佛

4656 지심귀명례 보음성불
至心歸命禮 普音聲佛

4657 지심귀명례 상미류당왕불
至心歸命禮 上彌留幢王佛

4658 지심귀명례 공덕등불
至心歸命禮 功德燈佛

4659 지심귀명례 기나일불
至心歸命禮 耆那日佛

4660 지심귀명례 광운불
至心歸命禮 廣雲佛

4661 지심귀명례 보공등명구나상불
至心歸命禮 寶功燈明瞿那相佛

4662 지심귀명례 성광명불
至心歸命禮 成光明佛

4663 지심귀명례 불공칭불
至心歸命禮 不空稱佛

4664 지심귀명례 일체취청정왕불
至心歸命禮 一切趣淸淨王佛

4665 지심귀명례 청정안불
至心歸命禮 淸淨眼佛

4666 지심귀명례 향상광왕불
至心歸命禮 香象光王佛

4667 지심귀명례 선결정불
至心歸命禮 善決定佛

4668 지심귀명례 치지왕불
至心歸命禮 治地王佛

4669 지심귀명례 일월등명불
至心歸命禮 日月燈明佛

4670 지심귀명례 일월등광불
至心歸命禮 日月燈光佛

4671 지심귀명례 전등명불
至心歸命禮 電燈明佛

4672 지심귀명례 최승등불
至心歸命禮 最勝燈佛

4673 지심귀명례 주진실불
至心歸命禮 住眞實佛

4674 지심귀명례 지등명불
至心歸命禮 智燈明佛

4675 지심귀명례 등명주불
至心歸命禮 燈明主佛

4676 지심귀명례 위덕주불
至心歸命禮 威德住佛

4677 지심귀명례 다라주불
至心歸命禮 陀羅住佛

4678 지심귀명례 공등명불
至心歸命禮 空燈明佛

4679 지심귀명례 실등명불
至心歸命禮 實燈明佛

4680 지심귀명례 실등호불
至心歸命禮 實燈號佛

4681 지심귀명례 서공행불
至心歸命禮 誓空行佛

4682 지심귀명례 진변제불
至心歸命禮 盡邊際佛

4683 지심귀명례 묘계불
至心歸命禮 妙髻佛

4684 지심귀명례 유변제불
至心歸命禮 有邊際佛

4685 지심귀명례 변제덕불
至心歸命禮 邊際德佛

4686 지심귀명례 전공덕불
至心歸命禮 轉功德佛

4687 지심귀명례 이공덕불
至心歸命禮 離功德佛

4688 지심귀명례 무물덕불
至心歸命禮 無物德佛

4689 지심귀명례 무생덕불
至心歸命禮 無生德佛

4690 지심귀명례 멸공덕불
至心歸命禮 滅功德佛

4691 지심귀명례 불취덕불
至心歸命禮 不取德佛

4692 지심귀명례 안진변불
至心歸命禮 眼盡邊佛

4693 지심귀명례 이진제불
至心歸命禮 耳盡際佛

4694 지심귀명례 비변제불
至心歸命禮 鼻邊際佛

4695 지심귀명례 설변제불
至心歸命禮 舌邊際佛

4696 지심귀명례 신변제불
至心歸命禮 身邊際佛

4697 지심귀명례 심변제불
至心歸命禮 心邊際佛

4698 지심귀명례 색변제불
至心歸命禮 色邊際佛

4699 지심귀명례 성변제불
至心歸命禮 聲邊際佛

4700 지심귀명례 향변제불
至心歸命禮 香邊際佛

4701 지심귀명례 미변제불
至心歸命禮 味邊際佛

4702 지심귀명례 촉변제불
至心歸命禮 觸邊際佛

4703 지심귀명례 일체무진장불
至心歸命禮 一切無盡藏佛

4704 지심귀명례 지변제불
至心歸命禮 地邊際佛

4705 지심귀명례 수변제불
至心歸命禮 水邊際佛

4706 지심귀명례 풍변제불
至心歸命禮 風邊際佛

4707 지심귀명례 화변제불
至心歸命禮 火邊際佛

4708 지심귀명례 상변제불
至心歸命禮 想邊際佛

4709 지심귀명례 애변제불
至心歸命禮 愛邊際佛

4710 지심귀명례 세변제불
至心歸命禮 世邊際佛

4711 지심귀명례 업변제불
至心歸命禮 業邊際佛

4712 지심귀명례 음변제불
至心歸命禮 陰邊際佛

4713 지심귀명례 계변제불
至心歸命禮 界邊際佛

4714 지심귀명례 생변제불
至心歸命禮 生邊際佛

4715 지심귀명례 인변제불
至心歸命禮 因邊際佛

4716 지심귀명례 무변관왕불
至心歸命禮 無邊觀王佛

4717 지심귀명례 명변제불
至心歸命禮 名邊際佛

4718 지심귀명례 사변제불
至心歸命禮 事邊際佛

4719 지심귀명례 명변제불
至心歸命禮 鳴邊際佛

4720 지심귀명례 시변제불
至心歸命禮 施邊際佛

4721 지심귀명례 계변제불
至心歸命禮 戒邊際佛

4722 지심귀명례 주인욕불
至心歸命禮 住忍辱佛

4723 지심귀명례 주정진불
至心歸命禮 住精進佛

4724 지심귀명례 주선나불
至心歸命禮 住禪那佛

4725 지심귀명례 주반야불
至心歸命禮 住般若佛

4726 지심귀명례 자변제불
至心歸命禮 慈邊際佛

4727 지심귀명례 비변제불
至心歸命禮 悲邊際佛

4728 지심귀명례 희변제불
至心歸命禮 喜邊際佛

4729 지심귀명례 사변제불
至心歸命禮 捨邊際佛

4730 지심귀명례 화변제불
至心歸命禮 華邊際佛

4731 지심귀명례 만변제불
至心歸命禮 鬘邊際佛

4732 지심귀명례 음성제불
至心歸命禮 音聲際佛

4733 지심귀명례 칭자재불
至心歸命禮 稱自在佛

4734 지심귀명례 연향제불
至心歸命禮 然香際佛

4735 지심귀명례 산개제불
至心歸命禮 傘蓋際佛

4736 지심귀명례 당변제불
至心歸命禮 幢邊際佛

4737 지심귀명례 작등제불
至心歸命禮 作燈際佛

4738 지심귀명례 일보장엄불
至心歸命禮 一寶莊嚴佛

4739 지심귀명례 보우왕불
至心歸命禮 寶牛王佛

4740 지심귀명례 무구명불
至心歸命禮 無垢明佛

4741 지심귀명례 선안상우왕불
至心歸命禮 善眼庠牛王佛

4742 지심귀명례 수미취불
至心歸命禮 須彌聚佛

4743 지심귀명례 방결불
至心歸命禮 放結佛

4744 지심귀명례 승구나장엄불
至心歸命禮 勝瞿那莊嚴佛

4745 지심귀명례 승가니니불
至心歸命禮 勝伽尼泥佛

4746 지심귀명례 허공속불
至心歸命禮 虛空俗佛

4747 지심귀명례 규력왕불
至心歸命禮 叫力王佛

4748 지심귀명례 방염광불
至心歸命禮 放焰光佛

4749 지심귀명례 견당왕불
至心歸命禮 牽幢王佛

4750 지심귀명례 화비구공덕불
至心歸命禮 華備具功德佛

4751 지심귀명례 이포모수불
至心歸命禮 離怖毛竪佛

4752 지심귀명례 지공덕불
至心歸命禮 智功德佛

4753 지심귀명례 전단향덕불
至心歸命禮 栴檀香德佛

4754 지심귀명례 곡궁명불
至心歸命禮 曲躬明佛

4755 지심귀명례 작보불
至心歸命禮 作寶佛

4756 지심귀명례 취향보상불
至心歸命禮 聚香寶象佛

4757 지심귀명례 미류취불
至心歸命禮 彌留聚佛

4758 지심귀명례 천법무외불
至心歸命禮 千法無畏佛

4759 지심귀명례 무애안상완보불
至心歸命禮 無礙眼詳緩步佛

4760 지심귀명례 전단향보불
至心歸命禮 栴檀香步佛

4761 지심귀명례 견광원만불
至心歸命禮 肩廣圓滿佛

4762 지심귀명례 명득신통자재칭불
至心歸命禮 名得神通自在稱佛

4763 지심귀명례 관방불
至心歸命禮 觀方佛

4764 지심귀명례 지화보광명공덕불
至心歸命禮 智華寶光明功德佛

4765 지심귀명례 월상보공덕불
至心歸命禮 月上寶功德佛

4766 지심귀명례 일체포외산괴불
至心歸命禮 一切怖畏散壞佛

4767 지심귀명례 묘성지주천불
至心歸命禮 妙聲地主天佛

4768 지심귀명례 법수불
至心歸命禮 法手佛

4769 지심귀명례 십상염광불
至心歸命禮 十上焰光佛

4770 지심귀명례 보염광불
至心歸命禮 普焰光佛

4771 지심귀명례 해등불
至心歸命禮 海燈佛

4772 지심귀명례 보상염불
至心歸命禮 寶上焰佛

4773 지심귀명례 신공덕불
至心歸命禮 信功德佛

4774 지심귀명례 무애명성불
至心歸命禮 無礙鳴聲佛

4775 지심귀명례 망염불
至心歸命禮 網焰佛

4776 지심귀명례 무변각불
至心歸命禮 無邊覺佛

4777 지심귀명례 무변장엄불
至心歸命禮 無邊莊嚴佛

4778 지심귀명례 무변우왕불
至心歸命禮 無邊牛王佛

4779 지심귀명례 우바라공덕불
至心歸命禮 優波羅功德佛

4780 지심귀명례 지안주불
至心歸命禮 智安住佛

4781 지심귀명례 석가모니불
至 心 歸 命 禮 釋 迦 牟 尼 佛

4782 지심귀명례 지규불
至 心 歸 命 禮 智 叫 佛

4783 지심귀명례 사라주왕불
至 心 歸 命 禮 娑 羅 主 王 佛

4784 지심귀명례 보사라불
至 心 歸 命 禮 寶 娑 羅 佛

4785 지심귀명례 장도어불
至 心 歸 命 禮 將 導 御 佛

4786 지심귀명례 보언불
至 心 歸 命 禮 寶 言 佛

4787 지심귀명례 불공설불
至 心 歸 命 禮 不 空 說 佛

4788 지심귀명례 요설장엄사유불
至 心 歸 命 禮 樂 說 莊 嚴 思 惟 佛

4789 지심귀명례 규왕불
至 心 歸 命 禮 叫 王 佛

4790 지심귀명례 요덕불
至 心 歸 命 禮 樂 德 佛

4791 지심귀명례 향형불
至心歸命禮 香形佛

4792 지심귀명례 무애명음불
至心歸命禮 無礙鳴音佛

4793 지심귀명례 규력염불
至心歸命禮 叫力焰佛

4794 지심귀명례 수미정상왕불
至心歸命禮 須彌頂上王佛

4795 지심귀명례 보최상공덕불
至心歸命禮 寶最上功德佛

4796 지심귀명례 무량미대성불
至心歸命禮 無量味大聖佛

4797 지심귀명례 최상보불
至心歸命禮 最上寶佛

4798 지심귀명례 향형가향불
至心歸命禮 香形可香佛

4799 지심귀명례 규개불
至心歸命禮 叫鎧佛

4800 지심귀명례 보장불
至心歸命禮 普藏佛

4801 지심귀명례 보장주운왕등불
至心歸命禮 普藏主雲王燈佛

4802 지심귀명례 산외의불
至心歸命禮 散畏疑佛

4803 지심귀명례 무량종종상유희불
至心歸命禮 無量種種相遊戲佛

4804 지심귀명례 최승가니불
至心歸命禮 最勝伽尼佛

4805 지심귀명례 불화비구공덕불
至心歸命禮 佛華備具功德佛

4806 지심귀명례 불화최상왕불
至心歸命禮 佛華最上王佛

4807 지심귀명례 보형불
至心歸命禮 寶形佛

4808 지심귀명례 불공설명공덕불
至心歸命禮 不空說名功德佛

4809 지심귀명례 무변구나정진개불
至心歸命禮 無邊瞿那精進鎧佛

4810 지심귀명례 발의체중생장엄불
至心歸命禮 發意切衆生莊嚴佛

4811 지심귀명례 월분단불
至心歸命禮 月分段佛

4812 지심귀명례 원광불
至心歸命禮 圓光佛

4813 지심귀명례 구나왕광불
至心歸命禮 瞿那王光佛

4814 지심귀명례 구나도피안불
至心歸命禮 瞿那度彼岸佛

4815 지심귀명례 작등불
至心歸命禮 作燈佛

4816 지심귀명례 천왕등광불
至心歸命禮 天王燈光佛

4817 지심귀명례 자재억불
至心歸命禮 自在億佛

4818 지심귀명례 색위덕불
至心歸命禮 色威德佛

4819 지심귀명례 바지거불
至心歸命禮 婆祇車佛

4820 지심귀명례 선관불법승불
至心歸命禮 善觀佛法勝佛

4821 지심귀명례 무포불
至心歸命禮 無怖佛

4822 지심귀명례 연화상염불
至心歸命禮 蓮華上焰佛

4823 지심귀명례 전법륜광명후불
至心歸命禮 轉法輪光明吼佛

4824 지심귀명례 무변원개불
至心歸命禮 無邊願鎧佛

4825 지심귀명례 무변공덕안주불
至心歸命禮 無邊功德安住佛

4826 지심귀명례 명청정불
至心歸命禮 命淸淨佛

4827 지심귀명례 사라주왕불
至心歸命禮 娑羅呪王佛

4828 지심귀명례 보광형불
至心歸命禮 寶光形佛

4829 지심귀명례 사쟁불
至心歸命禮 捨諍佛

4830 지심귀명례 무변공덕장엄불
至心歸命禮 無邊功德莊嚴佛

4831 지심귀명례 관세음불
至 心 歸 命 禮 觀 世 音 佛

4832 지심귀명례 견벽지불
至 心 歸 命 禮 見 辟 支 佛

4833 지심귀명례 종정불
至 心 歸 命 禮 宗 静 佛

4834 지심귀명례 반야향상불
至 心 歸 命 禮 般 若 香 象 佛

4835 지심귀명례 보화소생공덕불
至 心 歸 命 禮 寶 華 所 生 功 德 佛

4836 지심귀명례 무변안상완보불
至 心 歸 命 禮 無 邊 眼 詳 緩 步 佛

4837 지심귀명례 일체중생현착개불
至 心 歸 命 禮 一 切 衆 生 現 着 鎧 佛

4838 지심귀명례 보개최상불
至 心 歸 命 禮 寶 蓋 最 上 佛

4839 지심귀명례 최승중불
至 心 歸 命 禮 最 勝 衆 佛

4840 지심귀명례 불사감로화불
至 心 歸 命 禮 不 死 甘 露 華 佛

4841 지심귀명례 사유인불
至心歸命禮 思惟忍佛

4842 지심귀명례 사하불
至心歸命禮 斯何佛

4843 지심귀명례 발심전법륜불
至心歸命禮 發心轉法輪佛

4844 지심귀명례 제방명문불
至心歸命禮 諸方名聞佛

4845 지심귀명례 영목불
至心歸命禮 靈目佛

4846 지심귀명례 일원등불
至心歸命禮 日圓燈佛

4847 지심귀명례 쾌광명불
至心歸命禮 快光明佛

4848 지심귀명례 지생공덕불
至心歸命禮 智生功德佛

4849 지심귀명례 구나왕안주불
至心歸命禮 瞿那王安住佛

4850 지심귀명례 무장애안불
至心歸命禮 無障礙眼佛

4851 지심귀명례 무포외불
至心歸命禮 無怖畏佛

4852 지심귀명례 보희속승왕불
至心歸命禮 普喜速勝王佛

4853 지심귀명례 불가득개불
至心歸命禮 不可得鎧佛

4854 지심귀명례 광원위왕불
至心歸命禮 光圓威王佛

4855 지심귀명례 의인불
至心歸命禮 意因佛

4856 지심귀명례 무구억불
至心歸命禮 無垢憶佛

4857 지심귀명례 금강리불
至心歸命禮 金剛利佛

4858 지심귀명례 만족의불
至心歸命禮 滿足意佛

4859 지심귀명례 환지불
至心歸命禮 喚智佛

4860 지심귀명례 정관개불
至心歸命禮 正觀鎧佛

4861 지심귀명례 축답원구불
至心歸命禮 蹴踏寃仇佛

4862 지심귀명례 우바라공덕불
至心歸命禮 優鉢羅功德佛

4863 지심귀명례 진력왕불
至心歸命禮 震力王佛

4864 지심귀명례 무변광미류향왕불
至心歸命禮 無邊光彌留香王佛

4865 지심귀명례 성취공덕불
至心歸命禮 成就功德佛

4866 지심귀명례 무변광불
至心歸命禮 無邊光佛

4867 지심귀명례 여인장부축답불
至心歸命禮 女人丈夫蹴踏佛

4868 지심귀명례 승장칭불
至心歸命禮 勝藏稱佛

4869 지심귀명례 보최왕불
至心歸命禮 寶最王佛

4870 지심귀명례 향미류불
至心歸命禮 香彌留佛

4871 지심귀명례 중생심해탈지현불
至心歸命禮 衆生心解脫智現佛

4872 지심귀명례 무상음불
至心歸命禮 無相音佛

4873 지심귀명례 승이족불
至心歸命禮 勝二足佛

4874 지심귀명례 무애음불
至心歸命禮 無礙音佛

4875 지심귀명례 무동안상행불
至心歸命禮 無動安詳行佛

4876 지심귀명례 불염견신불
至心歸命禮 不厭見身佛

4877 지심귀명례 일체영락우왕현불
至心歸命禮 一切瓔珞牛王現佛

4878 지심귀명례 성리불
至心歸命禮 成利佛

4879 지심귀명례 유공덕불
至心歸命禮 有功德佛

4880 지심귀명례 명칭향불
至心歸命禮 名稱響佛

4881 지심귀명례 일체유아만발제불
至心歸命禮 一切有我慢拔除佛

4882 지심귀명례 선색장불
至心歸命禮 善色藏佛

4883 지심귀명례 불가비벽지불
至心歸命禮 不可比辟支佛

4884 지심귀명례 감로상불
至心歸命禮 甘露相佛

4885 지심귀명례 보자재사라왕불
至心歸命禮 寶自在莎羅王佛

4886 지심귀명례 화성취불
至心歸命禮 花成就佛

4887 지심귀명례 도일체난불
至心歸命禮 度一切難佛

4888 지심귀명례 불사감로생공덕불
至心歸命禮 不死甘露生功德佛

4889 지심귀명례 일체반연불
至心歸命禮 一切攀緣佛

4890 지심귀명례 무제세지불
至心歸命禮 無諸勢智佛

4891 지심귀명례 조세간불
至心歸命禮 照世間佛

4892 지심귀명례 시현제법불
至心歸命禮 示現諸法佛

4893 지심귀명례 고시제법불
至心歸命禮 顧視諸法佛

4894 지심귀명례 보생공덕불
至心歸命禮 普生功德佛

4895 지심귀명례 지상왕불
至心歸命禮 智上王佛

4896 지심귀명례 아니라안불
至心歸命禮 阿尼羅眼佛

4897 지심귀명례 쾌결불
至心歸命禮 快結佛

4898 지심귀명례 화생공덕불
至心歸命禮 化生功德佛

4899 지심귀명례 중생현불
至心歸命禮 衆生賢佛

4900 지심귀명례 금강합불
至心歸命禮 金剛合佛

4901 지심귀명례 지아려야불
至心歸命禮 智阿黎耶佛

4902 지심귀명례 제잉불
至心歸命禮 除孕佛

4903 지심귀명례 연진등불
至心歸命禮 然塵燈佛

4904 지심귀명례 무이개불
至心歸命禮 無異鎧佛

4905 지심귀명례 무변지설불
至心歸命禮 無邊智說佛

4906 지심귀명례 전단향공덕불
至心歸命禮 栴檀香功德佛

4907 지심귀명례 무비유불화공덕불
至心歸命禮 無比喩佛華功德佛

4908 지심귀명례 하방사자불
至心歸命禮 下方師子佛

4909 지심귀명례 월상염불
至心歸命禮 月上焰佛

4910 지심귀명례 치어불
至心歸命禮 値御佛

4911 지심귀명례 작승불
至心歸命禮 作勝佛

4912 지심귀명례 불권회전불
至心歸命禮 不惓迴轉佛

4913 지심귀명례 능멸일체포외불
至心歸命禮 能滅一切怖畏佛

4914 지심귀명례 명칭음불
至心歸命禮 名稱音佛

4915 지심귀명례 항자재불
至心歸命禮 降自在佛

4916 지심귀명례 연화최공덕불
至心歸命禮 蓮華最功德佛

4917 지심귀명례 선산화상불
至心歸命禮 善散華相佛

4918 지심귀명례 보향염불
至心歸命禮 普香焰佛

4919 지심귀명례 제시안불
至心歸命禮 諦視眼佛

4920 지심귀명례 보취광명불
至心歸命禮 寶聚光明佛

4921 지심귀명례 광상불
至心歸命禮 光相佛

4922 지심귀명례 보형광불
至心歸命禮 寶形光佛

4923 지심귀명례 이상계불
至心歸命禮 二相髻佛

4924 지심귀명례 삼계우왕안상행불
至心歸命禮 三界牛王安詳行佛

4925 지심귀명례 명원불
至心歸命禮 明圓佛

4926 지심귀명례 허공속우왕불
至心歸命禮 虛空續牛王佛

4927 지심귀명례 무진우왕불
至心歸命禮 無盡牛王佛

4928 지심귀명례 일자재관불
至心歸命禮 日自在觀佛

4929 지심귀명례 보우왕불
至心歸命禮 普牛王佛

4930 지심귀명례 지진불
至心歸命禮 智震佛

4931 지심귀명례 선안주불
至心歸命禮 善安住佛

4932 지심귀명례 불우왕불
至心歸命禮 佛牛王佛

4933 지심귀명례 보덕수불
至心歸命禮 普德首佛

4934 지심귀명례 무변구나구족불
至心歸命禮 無邊瞿那具足佛

4935 지심귀명례 지최상공덕불
至心歸命禮 智最上功德佛

4936 지심귀명례 지상광명위공덕불
至心歸命禮 智上光明威功德佛

4937 지심귀명례 연화소생공덕불
至心歸命禮 蓮華所生功德佛

4938 지심귀명례 최승향우왕불
至心歸命禮 最勝香牛王佛

4939 지심귀명례 월상염불
至心歸命禮 月相焰佛

4940 지심귀명례 향상서보불
至心歸命禮 香象徐步佛

4941 지심귀명례 불사광불
至心歸命禮 不死光佛

4942 지심귀명례 연화취불
至心歸命禮 蓮華聚佛

4943 지심귀명례 연화생공덕불
至心歸命禮 蓮華生功德佛

4944 지심귀명례 전단공덕불
至心歸命禮 栴檀功德佛

4945 지심귀명례 허공애불
至心歸命禮 虛空愛佛

4946 지심귀명례 지상불
至心歸命禮 智上佛

4947 지심귀명례 연탐등왕불
至心歸命禮 然貪燈王佛

4948 지심귀명례 무변구나생공덕불
至心歸命禮 無邊瞿那生功德佛

4949 지심귀명례 광명상불
至心歸命禮 光明相佛

4950 지심귀명례 무변작덕불
至心歸命禮 無邊作德佛

4951 지심귀명례 일체구나생공덕불
至心歸命禮 一切瞿那生功德佛

4952 지심귀명례 행안불
至心歸命禮 行眼佛

4953 지심귀명례 지거불
至心歸命禮 持炬佛

4954 지심귀명례 무장애견불
至心歸命禮 無障礙見佛

4955 지심귀명례 최상왕불
至心歸命禮 最上王佛

4956 지심귀명례 성숙왕불
至心歸命禮 星宿王佛

4957 지심귀명례 무변미류왕불
至心歸命禮 無邊彌留王佛

4958 지심귀명례 허공원청정왕불
至心歸命禮 虛空圓清淨王佛

4959 지심귀명례 불사음불
至心歸命禮 不死音佛

4960 지심귀명례 자승불
至心歸命禮 慈勝佛

4961 지심귀명례 종종보화개부불
至心歸命禮 種種寶華開敷佛

4962 지심귀명례 비마승불
至心歸命禮 毘摩勝佛

4963 지심귀명례 무구이구해탈개불
至心歸命禮 無垢離垢解脫鎧佛

4964 지심귀명례 무장무애정진견불
至心歸命禮 無障無礙精進堅佛

4965 지심귀명례 일념광불
至心歸命禮 一念光佛

4966 지심귀명례 묘화소생불
至心歸命禮 妙華所生佛

4967 지심귀명례 쾌보불
至心歸命禮 快步佛

4968 지심귀명례 화소생불
至心歸命禮 華所生佛

4969 지심귀명례 애실어불
至心歸命禮 愛實語佛

4970 지심귀명례 불공개불
至心歸命禮 不空鎧佛

4971 지심귀명례 선주제원불
至心歸命禮 善住諸願佛

4972 지심귀명례 우범창불
至心歸命禮 牛梵唱佛

4973 지심귀명례 무애륜불
至心歸命禮 無礙輪佛

4974 지심귀명례 일체취작산불
至心歸命禮 一切取作散佛

4975 지심귀명례 발의불
至心歸命禮 拔疑佛

4976 지심귀명례 항복타중불
至心歸命禮 降伏他衆佛

4977 지심귀명례 과거미래현재개불
至心歸命禮 過去未來現在鎧佛

4978 지심귀명례 일사불
至心歸命禮 一沙佛

4979 지심귀명례 미류불
至心歸命禮 彌留佛

4980 지심귀명례 주승지칭불
至心歸命禮 住勝智稱佛

4981 지심귀명례 보화보조승불
至心歸命禮 寶花普照勝佛

4982 지심귀명례 서북방월광면불
至心歸命禮 西北方月光面佛

4983 지심귀명례 상염불
至心歸命禮 上焰佛

4984 지심귀명례 육통성불
至心歸命禮 六通聲佛

4985 지심귀명례 무변일불
至心歸命禮 無邊日佛

4986 지심귀명례 방등불
至心歸命禮 方燈佛

4987 지심귀명례 승장칭왕불
至心歸命禮 勝藏稱王佛

4988 지심귀명례 사자주왕불
至心歸命禮 師子主王佛

4989 지심귀명례 성취의수불
至心歸命禮 成就義修佛

4990 지심귀명례 비바시불
至心歸命禮 毘波尸佛

4991 지심귀명례 정진보불
至心歸命禮 精進步佛

4992 지심귀명례 현공덕불
至心歸命禮 賢功德佛

4993 지심귀명례 무탁불
至心歸命禮 無濁佛

4994 지심귀명례 인광불
至心歸命禮 因光佛

4995 지심귀명례 불해법왕불
至心歸命禮 不害法王佛

4996 지심귀명례 전단옥불
至心歸命禮 栴檀屋佛

4997 지심귀명례 무변정진불
至心歸命禮 無邊精進佛

4998 지심귀명례 수연화수최상왕불
至心歸命禮 數蓮華數最上王佛

4999 지심귀명례 보망불
至心歸命禮 寶網佛

5000 지심귀명례 동방범성불
至心歸命禮 東方梵聲佛

5001 지심귀명례 향최승수불
至心歸命禮 香最勝手佛

5002 지심귀명례 여제락불
至心歸命禮 與諸樂佛

5003 지심귀명례 시현일체반연불
至心歸命禮 示現一切攀緣佛

5004 지심귀명례 불공명칭불
至心歸命禮 不空名稱佛

5005 지심귀명례 선주명칭불
至心歸命禮 善住名稱佛

5006 지심귀명례 무변구나불
至心歸命禮 無邊瞿那佛

5007 지심귀명례 장엄공덕불
至心歸命禮 莊嚴功德佛

5008 지심귀명례 요장엄불
至心歸命禮 樂莊嚴佛

5009 지심귀명례 허공상불
至心歸命禮 虛空相佛

5010 지심귀명례 취집보불
至心歸命禮 聚集寶佛

5011 지심귀명례 불가사의분신불
至 心 歸 命 禮 不 可 思 議 奮 迅 佛

5012 지심귀명례 정목불
至 心 歸 命 禮 淨 目 佛

5013 지심귀명례 조유불
至 心 歸 命 禮 調 柔 佛

5014 지심귀명례 보만불
至 心 歸 命 禮 普 滿 佛

5015 지심귀명례 허공공덕성불
至 心 歸 命 禮 虛 空 功 德 聲 佛

5016 지심귀명례 난항복당불
至 心 歸 命 禮 難 降 伏 幢 佛

5017 지심귀명례 난행불
至 心 歸 命 禮 難 行 佛

5018 지심귀명례 무변미류향불
至 心 歸 命 禮 無 邊 彌 留 香 佛

5019 지심귀명례 월원정왕불
至 心 歸 命 禮 月 圓 淨 王 佛

5020 지심귀명례 승미류불
至 心 歸 命 禮 勝 彌 留 佛

5021 지심귀명례 희소생공덕불
至心歸命禮 喜所生功德佛

5022 지심귀명례 정미류불
至心歸命禮 淨彌留佛

5023 지심귀명례 선보공덕불
至心歸命禮 善寶功德佛

524 지심귀명례 금정불
至心歸命禮 金頂佛

5025 지심귀명례 무변덕작불
至心歸命禮 無邊德作佛

5026 지심귀명례 조승불
至心歸命禮 調勝佛

5027 지심귀명례 원선사성취불
至心歸命禮 願善思成就佛

5028 지심귀명례 청정원왕불
至心歸命禮 清淨圓王佛

5029 지심귀명례 불가항복어불
至心歸命禮 不可降伏語佛

5030 지심귀명례 난조장불
至心歸命禮 難調將佛

5031 지심귀명례 불읍모니라불
至心歸命禮 不泣牟尼羅佛

5032 지심귀명례 자재근불
至心歸命禮 自在根佛

5033 지심귀명례 환락주불
至心歸命禮 歡樂主佛

5034 지심귀명례 무구상불
至心歸命禮 無垢上佛

5035 지심귀명례 상공덕불
至心歸命禮 上功德佛

5036 지심귀명례 시현일체정신왕불
至心歸命禮 示現一切正信王佛

5037 지심귀명례 이제과불
至心歸命禮 離諸過佛

5038 지심귀명례 일체우수우왕불
至心歸命禮 一切牛受牛王佛

5039 지심귀명례 염불연화최공덕불
至心歸命禮 焰佛蓮華最功德佛

5040 지심귀명례 제마불형시현우불
至心歸命禮 諸魔佛形示現牛佛

5041 지심귀명례 상음불
至心歸命禮 相音佛

5042 지심귀명례 상음불
至心歸命禮 想音佛

5043 지심귀명례 불퇴월불
至心歸命禮 不退月佛

5044 지심귀명례 보생공덕불
至心歸命禮 寶生功德佛

5045 지심귀명례 무진의우왕불
至心歸命禮 無塵意牛王佛

5046 지심귀명례 지화소생불
至心歸命禮 智華所生佛

5047 지심귀명례 최상위왕불
至心歸命禮 最上威王佛

5048 지심귀명례 요법자재불
至心歸命禮 樂法自在佛

5049 지심귀명례 무진우왕불
至心歸命禮 無塵牛王佛

5050 지심귀명례 제취폐색불
至心歸命禮 諸趣閉塞佛

5051 지심귀명례 부사의구나공덕불
至心歸命禮 不思議瞿那功德佛

5052 지심귀명례 희생공덕불
至心歸命禮 喜生功德佛

5053 지심귀명례 제포외불
至心歸命禮 除怖畏佛

5054 지심귀명례 삼세법계불
至心歸命禮 三世法界佛

5055 지심귀명례 수월광불
至心歸命禮 水月光佛

5056 지심귀명례 능각왕불
至心歸命禮 能覺王佛

5057 지심귀명례 보광명분신불
至心歸命禮 普光明奮迅佛

5058 지심귀명례 전단등불
至心歸命禮 栴檀燈佛

5059 지심귀명례 등화불
至心歸命禮 燈火佛

5060 지심귀명례 선안월불
至心歸命禮 善眼月佛

5061 지심귀명례 상행불
至心歸命禮 上行佛

5062 지심귀명례 승중불
至心歸命禮 勝衆佛

5063 지심귀명례 금강행보불
至心歸命禮 金剛幸步佛

5064 지심귀명례 선호제근불
至心歸命禮 善護諸根佛

5065 지심귀명례 지력규불
至心歸命禮 智力叫佛

5066 지심귀명례 금승불
至心歸命禮 金勝佛

5067 지심귀명례 구나왕광명불
至心歸命禮 瞿那王光明佛

5068 지심귀명례 작계왕불
至心歸命禮 作戒王佛

5069 지심귀명례 범명음불
至心歸命禮 梵鳴音佛

5070 지심귀명례 가락견불
至心歸命禮 可樂見佛

5071 지심귀명례 미묘청정안불
至心歸命禮 微妙淸淨眼佛

5072 지심귀명례 근본승장불
至心歸命禮 根本勝藏佛

5073 지심귀명례 승진적거불
至心歸命禮 勝進寂去佛

5074 지심귀명례 연화최상공덕불
至心歸命禮 蓮華最上功德佛

5075 지심귀명례 상거견불
至心歸命禮 常擧肩佛

5076 지심귀명례 약사왕불
至心歸命禮 藥師王佛

5077 지심귀명례 무변반연행불
至心歸命禮 無邊攀緣行佛

5078 지심귀명례 요공덕불
至心歸命禮 樂功德佛

5079 지심귀명례 무변염불
至心歸命禮 無邊焰佛

5080 지심귀명례 무변안불
至心歸命禮 無邊眼佛

5081 지심귀명례 제연우왕불
至心歸命禮 諸緣牛王佛

5082 지심귀명례 무변성숙중우왕불
至心歸命禮 無邊星宿衆牛王佛

5083 지심귀명례 환희벽지불
至心歸命禮 歡喜辟支佛

5084 지심귀명례 대정진취왕불
至心歸命禮 大精進趣王佛

5085 지심귀명례 승일체세간불
至心歸命禮 勝一切世間佛

5086 지심귀명례 주지위덕불
至心歸命禮 住持威德佛

5087 지심귀명례 작논의불
至心歸命禮 作論議佛

5088 지심귀명례 무루벽지불
至心歸命禮 無漏辟支佛

5089 지심귀명례 시현악불
至心歸命禮 示現惡佛

5090 지심귀명례 사가라불
至心歸命禮 娑伽羅佛

5091 지심귀명례 등거불
至心歸命禮 燈炬佛

5092 지심귀명례 양당상불
至心歸命禮 兩幢相佛

5093 지심귀명례 무구월위왕불
至心歸命禮 無垢月威王佛

5094 지심귀명례 방성임불
至心歸命禮 方城任佛

5095 지심귀명례 무념시현제행불
至心歸命禮 無念示現諸行佛

5096 지심귀명례 법당공구소마왕불
至心歸命禮 法幢空俱蘇摩王佛

5097 지심귀명례 대위덕취불
至心歸命禮 大威德聚佛

5098 지심귀명례 발제의불
至心歸命禮 拔諸疑佛

5099 지심귀명례 행보아불
至心歸命禮 行步兒佛

5100 지심귀명례 견작불
至心歸命禮 堅作佛

5101 지심귀명례 연화공덕소생불
至心歸命禮 蓮華功德所生佛

5102 지심귀명례 방광염불
至心歸命禮 放光焰佛

5103 지심귀명례 자자불
至心歸命禮 慈者佛

5104 지심귀명례 명연화염불
至心歸命禮 明蓮華焰佛

5105 지심귀명례 다신불
至心歸命禮 多信佛

5106 지심귀명례 무진행보불
至心歸命禮 無盡行步佛

5107 지심귀명례 해미류최상불
至心歸命禮 海彌留最上佛

5108 지심귀명례 전광명고왕불
至心歸命禮 電光明高王佛

5109 지심귀명례 차마벽지불
至心歸命禮 差摩辟支佛

5110 지심귀명례 무변성불
至心歸命禮 無邊聲佛

5111 지심귀명례 무량구나공덕불
至心歸命禮 無量瞿那功德佛

5112 지심귀명례 작무이개불
至心歸命禮 作無異鎧佛

5113 지심귀명례 무변염광불
至心歸命禮 無邊焰光佛

5114 지심귀명례 신행승불
至心歸命禮 身行勝佛

5115 지심귀명례 능경포불
至心歸命禮 能驚怖佛

5116 지심귀명례 이구무구해탈불
至心歸命禮 離垢無垢解脫佛

5117 지심귀명례 과현미래무애개불
至心歸命禮 過現未來無礙鎧佛

5118 지심귀명례 감로화불
至心歸命禮 甘露華佛

5119 지심귀명례 불가량안불
至心歸命禮 不可量眼佛

5120 지심귀명례 무량장엄불
至心歸命禮 無量莊嚴佛

5121 지심귀명례 주지무량명불
至心歸命禮 住持無量明佛

5122 지심귀명례 무량신광불
至心歸命禮 無量身光佛

5123 지심귀명례 불사우왕불
至心歸命禮 不死牛王佛

5124 지심귀명례 유자재성취불
至心歸命禮 有自在成就佛

5125 지심귀명례 숙원불
至心歸命禮 宿院佛

5126 지심귀명례 보화보불
至心歸命禮 寶華步佛

5127 지심귀명례 항복향인승불
至心歸命禮 降伏香人勝佛

5128 지심귀명례 선숙왕불
至心歸命禮 善宿王佛

5129 지심귀명례 광원불
至心歸命禮 光圓佛

5130 지심귀명례 수제불
至心歸命禮 樹提佛

5131 지심귀명례 염상공덕불
至心歸命禮 焰上功德佛

5132 지심귀명례 희승불
至心歸命禮 希勝佛

5133 지심귀명례 승우왕불
至心歸命禮 勝牛王佛

5134 지심귀명례 무변우왕유보불
至心歸命禮 無邊牛王遊步佛

5135 지심귀명례 쾌장불
至心歸命禮 快藏佛

5136 지심귀명례 대운염불
至心歸命禮 大雲焰佛

5137 지심귀명례 선설명승불
至心歸命禮 善說名勝佛

5138 지심귀명례 불화염불
至心歸命禮 佛華焰佛

5139 지심귀명례 연화우왕불
至心歸命禮 蓮華牛王佛

5140 지심귀명례 공덕력견고왕불
至心歸命禮 功德力堅固王佛

5141 지심귀명례 월구나주불
至心歸命禮 月瞿那主佛

5142 지심귀명례 해탈당불
至心歸命禮 解脫幢佛

5143 지심귀명례 선만견불
至心歸命禮 善滿肩佛

5144 지심귀명례 보사타정벽지불
至心歸命禮 菩莎他淨辟支佛

5145 지심귀명례 정상지왕불
至心歸命禮 頂上至王佛

5146 지심귀명례 불공명도불
至心歸命禮 不空名渡佛

5147 지심귀명례 불공안상유보불
至心歸命禮 不空安詳遊步佛

5148 지심귀명례 바가발불공우왕불
至心歸命禮 婆伽拔不空牛王佛

5149 지심귀명례 바가발불공염불
至心歸命禮 婆伽拔不空焰佛

5150 지심귀명례 무변맹진불
至心歸命禮 無邊猛進佛

5151 지심귀명례 사라제왕불
至心歸命禮 娑羅帝王佛

5152 지심귀명례 무변용진불
至心歸命禮 無邊勇進佛

5153 지심귀명례 진법불
至心歸命禮 眞法佛

5154 지심귀명례 일개소불
至心歸命禮 一蓋所佛

5155 지심귀명례 성숙장엄불
至心歸命禮 星宿莊嚴佛

5156 지심귀명례 섭수택불
至心歸命禮 攝受擇佛

5157 지심귀명례 전단사불
至心歸命禮 栴檀舍佛

5158 지심귀명례 무변향광불
至心歸命禮 無邊香光佛

5159 지심귀명례 주지만불
至心歸命禮 住持鬘佛

5160 지심귀명례 광명원자불
至心歸命禮 光明圓者佛

5161 지심귀명례 이족존불
至心歸命禮 二足尊佛

5162 지심귀명례 공덕적력불
至心歸命禮 功德積力佛

5163 지심귀명례 주의지불
至心歸命禮 住義智佛

5164 지심귀명례 이열병지불
至心歸命禮 離熱病智佛

5165 지심귀명례 보공덕불
至心歸命禮 普功德佛

5166 지심귀명례 관안분신불
至心歸命禮 觀眼奮迅佛

5167 지심귀명례 무변용보불
至心歸命禮 無邊勇步佛

5168 지심귀명례 불공공덕불
至心歸命禮 不空功德佛

5169 지심귀명례 불화생덕불
至心歸命禮 佛華生德佛

5170 지심귀명례 보건보불
至心歸命禮 寶健步佛

5171 지심귀명례 무변개갑불
至心歸命禮 無邊鎧甲佛

5172 지심귀명례 결정혜불
至心歸命禮 決定慧佛

5173 지심귀명례 허공원염불
至心歸命禮 虛空圓焰佛

5174 지심귀명례 선사의경계불
至心歸命禮 善思義境界佛

5175 지심귀명례 보조관칭불
至心歸命禮 普照觀稱佛

5176 지심귀명례 견고희불
至心歸命禮 堅固希佛

5177 지심귀명례 제포모수불
至心歸命禮 除怖毛竪佛

5178 지심귀명례 사라화상광왕불
至心歸命禮 莎羅華上光王佛

5179 지심귀명례 관의출화불
至心歸命禮 觀意出華佛

5180 지심귀명례 허공문불
至心歸命禮 虛空門佛

5181 지심귀명례 능작지불
至心歸命禮 能作智佛

5182 지심귀명례 허공장엄음불
至心歸命禮 虛空莊嚴音佛

5183 지심귀명례 대목불
至心歸命禮 大目佛

5184 지심귀명례 고거벽지불
至心歸命禮 高去辟支佛

5185 지심귀명례 불퇴당불
至心歸命禮 不退幢佛

5186 지심귀명례 무장애력왕불
至心歸命禮 無障礙力王佛

5187 지심귀명례 실달다불
至心歸命禮 悉達多佛

5188 지심귀명례 음감로불
至心歸命禮 飮甘露佛

5189 지심귀명례 금강치불
至心歸命禮 金剛齒佛

5190 지심귀명례 선안온불
至心歸命禮 善安穩佛

5191 지심귀명례 범미류불
至心歸命禮 梵彌留佛

5192 지심귀명례 사결불
至心歸命禮 捨結佛

5193 지심귀명례 불공유보불
至心歸命禮 不空遊步佛

5194 지심귀명례 향상등명불
至心歸命禮 香象燈明佛

5195 지심귀명례 향공덕불
至心歸命禮 香功德佛

5196 지심귀명례 용분신불
至心歸命禮 龍奮迅佛

5197 지심귀명례 만족지불
至心歸命禮 滿足智佛

5198 지심귀명례 향적여산불
至心歸命禮 香積如山佛

5199 지심귀명례 보조칭불
至心歸命禮 普照稱佛

5200 지심귀명례 능여의지불
至心歸命禮 能與依止佛

5201 지심귀명례 선안주왕불
至心歸命禮 善安住王佛

5202 지심귀명례 사라주자재왕불
至心歸命禮 娑羅主自在王佛

5203 지심귀명례 성취의위덕불
至心歸命禮 成就義威德佛

5204 지심귀명례 지원광불
至心歸命禮 持圓光佛

5205 지심귀명례 화등명불
至心歸命禮 火燈明佛

5206 지심귀명례 명자재호세간불
至心歸命禮 名自在護世間佛

5207 지심귀명례 운정진불
至心歸命禮 雲精進佛

5208 지심귀명례 선관개갑불
至心歸命禮 善觀鎧甲佛

5209 지심귀명례 사자개갑불
至心歸命禮 師子鎧甲佛

5210 지심귀명례 중생조어불
至心歸命禮 衆生調御佛

5211 지심귀명례 최승안주왕불
至心歸命禮 最勝安住王佛

5212 지심귀명례 작일불
至心歸命禮 作日佛

5213 지심귀명례 사자흉장불
至心歸命禮 師子胸藏佛

5214 지심귀명례 광명미류불
至心歸命禮 光明彌留佛

5215 지심귀명례 작광명미류불
至心歸命禮 作光明彌留佛

5216 지심귀명례 원광명불
至心歸命禮 圓光明佛

5217 지심귀명례 선래불
至心歸命禮 善來佛

5218 지심귀명례 반개불
至心歸命禮 飯蓋佛

5219 지심귀명례 요승조불
至心歸命禮 樂勝照佛

5220 지심귀명례 보개불
至心歸命禮 寶蓋佛

5221 지심귀명례 보전단향불
至心歸命禮 普栴檀香佛

5222 지심귀명례 보전단공덕불
至心歸命禮 普栴檀功德佛

5223 지심귀명례 향벽지불
至心歸命禮 香辟支佛

5224 지심귀명례 애위덕불
至心歸命禮 愛威德佛

5225 지심귀명례 이광성불
至心歸命禮 離光聲佛

5226 지심귀명례 합창불
至心歸命禮 合創佛

5227 지심귀명례 청정일불
至心歸命禮 淸淨日佛

5228 지심귀명례 단겁약불
至心歸命禮 斷怯弱佛

5229 지심귀명례 제일체포외모수불
至心歸命禮 除一切怖畏毛竪佛

5230 지심귀명례 보개갑불
至心歸命禮 寶鎧甲佛

5231 지심귀명례 무상염불
至心歸命禮 無上焰佛

5232 지심귀명례 망광상불
至心歸命禮 網光相佛

5233 지심귀명례 인왕불
至心歸命禮 因王佛

5234 지심귀명례 일체불신불
至心歸命禮 一切佛身佛

5235 지심귀명례 시현공덕불
至心歸命禮 示現功德佛

5236 지심귀명례 연화장엄우왕불
至心歸命禮 蓮華莊嚴牛王佛

5237 지심귀명례 망광명불
至心歸命禮 網光明佛

5238 지심귀명례 무변광불화소생불
至心歸命禮 無邊光不和所生佛

5239 지심귀명례 관해탈불
至心歸命禮 觀解脫佛

5240 지심귀명례 지자찬탄불
至心歸命禮 智者讚歎佛

5241 지심귀명례 우주의사왕불
至心歸命禮 牛主醫師王佛

5242 지심귀명례 약자불
至心歸命禮 藥者佛

5243 지심귀명례 공덕보산불
至心歸命禮 功德寶山佛

5244 지심귀명례 최상개불
至心歸命禮 最上鎧佛

5245 지심귀명례 무상미류불
至心歸命禮 無上彌留佛

5246 지심귀명례 발심즉전법륜불
至心歸命禮 發心卽轉法輪佛

5247 지심귀명례 지허공산불
至心歸命禮 智虛空山佛

5248 지심귀명례 법질연등불
至心歸命禮 法疾然燈佛

5249 지심귀명례 부제광불
至心歸命禮 不齊光佛

5250 지심귀명례 최상염불
至心歸命禮 最上焰佛

5251 지심귀명례 부동적이속용보불
至心歸命禮 不動跡而速勇步佛

5252 지심귀명례 요사유불
至心歸命禮 樂思惟佛

5253 지심귀명례 선주혜불
至心歸命禮 善住慧佛

5254 지심귀명례 변우왕불
至心歸命禮 邊牛王佛

5255 지심귀명례 공덕위덕취불
至心歸命禮 功德威德聚佛

5256 지심귀명례 전태잉불
至心歸命禮 轉胎孕佛

5257 지심귀명례 우주불
至心歸命禮 牛主佛

5258 지심귀명례 반연개불
至心歸命禮 攀緣鎧佛

5259 지심귀명례 불허공불
至心歸命禮 不虛空佛

5260 지심귀명례 불권부전원불
至心歸命禮 不惓不轉願佛

5261 지심귀명례 바가바공덕불
至心歸命禮 婆伽婆功德佛

5262 지심귀명례 역성리불
至心歸命禮 力成利佛

5263 지심귀명례 성리개불
至心歸命禮 成利鎧佛

5264 지심귀명례 공덕보집후불
至心歸命禮 功德寶集吼佛

5265 지심귀명례 안주개불
至心歸命禮 安住鎧佛

5266 지심귀명례 무변개불
至心歸命禮 無邊鎧佛

5267 지심귀명례 상개불
至心歸命禮 相鎧佛

5268 지심귀명례 무변제개불
至心歸命禮 無邊際鎧佛

5269 지심귀명례 무변소유개불
至心歸命禮 無邊所有鎧佛

5270 지심귀명례 작연등불
至心歸命禮 作然燈佛

5271 지심귀명례 작광명불
至心歸命禮 作光明佛

5272 지심귀명례 일고장불
至心歸命禮 一庫藏佛

5273 지심귀명례 무변신불
至心歸命禮 無邊身佛

5274 지심귀명례 망염광불
至心歸命禮 網焰光佛

5275 지심귀명례 무변용건불
至心歸命禮 無邊勇健佛

5276 지심귀명례 정상불
至心歸命禮 頂上佛

5277 지심귀명례 보혜운후불
至心歸命禮 普慧雲吼佛

5278 지심귀명례 선관불
至心歸命禮 善觀佛

5279 지심귀명례 이표하불
至心歸命禮 離漂河佛

5280 지심귀명례 포외법약작산괴불
至心歸命禮 怖畏法弱作散壞佛

5281 지심귀명례 무변구나왕형불
至心歸命禮 無邊瞿那王形佛

5282 지심귀명례 발도일체원구불
至心歸命禮 拔度一切怨仇佛

5283 지심귀명례 일체마경계불
至心歸命禮 一切魔境界佛

5284 지심귀명례 무외승불
至心歸命禮 無畏勝佛

5285 지심귀명례 감로류주불
至心歸命禮 甘露流注佛

5286 지심귀명례 무변명성불
至心歸命禮 無邊鳴聲佛

5287 지심귀명례 염적불
至心歸命禮 焰積佛

5288 지심귀명례 광명공덕불
至心歸命禮 光明功德佛

5289 지심귀명례 제양원불
至心歸命禮 除兩圓佛

5290 지심귀명례 불사불화염불
至心歸命禮 不死佛華焰佛

5291 지심귀명례 별미류불
至心歸命禮 別彌留佛

5292 지심귀명례 안락세계최력불
至心歸命禮 安樂世界最力佛

5293 지심귀명례 선목불
至心歸命禮 善目佛

5294 지심귀명례 비마의불
至心歸命禮 毘摩意佛

5295 지심귀명례 복덕위덕적불
至心歸命禮 福德威德積佛

5296 지심귀명례 보소출불
至心歸命禮 寶所出佛

5297 지심귀명례 안장엄불
至心歸命禮 眼莊嚴佛

5298 지심귀명례 일체대개갑불
至心歸命禮 一切帶鎧甲佛

5299 지심귀명례 제생사번뇌축답불
至心歸命禮 諸生死煩惱蹴踏佛

5300 지심귀명례 무변변재불
至心歸命禮 無邊辯才佛

5301 지심귀명례 쟁의불겁불
至心歸命禮 爭義不怯佛

5302 지심귀명례 일체반변재행불
至心歸命禮 一切攀辯才行佛

5303 지심귀명례 무경지불
至心歸命禮 無警智佛

5304 지심귀명례 향상최승수불
至心歸命禮 香象最勝秀佛

5305 지심귀명례 향우주불
至心歸命禮 香牛主佛

5306 지심귀명례 향사불
至心歸命禮 香舍佛

5307 지심귀명례 법력승산불
至心歸命禮 法力勝山佛

5308 지심귀명례 염왕불
至心歸命禮 焰王佛

5309 지심귀명례 연화최왕불
至心歸命禮 蓮華最王佛

5310 지심귀명례 심용맹불
至心歸命禮 心勇猛佛

5331 지심귀명례 대지진성불
至心歸命禮 大智眞聲佛

5332 지심귀명례 감개변부제찰불
至心歸命禮 甘蓋遍覆諸刹佛

5333 지심귀명례 성숙군왕불
至心歸命禮 星宿群王佛

5334 지심귀명례 나라연행불
至心歸命禮 那羅延行佛

5335 지심귀명례 발왕불
至心歸命禮 發王佛

5336 지심귀명례 향훈자불
至心歸命禮 香熏者佛

5337 지심귀명례 무변지우왕불
至心歸命禮 無邊智牛王佛

5338 지심귀명례 불공착개불
至心歸命禮 不空著鎧佛

5339 지심귀명례 의성취불
至心歸命禮 意成就佛

5340 지심귀명례 무애안상불
至心歸命禮 無礙眼相佛

5341 지심귀명례 아촉초발심공불
至心歸命禮 阿閦初發心共佛

5342 지심귀명례 무변목불
至心歸命禮 無邊目佛

5343 지심귀명례 등주불
至心歸命禮 燈主佛

5344 지심귀명례 보작광명불
至心歸命禮 普作光明佛

5345 지심귀명례 안상유보불
至心歸命禮 安詳遊步佛

5346 지심귀명례 산제우불
至心歸命禮 散諸憂佛

5347 지심귀명례 복덕위덕불
至心歸命禮 福德威德佛

5348 지심귀명례 생공덕불
至心歸命禮 生功德佛

5349 지심귀명례 천운뢰성왕불
至心歸命禮 千雲雷聲王佛

5350 지심귀명례 호묘법당불
至心歸命禮 護妙法幢佛

5351 지심귀명례 교만벽지불
至心歸命禮 憍慢辟支佛

5352 지심귀명례 자재다라집불
至心歸命禮 自在陀羅集佛

5353 지심귀명례 교진여향불
至心歸命禮 憍陳如香佛

5354 지심귀명례 처소공덕불
至心歸命禮 處所功德佛

5355 지심귀명례 홍화공덕불
至心歸命禮 紅華功德佛

5356 지심귀명례 화소출불
至心歸命禮 華所出佛

5357 지심귀명례 지시불
至心歸命禮 智視佛

5358 지심귀명례 승권속불
至心歸命禮 勝眷屬佛

5359 지심귀명례 광명분신불
至心歸命禮 光明奮迅佛

5360 지심귀명례 묘범성불
至心歸命禮 妙梵聲佛

5361 지심귀명례 제방명칭불
至心歸命禮 諸方名稱佛

5362 지심귀명례 도왕불
至心歸命禮 度王佛

5363 지심귀명례 무변광명공덕불
至心歸命禮 無邊光明功德佛

5364 지심귀명례 향최승미류불
至心歸命禮 香最勝彌留佛

5365 지심귀명례 무병수불
至心歸命禮 無病修佛

5366 지심귀명례 안온소생공덕불
至心歸命禮 安穩所生功德佛

5367 지심귀명례 구나승행생공덕불
至心歸命禮 瞿那勝行生功德佛

5368 지심귀명례 일체구나묘장엄불
至心歸命禮 一切瞿那妙莊嚴佛

5369 지심귀명례 선혜법통왕불
至心歸命禮 善慧法通王佛

5370 지심귀명례 난항당불
至心歸命禮 難降幢佛

5371 지심귀명례 자재장염불
至心歸命禮 自在藏焰佛

5372 지심귀명례 상연화최상왕불
至心歸命禮 常蓮華最上王佛

5373 지심귀명례 무외행소출불
至心歸命禮 無畏行所出佛

5374 지심귀명례 재정음불
至心歸命禮 齋整音佛

5375 지심귀명례 허공원정불
至心歸命禮 虛空圓淨佛

5376 지심귀명례 미류광명불
至心歸命禮 彌留光明佛

5377 지심귀명례 이성안불
至心歸命禮 離聲眼佛

5378 지심귀명례 승지월불
至心歸命禮 勝智月佛

5379 지심귀명례 명칭습불
至心歸命禮 名稱習佛

5380 지심귀명례 명칭후불
至心歸命禮 名稱厚佛

5381 지심귀명례 불가사량불
至 心 歸 命 禮 不 可 思 量 佛

5382 지심귀명례 무량위덕불
至 心 歸 命 禮 無 量 威 德 佛

5383 지심귀명례 구류손불
至 心 歸 命 禮 拘 留 孫 佛

5384 지심귀명례 구나함모니불
至 心 歸 命 禮 瞿 那 含 牟 尼 佛

5385 지심귀명례 가섭향불
至 心 歸 命 禮 迦 葉 香 佛

5386 지심귀명례 석가모니향운불
至 心 歸 命 禮 釋 迦 牟 尼 香 雲 佛

5387 지심귀명례 미륵향운불
至 心 歸 命 禮 彌 勒 香 雲 佛

5388 지심귀명례 요자재성화불
至 心 歸 命 禮 樂 自 在 聲 火 佛

5389 지심귀명례 동방명불
至 心 歸 命 禮 東 方 明 佛

5390 지심귀명례 모나야불
至 心 歸 命 禮 牟 那 耶 佛

5391 지심귀명례 신탐불
至心歸命禮 愼貪佛

5392 지심귀명례 월연등불
至心歸命禮 月然燈佛

5393 지심귀명례 역사불
至心歸命禮 力士佛

5394 지심귀명례 승위덕의불
至心歸命禮 勝威德意佛

5395 지심귀명례 세자재신불
至心歸命禮 世自在身佛

5396 지심귀명례 향면불
至心歸命禮 香面佛

5397 지심귀명례 다라발향불
至心歸命禮 多羅跋香佛

5398 지심귀명례 성만법계성불
至心歸命禮 聲滿法界聲佛

5399 지심귀명례 보안만족연등불
至心歸命禮 普眼滿足然燈佛

5400 지심귀명례 물성취불
至心歸命禮 物成就佛

5401 지심귀명례 공덕왕광명불
至心歸命禮 功德王光明佛

5402 지심귀명례 양랭상불
至心歸命禮 凉冷相佛

5403 지심귀명례 여래장불
至心歸命禮 如來藏佛

5404 지심귀명례 관무량경계불
至心歸命禮 觀無量境界佛

5405 지심귀명례 탈취불
至心歸命禮 脫取佛

5406 지심귀명례 견앙불
至心歸命禮 堅鞅佛

5407 지심귀명례 비로자나향운불
至心歸命禮 毘盧遮那香雲佛

5408 지심귀명례 일태불
至心歸命禮 日胎佛

5409 지심귀명례 월태불
至心歸命禮 月胎佛

5410 지심귀명례 소염불
至心歸命禮 燒焰佛

5411 지심귀명례 선명광불
至 心 歸 命 禮 善 明 光 佛

5412 지심귀명례 도세간지불
至 心 歸 命 禮 度 世 間 智 佛

5413 지심귀명례 치사불
至 心 歸 命 禮 致 沙 佛

5414 지심귀명례 동방등불
至 心 歸 命 禮 東 方 燈 佛

5415 지심귀명례 지만불
至 心 歸 命 禮 持 鬘 佛

5416 지심귀명례 구나광명불
至 心 歸 命 禮 瞿 那 光 明 佛

5417 지심귀명례 시현의불
至 心 歸 命 禮 示 現 義 佛

5418 지심귀명례 등불
至 心 歸 命 禮 燈 佛

5419 지심귀명례 다불
至 心 歸 命 禮 多 佛

5420 지심귀명례 지다불
至 心 歸 命 禮 祇 多 佛

5421 지심귀명례 멸자불
至心歸命禮 滅者佛

5422 지심귀명례 안선불
至心歸命禮 安善佛

5423 지심귀명례 만족불
至心歸命禮 滿足佛

5424 지심귀명례 엄치불
至心歸命禮 嚴熾佛

5425 지심귀명례 견강불
至心歸命禮 堅彊佛

5426 지심귀명례 출화불
至心歸命禮 出火佛

5427 지심귀명례 견공덕불
至心歸命禮 堅功德佛

5428 지심귀명례 난항불
至心歸命禮 難降佛

5429 지심귀명례 구나당불
至心歸命禮 瞿那幢佛

5430 지심귀명례 아라가담불
至心歸命禮 阿羅呵擔佛

5431 지심귀명례 중생불
至心歸命禮 衆生佛

5432 지심귀명례 영중불
至心歸命禮 領衆佛

5433 지심귀명례 범명불
至心歸命禮 梵鳴佛

5434 지심귀명례 공덕득불
至心歸命禮 功德得佛

5435 지심귀명례 대무구지불
至心歸命禮 大無垢智佛

5436 지심귀명례 불엄맹불
至心歸命禮 不嚴猛佛

5437 지심귀명례 불극희불
至心歸命禮 不劇戲佛

5438 지심귀명례 삼보연등불
至心歸命禮 三寶然燈佛

5439 지심귀명례 대미류불
至心歸命禮 大彌留佛

5440 지심귀명례 정숙불
至心歸命禮 淨宿佛

5441 지심귀명례 불퇴거벽지불
至心歸命禮 不退去辟支佛

5442 지심귀명례 무공포불
至心歸命禮 無恐怖佛

5443 지심귀명례 보여불
至心歸命禮 寶如佛

5444 지심귀명례 금상승불
至心歸命禮 金上勝佛

5445 지심귀명례 무착지당불
至心歸命禮 無著智幢佛

5446 지심귀명례 역장불
至心歸命禮 力將佛

5447 지심귀명례 화자불
至心歸命禮 華者佛

5448 지심귀명례 화염불
至心歸命禮 華焰佛

5449 지심귀명례 중애불
至心歸命禮 衆愛佛

5450 지심귀명례 선보거불
至心歸命禮 善步去佛

5451 지심귀명례 대지지혜불
至心歸命禮 大志智慧佛

5452 지심귀명례 범지불
至心歸命禮 梵志佛

5453 지심귀명례 무량행화불
至心歸命禮 無量行華佛

5454 지심귀명례 정진승불
至心歸命禮 精進勝佛

5455 지심귀명례 용유희불
至心歸命禮 龍遊戱佛

5456 지심귀명례 무구안승운불
至心歸命禮 無垢眼勝雲佛

5457 지심귀명례 견유보불
至心歸命禮 堅遊步佛

5458 지심귀명례 불공현불
至心歸命禮 不空現佛

5459 지심귀명례 허공평등불
至心歸命禮 虛空平等佛

5460 지심귀명례 현호불
至心歸命禮 賢護佛

5461 지심귀명례 유력불
至心歸命禮 有力佛

5462 지심귀명례 희불
至心歸命禮 喜佛

5463 지심귀명례 승위덕색불
至心歸命禮 勝威德色佛

5464 지심귀명례 불상불
至心歸命禮 不上佛

5465 지심귀명례 능작광불
至心歸命禮 能作光佛

5466 지심귀명례 일체청정불
至心歸命禮 一切淸淨佛

5467 지심귀명례 법칙불
至心歸命禮 法則佛

5468 지심귀명례 환희왕불
至心歸命禮 歡喜王佛

5469 지심귀명례 환희증장불
至心歸命禮 歡喜增長佛

5470 지심귀명례 희분불
至心歸命禮 喜分佛

5471 지심귀명례 바유나불
至心歸命禮 婆留那佛

5472 지심귀명례 구소마분신왕불
至心歸命禮 拘蘇摩奮迅王佛

5473 지심귀명례 향상비불
至心歸命禮 香象臂佛

5474 지심귀명례 현망불
至心歸命禮 顯望佛

5475 지심귀명례 공덕산위덕불
至心歸命禮 功德山威德佛

5476 지심귀명례 현일체중생색불
至心歸命禮 現一切衆生色佛

5477 지심귀명례 서남방일장불
至心歸命禮 西南方日藏佛

5478 지심귀명례 공혈불
至心歸命禮 孔穴佛

5479 지심귀명례 대룡성불
至心歸命禮 大龍聲佛

5480 지심귀명례 대양랭불
至心歸命禮 大凉冷佛

5481 지심귀명례 수왕불
至心歸命禮 獸王佛

5482 지심귀명례 자재멸겁불
至心歸命禮 自在滅劫佛

5483 지심귀명례 명수전각각불
至心歸命禮 名隨前覺覺佛

5484 지심귀명례 엄불
至心歸命禮 嚴佛

5485 지심귀명례 실근광안불
至心歸命禮 實根廣眼佛

5486 지심귀명례 수불
至心歸命禮 樹佛

5487 지심귀명례 보불
至心歸命禮 步佛

5488 지심귀명례 항복멸쟁불
至心歸命禮 降伏滅諍佛

5489 지심귀명례 항복자불
至心歸命禮 降伏者佛

5490 지심귀명례 반야적불
至心歸命禮 般若積佛

5511 지심귀명례 지력불가파괴불
至心歸命禮 智力不可破壞佛

5512 지심귀명례 감로사자의불
至心歸命禮 甘露師子意佛

5513 지심귀명례 묘개승불
至心歸命禮 妙蓋勝佛

5514 지심귀명례 법자재보불
至心歸命禮 法自在步佛

5515 지심귀명례 명칭의불
至心歸命禮 名稱意佛

5516 지심귀명례 칭의불
至心歸命禮 稱意佛

5517 지심귀명례 변적불
至心歸命禮 辯積佛

5518 지심귀명례 금강당불
至心歸命禮 金剛幢佛

5519 지심귀명례 지혜작불
至心歸命禮 智慧作佛

5520 지심귀명례 보광명승왕불
至心歸命禮 寶光明勝王佛

5521 지심귀명례 제당불
至心歸命禮 除幢佛

5522 지심귀명례 제암불
至心歸命禮 除暗佛

5523 지심귀명례 대요설불
至心歸命禮 大樂說佛

5524 지심귀명례 미류당불
至心歸命禮 彌留幢佛

5525 지심귀명례 유중불
至心歸命禮 由衆佛

5526 지심귀명례 자재중불
至心歸命禮 自在衆佛

5527 지심귀명례 최승보잉불
至心歸命禮 最勝寶孕佛

5528 지심귀명례 연화태잉불
至心歸命禮 蓮華胎孕佛

5529 지심귀명례 불타행불
至心歸命禮 不墮行佛

5530 지심귀명례 우바라장불
至心歸命禮 優波羅藏佛

5531 지심귀명례 애불
至心歸命禮 愛佛

5532 지심귀명례 비마상불
至心歸命禮 毘摩上佛

5533 지심귀명례 명득불안분다리불
至心歸命禮 名得佛眼分陀利佛

5534 지심귀명례 대각불
至心歸命禮 大角佛

5535 지심귀명례 삼계구불
至心歸命禮 三界救佛

5536 지심귀명례 구나칭불
至心歸命禮 瞿那稱佛

5537 지심귀명례 소월불
至心歸命禮 小月佛

5538 지심귀명례 일월내족불
至心歸命禮 日月內族佛

5539 지심귀명례 명지진천불
至心歸命禮 名智盡天佛

5540 지심귀명례 이불
至心歸命禮 利佛

5541 지심귀명례 여저사불
至心歸命禮 如底沙佛

5542 지심귀명례 법묘왕무구불
至心歸命禮 法妙王無垢佛

5543 지심귀명례 변죄마왕불
至心歸命禮 辯罪魔王佛

5544 지심귀명례 마왕불
至心歸命禮 魔王佛

5545 지심귀명례 공덕잉불
至心歸命禮 功德孕佛

5546 지심귀명례 유변시현불
至心歸命禮 有邊示現佛

5547 지심귀명례 무변시현불
至心歸命禮 無邊示現佛

5548 지심귀명례 섬뢰광불
至心歸命禮 睒雷光佛

5549 지심귀명례 섬전광불
至心歸命禮 睒電光佛

5550 지심귀명례 무량공덕왕불
至心歸命禮 無量功德王佛

5551 지심귀명례 수득불
至心歸命禮 數得佛

5552 지심귀명례 사자향덕불
至心歸命禮 師子香德佛

5553 지심귀명례 상불경불
至心歸命禮 常不輕佛

5554 지심귀명례 요설장엄칭불
至心歸命禮 樂說莊嚴稱佛

5555 지심귀명례 왕주불
至心歸命禮 王主佛

5556 지심귀명례 희명칭불
至心歸命禮 喜名稱佛

5557 지심귀명례 등명칭불
至心歸命禮 燈名稱佛

5558 지심귀명례 난승광불
至心歸命禮 難勝光佛

5559 지심귀명례 불결명불
至心歸命禮 不缺名佛

5560 지심귀명례 칭불
至心歸命禮 稱佛

5561 지심귀명례 무비명칭불
至心歸命禮 無比名稱佛

5562 지심귀명례 묘행승불
至心歸命禮 妙行勝佛

5563 지심귀명례 응공천불
至心歸命禮 應供天佛

5564 지심귀명례 멸포불
至心歸命禮 滅怖佛

5565 지심귀명례 나망광명불
至心歸命禮 羅網光明佛

5566 지심귀명례 세간명불
至心歸命禮 世間明佛

5567 지심귀명례 세간광명불
至心歸命禮 世間光明佛

5568 지심귀명례 무등향광불
至心歸命禮 無等香光佛

5569 지심귀명례 구나지최승불
至心歸命禮 瞿那持最勝佛

5570 지심귀명례 승장엄왕불
至心歸命禮 勝莊嚴王佛

5571 지심귀명례 제최승불
至心歸命禮 除最勝佛

5572 지심귀명례 불손불
至心歸命禮 不損佛

5573 지심귀명례 선행견왕불
至心歸命禮 善行見王佛

5574 지심귀명례 화승장불
至心歸命禮 火勝藏佛

5575 지심귀명례 불호성불
至心歸命禮 不護聲佛

5576 지심귀명례 명불
至心歸命禮 名佛

5577 지심귀명례 멸제악불
至心歸命禮 滅諸惡佛

5578 지심귀명례 정경불
至心歸命禮 淨鏡佛

5579 지심귀명례 중생월불
至心歸命禮 衆生月佛

5580 지심귀명례 지불사불
至心歸命禮 持不死佛

5581 지심귀명례 금작개산불
至心歸命禮 金作蓋山佛

5582 지심귀명례 감희장엄불
至心歸命禮 甘憙莊嚴佛

5583 지심귀명례 마니광명불
至心歸命禮 摩尼光明佛

5584 지심귀명례 공덕취자불
至心歸命禮 功德聚者佛

5585 지심귀명례 산적불
至心歸命禮 山積佛

5586 지심귀명례 증상력불
至心歸命禮 增上力佛

5587 지심귀명례 사의선지불
至心歸命禮 思義善智佛

5588 지심귀명례 여희망불
至心歸命禮 與悕望佛

5589 지심귀명례 행청정불
至心歸命禮 行淸淨佛

5590 지심귀명례 중생겁파불
至心歸命禮 衆生劫波佛

5591 지심귀명례 맹용행불
至心歸命禮 猛用行佛

5592 지심귀명례 관세자재왕불
至心歸命禮 觀世自在王佛

5593 지심귀명례 분별개불
至心歸命禮 分別蓋佛

5594 지심귀명례 분조불
至心歸命禮 分助佛

5595 지심귀명례 존장불
至心歸命禮 尊長佛

5596 지심귀명례 대분신광불
至心歸命禮 大奮迅光佛

5597 지심귀명례 상산여불
至心歸命禮 上山如佛

5598 지심귀명례 사자명불
至心歸命禮 師子鳴佛

5599 지심귀명례 최승사자명불
至心歸命禮 最勝師子鳴佛

5600 지심귀명례 견고개왕불
至心歸命禮 堅固蓋王佛

5601 지심귀명례 심성불
至心歸命禮 深聲佛

5602 지심귀명례 장부승불
至心歸命禮 丈夫勝佛

5603 지심귀명례 사자광명불
至心歸命禮 師子光明佛

5604 지심귀명례 화산불
至心歸命禮 華山佛

5605 지심귀명례 장엄산불
至心歸命禮 莊嚴山佛

5606 지심귀명례 요장엄왕불
至心歸命禮 樂莊嚴王佛

5607 지심귀명례 무량명칭불
至心歸命禮 無量名稱佛

5608 지심귀명례 역천불
至心歸命禮 力天佛

5609 지심귀명례 구나마니불
至心歸命禮 瞿那摩尼佛

5610 지심귀명례 구나만불
至心歸命禮 瞿那蔓佛

5611 지심귀명례 용비불
至心歸命禮 龍臂佛

5612 지심귀명례 용비주불
至心歸命禮 龍臂主佛

5613 지심귀명례 승룡불
至心歸命禮 勝龍佛

5614 지심귀명례 장엄안불
至心歸命禮 莊嚴眼佛

5615 지심귀명례 도의불
至心歸命禮 度意佛

5616 지심귀명례 선도의불
至心歸命禮 善度意佛

5617 지심귀명례 감로안불
至心歸命禮 甘露眼佛

5618 지심귀명례 바두마수불
至心歸命禮 波頭摩手佛

5619 지심귀명례 법장엄왕불
至心歸命禮 法莊嚴王佛

5620 지심귀명례 실현불
至心歸命禮 實顯佛

5621 지심귀명례 비로자불
至心歸命禮 毘盧遮佛

5622 지심귀명례 가량화불
至心歸命禮 可量花佛

5623 지심귀명례 제의불
至心歸命禮 除疑佛

5624 지심귀명례 제의혹불
至心歸命禮 除疑惑佛

5625 지심귀명례 사자외불
至心歸命禮 師子畏佛

5626 지심귀명례 심행불
至心歸命禮 心行佛

5627 지심귀명례 대치광불
至心歸命禮 大熾光佛

5628 지심귀명례 선산불
至心歸命禮 善山佛

5629 지심귀명례 세간무상화불
至心歸命禮 世間無上華佛

5630 지심귀명례 성안상불
至心歸命禮 聲安庠佛

5631 지심귀명례 군타불
至 心 歸 命 禮 軍 陀 佛

5632 지심귀명례 무변현불
至 心 歸 命 禮 無 邊 現 佛

5633 지심귀명례 무사불
至 心 歸 命 禮 無 死 佛

5634 지심귀명례 광시기불
至 心 歸 命 禮 光 尸 棄 佛

5635 지심귀명례 보주불
至 心 歸 命 禮 寶 珠 佛

5636 지심귀명례 대승불
至 心 歸 命 禮 大 勝 佛

5637 지심귀명례 이광명인자재불
至 心 歸 命 禮 耳 光 明 人 自 在 佛

5638 지심귀명례 빈바하불
至 心 歸 命 禮 頻 婆 下 佛

5639 지심귀명례 영정불
至 心 歸 命 禮 令 淨 佛

5640 지심귀명례 부주불
至 心 歸 命 禮 不 住 佛

5641 지심귀명례 사자다라칭불
至心歸命禮 師子多羅稱佛

5642 지심귀명례 구구타불
至心歸命禮 俱俱陀佛

5643 지심귀명례 무변현불
至心歸命禮 無邊顯佛

5644 지심귀명례 감로명칭불
至心歸命禮 甘露名稱佛

5645 지심귀명례 전단바라광불
至心歸命禮 栴檀波羅光佛

5646 지심귀명례 주이지불
至心歸命禮 住利智佛

5647 지심귀명례 명항복노자재불
至心歸命禮 名降伏怒自在佛

5648 지심귀명례 최비명문불
至心歸命禮 最卑名聞佛

5649 지심귀명례 무우암불
至心歸命禮 無憂闇佛

5650 지심귀명례 제만불
至心歸命禮 除蔓佛

5651 지심귀명례 구준장엄불
至心歸命禮 拘峻莊嚴佛

5652 지심귀명례 보자재불
至心歸命禮 寶自在佛

5653 지심귀명례 정진공덕불
至心歸命禮 精進功德佛

5654 지심귀명례 다라니자재불
至心歸命禮 陀羅尼自在佛

5655 지심귀명례 상경불
至心歸命禮 常鏡佛

5656 지심귀명례 용해탈체불
至心歸命禮 龍解脫體佛

5657 지심귀명례 허공천불
至心歸命禮 虛空天佛

5658 지심귀명례 법형불
至心歸命禮 法形佛

5659 지심귀명례 정화성불
至心歸命禮 淨花聲佛

5660 지심귀명례 구나불
至心歸命禮 求那佛

5661 지심귀명례 구나청불
至心歸命禮 求那青佛

5662 지심귀명례 삼계공양불
至心歸命禮 三界供養佛

5663 지심귀명례 월형불
至心歸命禮 月形佛

5664 지심귀명례 방신염당불
至心歸命禮 放身焰幢佛

5665 지심귀명례 이쟁광불
至心歸命禮 離諍光佛

5666 지심귀명례 독자명불
至心歸命禮 犢子名佛

5667 지심귀명례 불기박명칭불
至心歸命禮 不棄樸名稱佛

5668 지심귀명례 광효불
至心歸命禮 光曉佛

5669 지심귀명례 문지불
至心歸命禮 聞智佛

5670 지심귀명례 무희보리불
至心歸命禮 無喜菩提佛

5671 지심귀명례 상명칭불
至心歸命禮 上名稱佛

5672 지심귀명례 현지부동불
至心歸命禮 賢智不動佛

5673 지심귀명례 마하사유장불
至心歸命禮 摩訶思惟藏佛

5674 지심귀명례 지왕장엄불
至心歸命禮 智王莊嚴佛

5675 지심귀명례 무량위불
至心歸命禮 無量威佛

5676 지심귀명례 비라마불
至心歸命禮 毘羅摩佛

5677 지심귀명례 비라마왕불
至心歸命禮 毘羅摩王佛

5678 지심귀명례 사자체불
至心歸命禮 師子體佛

5679 지심귀명례 일체통불
至心歸命禮 一切通佛

5680 지심귀명례 전불
至心歸命禮 電佛

5681 지심귀명례 전승불
至心歸命禮 電勝佛

5682 지심귀명례 수적불
至心歸命禮 水滴佛

5683 지심귀명례 상희불
至心歸命禮 常喜佛

5684 지심귀명례 구나취불
至心歸命禮 求那聚佛

5685 지심귀명례 지통불
至心歸命禮 智通佛

5686 지심귀명례 세지불
至心歸命禮 勢至佛

5687 지심귀명례 무변보불
至心歸命禮 無邊步佛

5688 지심귀명례 월불
至心歸命禮 月佛

5689 지심귀명례 무량분신불
至心歸命禮 無量奮迅佛

5690 지심귀명례 선향담벽지불
至心歸命禮 善香擔辟支佛

5691 지심귀명례 보화장불
至心歸命禮 寶華藏佛

5692 지심귀명례 구족공덕불
至心歸命禮 具足功德佛

5693 지심귀명례 구나염불
至心歸命禮 求那焰佛

5694 지심귀명례 무구의불
至心歸命禮 無垢意佛

5695 지심귀명례 법해의지승불
至心歸命禮 法海意智勝佛

5696 지심귀명례 선천불
至心歸命禮 善天佛

5697 지심귀명례 무의사불
至心歸命禮 無疑捨佛

5698 지심귀명례 요산불
至心歸命禮 樂山佛

5699 지심귀명례 묘희불
至心歸命禮 妙喜佛

5700 지심귀명례 불추박불
至心歸命禮 不搥撲佛

5701 지심귀명례 불사불
至心歸命禮 不死佛

5702 지심귀명례 진불
至心歸命禮 眞佛

5703 지심귀명례 불타불
至心歸命禮 佛陀佛

5704 지심귀명례 연불
至心歸命禮 淵佛

5705 지심귀명례 덕차가불
至心歸命禮 德叉迦佛

5706 지심귀명례 세간성불
至心歸命禮 世間聲佛

5707 지심귀명례 세간염불
至心歸命禮 世間焰佛

5708 지심귀명례 지대불
至心歸命禮 至大佛

5709 지심귀명례 복덕신불
至心歸命禮 福德身佛

5710 지심귀명례 무변위불
至心歸命禮 無邊威佛

5711 지심귀명례 이의불
至心歸命禮 利意佛

5712 지심귀명례 대정진성취불
至心歸命禮 大精進成就佛

5713 지심귀명례 이다라니자재불
至心歸命禮 耳陀羅尼自在佛

5714 지심귀명례 제에불
至心歸命禮 除恚佛

5715 지심귀명례 화불
至心歸命禮 華佛

5716 지심귀명례 제열뇌불
至心歸命禮 除熱惱佛

5717 지심귀명례 일상불
至心歸命禮 日上佛

5718 지심귀명례 수달불
至心歸命禮 須達佛

5719 지심귀명례 명칭덕불
至心歸命禮 名稱德佛

5720 지심귀명례 대법왕화승불
至心歸命禮 大法王華勝佛

5721 지심귀명례 호구왕불
至心歸命禮 護垢王佛

5722 지심귀명례 수화덕불
至心歸命禮 數華德佛

5723 지심귀명례 장부덕불
至心歸命禮 丈夫德佛

5724 지심귀명례 현장불
至心歸命禮 賢將佛

5725 지심귀명례 장부장불
至心歸命禮 丈夫將佛

5726 지심귀명례 수월광명불
至心歸命禮 水月光明佛

5727 지심귀명례 적행불
至心歸命禮 寂行佛

5728 지심귀명례 지근본화불
至心歸命禮 智根本華佛

5729 지심귀명례 부주왕불
至心歸命禮 不住王佛

5730 지심귀명례 향상의불
至心歸命禮 香象意佛

5731 지심귀명례 나라연적의불
至心歸命禮 那羅延寂意佛

5732 지심귀명례 조선불
至心歸命禮 調善佛

5733 지심귀명례 불추박의불
至心歸命禮 不搥撲意佛

5734 지심귀명례 일월상조불
至心歸命禮 日月相照佛

5735 지심귀명례 전억불
至心歸命禮 電憶佛

5736 지심귀명례 승자불
至心歸命禮 承者佛

5737 지심귀명례 복덕승장불
至心歸命禮 福德勝藏佛

5738 지심귀명례 시리국다불
至心歸命禮 尸利麴多佛

5739 지심귀명례 가릉빈가성불
至心歸命禮 迦陵頻伽聲佛

5740 지심귀명례 안광명인승불
至心歸命禮 眼光明人勝佛

5741 지심귀명례 미류적불
至心歸命禮 彌留積佛

5742 지심귀명례 원조불
至心歸命禮 怨調佛

5743 지심귀명례 일체통광불
至心歸命禮 一切通光佛

5744 지심귀명례 나한명칭불
至心歸命禮 羅漢名稱佛

5745 지심귀명례 지보불
至心歸命禮 智步佛

5746 지심귀명례 선제아불
至心歸命禮 善除我佛

5747 지심귀명례 무아려야불
至心歸命禮 無阿黎耶佛

5748 지심귀명례 근체불
至心歸命禮 根體佛

5749 지심귀명례 선향불
至心歸命禮 善香佛

5750 지심귀명례 불소국불
至心歸命禮 不少國佛

5751 지심귀명례 미류명칭불
至心歸命禮 彌留名稱佛

5752 지심귀명례 마루다불
至心歸命禮 摩婁多佛

5753 지심귀명례 정불
至心歸命禮 淨佛

5754 지심귀명례 유변현불
至心歸命禮 有邊現佛

5755 지심귀명례 경포중생불
至心歸命禮 驚怖衆生佛

5756 지심귀명례 지혜광명불
至心歸命禮 智慧光明佛

5757 지심귀명례 다구다불
至心歸命禮 多求多佛

5758 지심귀명례 아라가비불
至心歸命禮 阿羅呵毘佛

5759 지심귀명례 전단월불
至心歸命禮 栴檀月佛

5760 지심귀명례 향자재무구안불
至心歸命禮 香自在無垢眼佛

5761 지심귀명례 요보불
至心歸命禮 樂寶佛

5762 지심귀명례 불하습불
至心歸命禮 不下濕佛

5763 지심귀명례 신통왕불
至心歸命禮 神通王佛

5764 지심귀명례 수행의불
至心歸命禮 修行義佛

5765 지심귀명례 용왕자재왕불
至心歸命禮 龍王自在王佛

5766 지심귀명례 구나보불
至心歸命禮 求那寶佛

5767 지심귀명례 응공명칭불
至心歸命禮 應供名稱佛

5768 지심귀명례 변재명칭불
至心歸命禮 辯才名稱佛

5769 지심귀명례 마니금강불
至心歸命禮 摩尼金剛佛

5770 지심귀명례 연화색불
至心歸命禮 蓮華索佛

5771 지심귀명례 보협불
至心歸命禮 寶脇佛

5772 지심귀명례 만자불
至心歸命禮 滿者佛

5773 지심귀명례 흥호불
至心歸命禮 興豪佛

5774 지심귀명례 적명불
至心歸命禮 寂命佛

5775 지심귀명례 감로장엄불
至心歸命禮 甘露莊嚴佛

5776 지심귀명례 마니장엄불
至心歸命禮 摩尼莊嚴佛

5777 지심귀명례 대연화불
至心歸命禮 大蓮華佛

5778 지심귀명례 중상불
至心歸命禮 衆上佛

5779 지심귀명례 대인다라불
至心歸命禮 大因陀羅佛

5780 지심귀명례 작구나불
至心歸命禮 作求那佛

5781 지심귀명례 애성불
至心歸命禮 愛聖佛

5782 지심귀명례 십염불
至心歸命禮 十焰佛

5783 지심귀명례 부장위덕불
至心歸命禮 不藏威德佛

5784 지심귀명례 용화불
至心歸命禮 龍華佛

5785 지심귀명례 용용보불
至心歸命禮 龍勇步佛

5786 지심귀명례 의거불
至心歸命禮 意車佛

5787 지심귀명례 불환희불
至心歸命禮 佛歡喜佛

5788 지심귀명례 능적정불
至心歸命禮 能寂靜佛

5789 지심귀명례 세상왕불
至心歸命禮 世上王佛

5790 지심귀명례 명법계장엄불
至心歸命禮 名法界莊嚴佛

5791 지심귀명례 어자불
至心歸命禮 語者佛

5792 지심귀명례 심하보거불
至心歸命禮 心荷步去佛

5793 지심귀명례 연명불
至心歸命禮 然明佛

5794 지심귀명례 증장명불
至心歸命禮 增長明佛

5795 지심귀명례 보태불
至心歸命禮 寶胎佛

5796 지심귀명례 월면향보불
至心歸命禮 月面香寶佛

5797 지심귀명례 정설불
至心歸命禮 淨說佛

5798 지심귀명례 선결정위덕불
至心歸命禮 善決定威德佛

5799 지심귀명례 적위불
至心歸命禮 寂威佛

5800 지심귀명례 애당불
至心歸命禮 愛幢佛

5801 지심귀명례 애천불
至心歸命禮 愛天佛

5802 지심귀명례 나열천불
至心歸命禮 羅列天佛

5803 지심귀명례 소야마불
至心歸命禮 蘇夜摩佛

5804 지심귀명례 보애불
至心歸命禮 寶愛佛

5805 지심귀명례 희애불
至心歸命禮 喜愛佛

5806 지심귀명례 이열지불
至心歸命禮 離熱智佛

5807 지심귀명례 보사유불
至心歸命禮 普思惟佛

5808 지심귀명례 안상보불
至心歸命禮 安庠步佛

5809 지심귀명례 사자시불
至心歸命禮 師子翅佛

5810 지심귀명례 최행상불
至心歸命禮 最行上佛

5811 지심귀명례 인상불
至心歸命禮 人上佛

5812 지심귀명례 인상자불
至心歸命禮 人上者佛

5813 지심귀명례 불주불
至心歸命禮 佛主佛

5814 지심귀명례 선해불
至心歸命禮 善解佛

5815 지심귀명례 세간작광불
至心歸命禮 世間作光佛

5816 지심귀명례 세간조광불
至心歸命禮 世間照光佛

5817 지심귀명례 보시자불
至心歸命禮 寶侍者佛

5818 지심귀명례 바기라타불
至心歸命禮 婆耆羅他佛

5819 지심귀명례 산사야불
至心歸命禮 删闍耶佛

5820 지심귀명례 보위자불
至心歸命禮 寶威者佛

5821 지심귀명례 빈기라사불
至心歸命禮 頻耆羅娑佛

5822 지심귀명례 저적불
至心歸命禮 貯積佛

5823 지심귀명례 분다리광불
至心歸命禮 芬陀利光佛

5824 지심귀명례 좌외도불
至心歸命禮 佐外道佛

5825 지심귀명례 향상장엄불
至心歸命禮 香象莊嚴佛

5826 지심귀명례 염의불
至心歸命禮 焰意佛

5827 지심귀명례 미류당상불
至心歸命禮 彌留幢相佛

5828 지심귀명례 중생보불
至心歸命禮 衆生寶佛

5829 지심귀명례 선향향왕불
至心歸命禮 善香香王佛

5830 지심귀명례 견우불
至心歸命禮 堅雨佛

5831 지심귀명례 독벽지불
至心歸命禮 獨辟支佛

5832 지심귀명례 우마니불
至心歸命禮 雨摩尼佛

5833 지심귀명례 의개불
至心歸命禮 意開佛

5834 지심귀명례 발제가불
至心歸命禮 跋提迦佛

5835 지심귀명례 법재불
至心歸命禮 法財佛

5836 지심귀명례 불파경지불
至心歸命禮 不破境智佛

5837 지심귀명례 나라나불
至心歸命禮 那羅那佛

5838 지심귀명례 다음불
至心歸命禮 多音佛

5839 지심귀명례 근본상불
至心歸命禮 根本上佛

5840 지심귀명례 원리포외모수칭불
至心歸命禮 遠離怖畏毛竪稱佛

5841 지심귀명례 난승월불
至心歸命禮 難勝月佛

5842 지심귀명례 적월불
至心歸命禮 寂月佛

5843 지심귀명례 사시라불
至心歸命禮 奢尸羅佛

5844 지심귀명례 발지야나불
至心歸命禮 鉢地耶那佛

5845 지심귀명례 나마불
至心歸命禮 那摩佛

5846 지심귀명례 불생불
至心歸命禮 不生佛

5847 지심귀명례 복자주불
至心歸命禮 伏者主佛

5848 지심귀명례 명칭무량불
至心歸命禮 名稱無量佛

5849 지심귀명례 실자불
至心歸命禮 實者佛

5850 지심귀명례 미류승염불
至心歸命禮 彌留勝焰佛

5851 지심귀명례 무조장불
至心歸命禮 無照藏佛

5852 지심귀명례 선보리근불
至心歸命禮 善菩提根佛

5853 지심귀명례 법해조공덕왕불
至心歸命禮 法海潮功德王佛

5854 지심귀명례 공양명칭불
至心歸命禮 供養名稱佛

5855 지심귀명례 지세불
至心歸命禮 地世佛

5856 지심귀명례 법명승불
至心歸命禮 法名勝佛

5857 지심귀명례 행행광불
至心歸命禮 行行光佛

5858 지심귀명례 견무외공덕불
至心歸命禮 堅無畏功德佛

5859 지심귀명례 법래왕불
至心歸命禮 法來王佛

5860 지심귀명례 설보불
至心歸命禮 說寶佛

5861 지심귀명례 기바여불
至心歸命禮 耆婆如佛

5862 지심귀명례 수야마불
至心歸命禮 須夜摩佛

5863 지심귀명례 대사라집불
至心歸命禮 大莎羅集佛

5864 지심귀명례 결료의불
至心歸命禮 決了意佛

5865 지심귀명례 유변의불
至心歸命禮 有邊意佛

5866 지심귀명례 승념불
至心歸命禮 勝念佛

5867 지심귀명례 사자염불
至心歸命禮 師子焰佛

5868 지심귀명례 비로자나염불
至心歸命禮 毘盧遮那焰佛

5869 지심귀명례 공덕일미불
至心歸命禮 功德一味佛

5870 지심귀명례 선청불
至心歸命禮 善廳佛

5871 지심귀명례 마니월불
至心歸命禮 摩尼月佛

5872 지심귀명례 명칭상명칭불
至心歸命禮 名稱上名稱佛

5873 지심귀명례 나라연수미류왕불
至心歸命禮 那羅延須彌留王佛

5874 지심귀명례 의자불
至心歸命禮 意自佛

5875 지심귀명례 엄치염불
至心歸命禮 嚴熾焰佛

5876 지심귀명례 불추박고행불
至心歸命禮 不搥撲苦行佛

5877 지심귀명례 화염의불
至心歸命禮 火焰意佛

5878 지심귀명례 마니륜불
至心歸命禮 摩尼輪佛

5879 지심귀명례 세간중불
至心歸命禮 世間重佛

5880 지심귀명례 세간장불
至心歸命禮 世間藏佛

5881 지심귀명례 사자수불
至心歸命禮 師子手佛

5882 지심귀명례 구나장교불
至心歸命禮 求那莊挍佛

5883 지심귀명례 승위덕광명불
至心歸命禮 勝威德光明佛

5884 지심귀명례 나장불
至心歸命禮 羅藏佛

5885 지심귀명례 루자불
至心歸命禮 樓遮佛

5886 지심귀명례 응불겁약성불
至心歸命禮 應不怯弱聲佛

5887 지심귀명례 합염불
至心歸命禮 合焰佛

5888 지심귀명례 익염불
至心歸命禮 益焰佛

5889 지심귀명례 정불
至心歸命禮 定佛

5890 지심귀명례 세간행불
至心歸命禮 世間行佛

5891 지심귀명례 손다라불
至心歸命禮 孫陀羅佛

5892 지심귀명례 아륜가불
至心歸命禮 阿輪迦佛

5893 지심귀명례 적정행불
至心歸命禮 寂定行佛

5894 지심귀명례 생세간불
至心歸命禮 生世間佛

5895 지심귀명례 설법애불
至心歸命禮 說法愛佛

5896 지심귀명례 십도불
至心歸命禮 十到佛

5897 지심귀명례 역희불
至心歸命禮 力喜佛

5898 지심귀명례 지공덕불
至心歸命禮 至功德佛

5899 지심귀명례 지도불
至心歸命禮 至到佛

5900 지심귀명례 대지불
至心歸命禮 大至佛

5901 지심귀명례 구나인불
至心歸命禮 求那引佛

5902 지심귀명례 실어자불
至心歸命禮 實語者佛

5903 지심귀명례 원청정월광불
至心歸命禮 願清淨月光佛

5904 지심귀명례 안온상왕불
至心歸命禮 安穩上王佛

5905 지심귀명례 공덕호불
至心歸命禮 功德護佛

5906 지심귀명례 무변불성장불
至心歸命禮 無邊佛聲藏佛

5907 지심귀명례 전광명불
至心歸命禮 電光明佛

5908 지심귀명례 구나방편불
至心歸命禮 求那方便佛

5909 지심귀명례 불괴정진불
至心歸命禮 不壞精進佛

5910 지심귀명례 선주여의적왕불
至心歸命禮 善住如意積王佛

5911 지심귀명례 불방향불
至心歸命禮 不放香佛

5912 지심귀명례 나라연취불
至心歸命禮 那羅延取佛

5913 지심귀명례 세간소공양불
至心歸命禮 世間所供養佛

5914 지심귀명례 다요불
至心歸命禮 多饒佛

5915 지심귀명례 작우불
至心歸命禮 作雨佛

5916 지심귀명례 색광명인승불
至心歸命禮 色光明人勝佛

5917 지심귀명례 사자상불
至心歸命禮 師子像佛

5918 지심귀명례 항복진인승불
至心歸命禮 降伏瞋人勝佛

5919 지심귀명례 응애불
至心歸命禮 應愛佛

5920 지심귀명례 해불
至心歸命禮 海佛

5921 지심귀명례 미루해불
至心歸命禮 彌婁海佛

5922 지심귀명례 청정수불
至心歸命禮 清淨手佛

5923 지심귀명례 이각불
至心歸命禮 利覺佛

5924 지심귀명례 굴저적선공덕불
至心歸命禮 窟貯積善功德佛

5925 지심귀명례 선사유마불
至心歸命禮 善思惟摩佛

5926 지심귀명례 마니자불
至心歸命禮 摩尼者佛

5927 지심귀명례 구나륜불
至心歸命禮 求那輪佛

5928 지심귀명례 지작불
至心歸命禮 智作佛

5929 지심귀명례 다리불
至心歸命禮 多利佛

5930 지심귀명례 출세간불
至心歸命禮 出世間佛

5931 지심귀명례 세간월불
至心歸命禮 世間月佛

5932 지심귀명례 유지불
至心歸命禮 有智佛

5933 지심귀명례 능파제사불
至心歸命禮 能破諸邪佛

5934 지심귀명례 보변호불
至心歸命禮 普遍護佛

5935 지심귀명례 보망불
至心歸命禮 寶望佛

5936 지심귀명례 아예라불
至心歸命禮 阿鯢羅佛

5937 지심귀명례 최묘불
至心歸命禮 最妙佛

5938 지심귀명례 중광불
至心歸命禮 衆光佛

5939 지심귀명례 시현유불
至心歸命禮 示現有佛

5940 지심귀명례 불공염불
至心歸命禮 不空焰佛

5941 지심귀명례 삼매분신불
至心歸命禮 三昧奮迅佛

5942 지심귀명례 소추불
至心歸命禮 掃箒佛

5943 지심귀명례 생주불
至心歸命禮 生主佛

5944 지심귀명례 금강실체불
至心歸命禮 金剛實體佛

5945 지심귀명례 선조당불
至心歸命禮 善助幢佛

5946 지심귀명례 색안불
至心歸命禮 色眼佛

5947 지심귀명례 선질평등위덕불
至心歸命禮 善疾平等威德佛

5948 지심귀명례 진합승불
至心歸命禮 盡合勝佛

5949 지심귀명례 사자기결불
至心歸命禮 師子棄結佛

5950 지심귀명례 개의불
至心歸命禮 開意佛

5951 지심귀명례 승위덕외불
至心歸命禮 勝威德畏佛

5952 지심귀명례 선사명칭불
至心歸命禮 善思名稱佛

5953 지심귀명례 선호세불
至心歸命禮 善護世佛

5954 지심귀명례 사취불
至心歸命禮 四聚佛

5955 지심귀명례 구나자불
至心歸命禮 求那子佛

5956 지심귀명례 구나장불
至心歸命禮 求那藏佛

5957 지심귀명례 의행불
至心歸命禮 義行佛

5958 지심귀명례 불겁불
至心歸命禮 不怯佛

5959 지심귀명례 주우불
至心歸命禮 住友佛

5960 지심귀명례 주겁파불
至心歸命禮 住怯波佛

5961 지심귀명례 마니불
至心歸命禮 摩尼佛

5962 지심귀명례 허공겁연등불
至心歸命禮 虛空劫然燈佛

5963 지심귀명례 마니족불
至心歸命禮 摩尼足佛

5964 지심귀명례 탈위불
至心歸命禮 脫威佛

5965 지심귀명례 선심협불
至心歸命禮 善深脇佛

5966 지심귀명례 보색불
至心歸命禮 寶索佛

5967 지심귀명례 방성불
至心歸命禮 方成佛

5968 지심귀명례 저사불
至心歸命禮 底沙佛

5969 지심귀명례 포위불
至心歸命禮 怖威佛

5970 지심귀명례 승지불
至心歸命禮 勝智佛

5971 지심귀명례 범의불
至心歸命禮 梵依佛

5972 지심귀명례 범지도래불
至心歸命禮 梵志道來佛

5973 지심귀명례 실음불
至心歸命禮 實音佛

5974 지심귀명례 선증각불
至心歸命禮 善證覺佛

5975 지심귀명례 불난득불
至心歸命禮 不難得佛

5976 지심귀명례 아라달다불
至心歸命禮 阿羅達多佛

5977 지심귀명례 사자위행불
至心歸命禮 師子威行佛

5978 지심귀명례 구린불
至心歸命禮 拘鄰佛

5979 지심귀명례 법장엄불
至心歸命禮 法莊嚴佛

5980 지심귀명례 지가득불
至心歸命禮 智可得佛

5981 지심귀명례 화득불
至心歸命禮 華得佛

5982 지심귀명례 구나장신불
至心歸命禮 求那藏身佛

5983 지심귀명례 견고행불
至心歸命禮 堅苦行佛

5984 지심귀명례 방차별불
至心歸命禮 方差別佛

5985 지심귀명례 명칭실불
至心歸命禮 名稱實佛

5986 지심귀명례 아부다불
至心歸命禮 阿浮多佛

5987 지심귀명례 아미하다불
至心歸命禮 阿彌訶多佛

5988 지심귀명례 무공불
至心歸命禮 無恐佛

5989 지심귀명례 산제사불
至心歸命禮 散諸邪佛

5990 지심귀명례 천위불
至心歸命禮 天威佛

5991 지심귀명례 범선행불
至心歸命禮 梵善行佛

5992 지심귀명례 득대세불
至心歸命禮 得大勢佛

5993 지심귀명례 지고행불
至心歸命禮 至苦行佛

5994 지심귀명례 별월불
至心歸命禮 別月佛

5995 지심귀명례 범불
至心歸命禮 梵佛

5996 지심귀명례 용보천불
至心歸命禮 勇步天佛

5997 지심귀명례 실연등왕불
至心歸命禮 實然燈王佛

5998 지심귀명례 수나벽지불
至心歸命禮 輸那辟支佛

5999 지심귀명례 마니인불
至心歸命禮 摩尼引佛

6000 지심귀명례 지공덕불
至心歸命禮 知功德佛

6001 지심귀명례 원리제외불
至心歸命禮 遠離諸畏佛

6002 지심귀명례 미류위불
至心歸命禮 彌留威佛

6003 지심귀명례 범정불
至心歸命禮 梵頂佛

6004 지심귀명례 점행불
至心歸命禮 漸行佛

6005 지심귀명례 경포마력성불
至心歸命禮 驚怖魔力聲佛

6006 지심귀명례 염취불
至心歸命禮 焰聚佛

6007 지심귀명례 무진혜불
至心歸命禮 無盡慧佛

6008 지심귀명례 섬바가불
至心歸命禮 贍波迦佛

6009 지심귀명례 환희자재불
至心歸命禮 歡喜自在佛

6010 지심귀명례 금대불
至心歸命禮 金臺佛

6011 지심귀명례 연화자불
至心歸命禮 蓮華者佛

6012 지심귀명례 선서불
至心歸命禮 善逝佛

6013 지심귀명례 인다라불
至心歸命禮 因陀羅佛

6014 지심귀명례 신승불
至心歸命禮 身勝佛

6015 지심귀명례 선서광불
至心歸命禮 善逝光佛

6016 지심귀명례 선서승불
至心歸命禮 善逝勝佛

6017 지심귀명례 일체작락불
至心歸命禮 一切作樂佛

6018 지심귀명례 책협불
至心歸命禮 迮狹佛

6019 지심귀명례 의리행불
至心歸命禮 依利行佛

6020 지심귀명례 우황불
至心歸命禮 牛黃佛

6021 지심귀명례 위행불
至心歸命禮 威行佛

6022 지심귀명례 결료경계불
至心歸命禮 決了境界佛

6023 지심귀명례 불무익불
至心歸命禮 不無益佛

6024 지심귀명례 무병승불
至心歸命禮 無病勝佛

6025 지심귀명례 대군불
至心歸命禮 大軍佛

6026 지심귀명례 여명불
至心歸命禮 與命佛

6027 지심귀명례 세존불
至心歸命禮 世尊佛

6028 지심귀명례 가공양불
至心歸命禮 可供養佛

6029 지심귀명례 세교불
至心歸命禮 世橋佛

6030 지심귀명례 인다라장불
至心歸命禮 因陀羅將佛

6031 지심귀명례 대염광불
至心歸命禮 大焰光佛

6032 지심귀명례 이득원불
至心歸命禮 已得願佛

6033 지심귀명례 보리타위덕불
至心歸命禮 菩提他威德佛

6034 지심귀명례 견인불
至心歸命禮 見忍佛

6035 지심귀명례 금강사자불
至心歸命禮 金剛師子佛

6036 지심귀명례 부요불
至心歸命禮 富饒佛

6037 지심귀명례 작공덕장엄불
至心歸命禮 作功德莊嚴佛

6038 지심귀명례 무구목불
至心歸命禮 無垢目佛

6039 지심귀명례 가섭불
至心歸命禮 迦葉佛

6040 지심귀명례 용묘불
至心歸命禮 龍妙佛

6041 지심귀명례 사라분신불
至心歸命禮 莎羅奮迅佛

6042 지심귀명례 지화불
至心歸命禮 智華佛

6043 지심귀명례 능교화제보살불
至心歸命禮 能教化諸菩薩佛

6044 지심귀명례 엄치위불
至心歸命禮 嚴熾威佛

6045 지심귀명례 운호불
至心歸命禮 雲護佛

6046 지심귀명례 명승묘법불
至心歸命禮 名勝妙法佛

6047 지심귀명례 불공설명불
至心歸命禮 不空說名佛

6048 지심귀명례 무구체불
至心歸命禮 無垢體佛

6049 지심귀명례 분위불
至心歸命禮 分威佛

6050 지심귀명례 무결불
至心歸命禮 無缺佛

6051 지심귀명례 선체불
至心歸命禮 善體佛

6052 지심귀명례 성취지의불
至心歸命禮 成就智義佛

6053 지심귀명례 대중상수불
至心歸命禮 大衆上首佛

6054 지심귀명례 밀면불
至心歸命禮 蜜面佛

6055 지심귀명례 주지성불
至心歸命禮 住持聲佛

6056 지심귀명례 섬득불
至心歸命禮 閃得佛

6057 지심귀명례 화미류선불
至心歸命禮 華彌留善佛

6058 지심귀명례 종종광불
至心歸命禮 種種光佛

6059 지심귀명례 응설불
至心歸命禮 應說佛

6060 지심귀명례 구나개불
至心歸命禮 求那開佛

6061 지심귀명례 전안불
至 心 歸 命 禮 轉 眼 佛

6062 지심귀명례 대자비구호승불
至 心 歸 命 禮 大 慈 悲 救 護 勝 佛

6063 지심귀명례 성분용맹불
至 心 歸 命 禮 聲 分 勇 猛 佛

6064 지심귀명례 최고불
至 心 歸 命 禮 最 高 佛

6065 지심귀명례 화공덕불
至 心 歸 命 禮 華 功 德 佛

6066 지심귀명례 이무명불
至 心 歸 命 禮 離 無 明 佛

6067 지심귀명례 선현불
至 心 歸 命 禮 善 賢 佛

6068 지심귀명례 보출불
至 心 歸 命 禮 寶 出 佛

6069 지심귀명례 선총불
至 心 歸 命 禮 善 聰 佛

6070 지심귀명례 쾌수행불
至 心 歸 命 禮 快 修 行 佛

6071 지심귀명례 행륜불
至心歸命禮 行輪佛

6072 지심귀명례 선유덕불
至心歸命禮 善有德佛

6073 지심귀명례 만왕불
至心歸命禮 鬘王佛

6074 지심귀명례 지명칭불
至心歸命禮 智名稱佛

6075 지심귀명례 보고불
至心歸命禮 寶高佛

6076 지심귀명례 산사야취불
至心歸命禮 刪闍耶聚佛

6077 지심귀명례 구나명불
至心歸命禮 求那明佛

6078 지심귀명례 규명칭불
至心歸命禮 叫名稱佛

6079 지심귀명례 규성불
至心歸命禮 叫聲佛

6080 지심귀명례 만월상불
至心歸命禮 滿月相佛

6081 지심귀명례 장부염불
至心歸命禮 丈夫焰佛

6082 지심귀명례 연화염불
至心歸命禮 蓮華焰佛

6083 지심귀명례 공덕해승불
至心歸命禮 功德海勝佛

6084 지심귀명례 명대승장엄불
至心歸命禮 名大乘莊嚴佛

6085 지심귀명례 장엄상불
至心歸命禮 莊嚴相佛

6086 지심귀명례 염상불
至心歸命禮 焰相佛

6087 지심귀명례 일체법해후왕불
至心歸命禮 一切法海吼王佛

6088 지심귀명례 수제사가불
至心歸命禮 殊帝沙迦佛

6089 지심귀명례 대중륜불
至心歸命禮 大衆輪佛

6090 지심귀명례 무비유명칭불
至心歸命禮 無比喩名稱佛

6091 지심귀명례 연화인불
至心歸命禮 蓮華引佛

6092 지심귀명례 부사불
至心歸命禮 富沙佛

6093 지심귀명례 명철불
至心歸命禮 明徹佛

6094 지심귀명례 장부불
至心歸命禮 丈夫佛

6095 지심귀명례 광목불
至心歸命禮 廣目佛

6096 지심귀명례 불구리불
至心歸命禮 不求利佛

6097 지심귀명례 엄치장불
至心歸命禮 嚴熾將佛

6098 지심귀명례 복덕위불
至心歸命禮 福德威佛

6099 지심귀명례 발보불
至心歸命禮 發步佛

6100 지심귀명례 무애각불
至心歸命禮 無礙覺佛

6101 지심귀명례 무장애불
至心歸命禮 無障礙佛

6102 지심귀명례 사라태불
至心歸命禮 娑羅胎佛

6103 지심귀명례 어자불
至心歸命禮 御者佛

6104 지심귀명례 지주겁파불
至心歸命禮 智主劫波佛

6105 지심귀명례 허공행불
至心歸命禮 虛空行佛

6106 지심귀명례 바루나불
至心歸命禮 婆樓那佛

6107 지심귀명례 만승운불
至心歸命禮 鬘勝雲佛

6108 지심귀명례 희벽지불
至心歸命禮 喜辟支佛

6109 지심귀명례 복덕상불
至心歸命禮 福德像佛

6110 지심귀명례 발일체무염족행불
至心歸命禮 發一切無厭足行佛

6111 지심귀명례 원지명칭불
至心歸命禮 遠至名稱佛

6112 지심귀명례 복덕수불
至心歸命禮 福德手佛

6113 지심귀명례 달거불
至心歸命禮 怛車佛

6114 지심귀명례 대규왕불
至心歸命禮 大叫王佛

6115 지심귀명례 대천왕불
至心歸命禮 大天王佛

6116 지심귀명례 일염불
至心歸命禮 日焰佛

6117 지심귀명례 법고불
至心歸命禮 法庫佛

6118 지심귀명례 불지청정업불
至心歸命禮 佛智淸淨業佛

6119 지심귀명례 구나분별불
至心歸命禮 求那分別佛

6120 지심귀명례 구나주겁파불
至心歸命禮 求那主劫波佛

6121 지심귀명례 금강선불
至心歸命禮 金剛仙佛

6122 지심귀명례 반야제불
至心歸命禮 般若齊佛

6123 지심귀명례 요설산불
至心歸命禮 樂說山佛

6124 지심귀명례 고행각불
至心歸命禮 苦行覺佛

6125 지심귀명례 연등견고불
至心歸命禮 然燈堅固佛

6126 지심귀명례 용자불
至心歸命禮 龍者佛

6127 지심귀명례 상만족수불
至心歸命禮 常滿足手佛

6128 지심귀명례 구나상불
至心歸命禮 求那上佛

6129 지심귀명례 애중불
至心歸命禮 愛衆佛

6130 지심귀명례 운마음불
至心歸命禮 雲磨音佛

6131 지심귀명례 무구색불
至 心 歸 命 禮 無 垢 色 佛

6132 지심귀명례 반야취불
至 心 歸 命 禮 般 若 聚 佛

6133 지심귀명례 명상불
至 心 歸 命 禮 明 相 佛

6134 지심귀명례 안위불
至 心 歸 命 禮 安 慰 佛

6135 지심귀명례 신성인불
至 心 歸 命 禮 信 聖 人 佛

6136 지심귀명례 수불
至 心 歸 命 禮 首 佛

6137 지심귀명례 자태안불
至 心 歸 命 禮 恣 態 眼 佛

6138 지심귀명례 목자불
至 心 歸 命 禮 目 者 佛

6139 지심귀명례 득자불
至 心 歸 命 禮 得 者 佛

6140 지심귀명례 금강보리광불
至 心 歸 命 禮 金 剛 菩 提 光 佛

6141 지심귀명례 선현벽지불
至心歸命禮 善賢辟支佛

6142 지심귀명례 선호제문불
至心歸命禮 善護諸門佛

6143 지심귀명례 장교불
至心歸命禮 裝挍佛

6144 지심귀명례 자태명불
至心歸命禮 恣態鳴佛

6145 지심귀명례 의명불
至心歸命禮 倚鳴佛

6146 지심귀명례 보현광불
至心歸命禮 寶賢光佛

6147 지심귀명례 보환명불
至心歸命禮 寶煥明佛

6148 지심귀명례 명덕불
至心歸命禮 明德佛

6149 지심귀명례 사자자불
至心歸命禮 師子者佛

6150 지심귀명례 월재불
至心歸命禮 月齋佛

6151 지심귀명례 종종설불
至心歸命禮 種種說佛

6152 지심귀명례 월설불
至心歸命禮 月說佛

6153 지심귀명례 지건불
至心歸命禮 智健佛

6154 지심귀명례 택의불
至心歸命禮 擇義佛

6155 지심귀명례 뇌불
至心歸命禮 雷佛

6156 지심귀명례 용보불
至心歸命禮 勇步佛

6157 지심귀명례 공양염불
至心歸命禮 供養焰佛

6158 지심귀명례 복덕취승색불
至心歸命禮 福德聚勝色佛

6159 지심귀명례 나라연무행불
至心歸命禮 那羅延無行佛

6160 지심귀명례 수제사불
至心歸命禮 樹帝沙佛

6161 지심귀명례 단애근불
至心歸命禮 斷愛根佛

6162 지심귀명례 묘성불
至心歸命禮 妙聲佛

6163 지심귀명례 교장불
至心歸命禮 交藏佛

6164 지심귀명례 무애장불
至心歸命禮 無礙藏佛

6165 지심귀명례 승덕불
至心歸命禮 勝德佛

6166 지심귀명례 무비벽지불
至心歸命禮 無比辟支佛

6167 지심귀명례 묘승불
至心歸命禮 妙勝佛

6168 지심귀명례 지용섭불
至心歸命禮 智勇涉佛

6169 지심귀명례 법운후왕불
至心歸命禮 法雲吼王佛

6170 지심귀명례 정진호불
至心歸命禮 精進護佛

6171 지심귀명례 다라특천불
至心歸命禮 陀羅特天佛

6172 지심귀명례 혹자불
至心歸命禮 彧者佛

6173 지심귀명례 화장승불
至心歸命禮 華藏勝佛

6174 지심귀명례 명칭공덕불
至心歸命禮 名稱功德佛

6175 지심귀명례 적복불
至心歸命禮 寂伏佛

6176 지심귀명례 경상견불
至心歸命禮 鏡像堅佛

6177 지심귀명례 보자불
至心歸命禮 寶者佛

6178 지심귀명례 선량불
至心歸命禮 善量佛

6179 지심귀명례 성리불
至心歸命禮 成梨佛

6180 지심귀명례 사자보불
至心歸命禮 師子寶佛

6181 지심귀명례 사자장불
至心歸命禮 師子將佛

6182 지심귀명례 법성장엄불
至心歸命禮 法性莊嚴佛

6183 지심귀명례 바자바불
至心歸命禮 婆姿婆佛

6184 지심귀명례 시방연등불
至心歸命禮 十方然燈佛

6185 지심귀명례 심벽지불
至心歸命禮 尋辟支佛

6186 지심귀명례 승산불
至心歸命禮 勝繖佛

6187 지심귀명례 복염불
至心歸命禮 福焰佛

6188 지심귀명례 수제가불
至心歸命禮 樹帝伽佛

6189 지심귀명례 선염불
至心歸命禮 善焰佛

6190 지심귀명례 작방편불
至心歸命禮 作方便佛

6191 지심귀명례 명적정왕불
至心歸命禮 名寂靜王佛

6192 지심귀명례 일체법도피안불
至心歸命禮 一切法到彼岸佛

6193 지심귀명례 분천불
至心歸命禮 分天佛

6194 지심귀명례 무교만벽지불
至心歸命禮 無憍慢辟支佛

6195 지심귀명례 왕자불
至心歸命禮 王者佛

6196 지심귀명례 해탈불
至心歸命禮 解脫佛

6197 지심귀명례 편자불
至心歸命禮 便者佛

6198 지심귀명례 해탈행불
至心歸命禮 解脫行佛

6199 지심귀명례 신법혜불
至心歸命禮 身法慧佛

6200 지심귀명례 제라불
至心歸命禮 除羅佛

6201 지심귀명례 금취소불
至心歸命禮 金聚所佛

6202 지심귀명례 라후천왕불
至心歸命禮 羅睺天王佛

6203 지심귀명례 라후현불
至心歸命禮 羅睺賢佛

6204 지심귀명례 난승난지불
至心歸命禮 難勝難知佛

6205 지심귀명례 무니광명불
至心歸命禮 無尼光明佛

6206 지심귀명례 무나나불
至心歸命禮 無那那佛

6207 지심귀명례 정자불
至心歸命禮 淨者佛

6208 지심귀명례 안애불
至心歸命禮 安哀佛

6209 지심귀명례 월염불
至心歸命禮 月焰佛

6210 지심귀명례 허공평등심불
至心歸命禮 虛空平等心佛

6211 지심귀명례 이사불
至心歸命禮 異事佛

6212 지심귀명례 단정불
至心歸命禮 端正佛

6213 지심귀명례 무구월당칭불
至心歸命禮 無垢月幢稱佛

6214 지심귀명례 천자불
至心歸命禮 天者佛

6215 지심귀명례 중생천불
至心歸命禮 衆生天佛

6216 지심귀명례 법진불
至心歸命禮 法盡佛

6217 지심귀명례 법안불
至心歸命禮 法眼佛

6218 지심귀명례 사만류불
至心歸命禮 捨漫流佛

6219 지심귀명례 승수불
至心歸命禮 勝手佛

6220 지심귀명례 무행불
至心歸命禮 無行佛

6221 지심귀명례 묘자불
至 心 歸 命 禮 妙 者 佛

6222 지심귀명례 미생보불
至 心 歸 命 禮 未 生 寶 佛

6223 지심귀명례 이탐경계불
至 心 歸 命 禮 離 貪 境 界 佛

6224 지심귀명례 세각불
至 心 歸 命 禮 細 覺 佛

6225 지심귀명례 산성불
至 心 歸 命 禮 山 成 佛

6226 지심귀명례 승공덕거불
至 心 歸 命 禮 勝 功 德 炬 佛

6227 지심귀명례 수희벽지불
至 心 歸 命 禮 隨 喜 辟 支 佛

6228 지심귀명례 해탈자불
至 心 歸 命 禮 解 脫 者 佛

6229 지심귀명례 광장불
至 心 歸 命 禮 光 藏 佛

6230 지심귀명례 혹력불
至 心 歸 命 禮 或 力 佛

6231 지심귀명례 금장불
至心歸命禮 金莊佛

6232 지심귀명례 가각불
至心歸命禮 可覺佛

6233 지심귀명례 염명문불
至心歸命禮 厭名聞佛

6234 지심귀명례 명칭자불
至心歸命禮 名稱者佛

6235 지심귀명례 부잡불
至心歸命禮 不雜佛

6236 지심귀명례 당득정진불
至心歸命禮 當得精進佛

6237 지심귀명례 실염불
至心歸命禮 實焰佛

6238 지심귀명례 희유불
至心歸命禮 希有佛

6239 지심귀명례 실취불
至心歸命禮 實聚佛

6240 지심귀명례 서방아미타불
至心歸命禮 西方阿彌陀佛

6241 지심귀명례 이상불
至心歸命禮 離想佛

6242 지심귀명례 묘후성분신불
至心歸命禮 妙吼聲奮迅佛

6243 지심귀명례 어작불
至心歸命禮 語作佛

6244 지심귀명례 해탈혹불
至心歸命禮 解脫惑佛

6245 지심귀명례 광작불
至心歸命禮 光作佛

6246 지심귀명례 단정신불
至心歸命禮 端正身佛

6247 지심귀명례 적체불
至心歸命禮 寂體佛

6248 지심귀명례 길체불
至心歸命禮 吉體佛

6249 지심귀명례 신체불
至心歸命禮 身體佛

6250 지심귀명례 묘언불
至心歸命禮 妙言佛

6251 지심귀명례 묘음어불
至心歸命禮 妙音語佛

6252 지심귀명례 사자국불
至心歸命禮 師子國佛

6253 지심귀명례 사자아불
至心歸命禮 師子牙佛

6254 지심귀명례 주지반야불
至心歸命禮 住持般若佛

6255 지심귀명례 대세벽지불
至心歸命禮 大勢辟支佛

6256 지심귀명례 수의보시불
至心歸命禮 隨意布施佛

6257 지심귀명례 계광명자재불
至心歸命禮 戒光明自在佛

6258 지심귀명례 세주불
至心歸命禮 世主佛

6259 지심귀명례 용자불
至心歸命禮 容者佛

6260 지심귀명례 복덕자불
至心歸命禮 福德者佛

6261 지심귀명례 사자조불
至心歸命禮 師子助佛

6262 지심귀명례 사자협불
至心歸命禮 師子脇佛

6263 지심귀명례 사자상행불
至心歸命禮 師子上行佛

6264 지심귀명례 법용섭불
至心歸命禮 法勇涉佛

6265 지심귀명례 법행행불
至心歸命禮 法行行佛

6266 지심귀명례 낙신불
至心歸命禮 樂身佛

6267 지심귀명례 부동색불
至心歸命禮 不動色佛

6268 지심귀명례 성왕불
至心歸命禮 成王佛

6269 지심귀명례 안자불
至心歸命禮 眼者佛

6270 지심귀명례 인자불
至心歸命禮 忍者佛

6271 지심귀명례 불복자불
至心歸命禮 不伏者佛

6272 지심귀명례 색성불
至心歸命禮 色成佛

6273 지심귀명례 취자불
至心歸命禮 就者佛

6274 지심귀명례 각자불
至心歸命禮 覺者佛

6275 지심귀명례 교자불
至心歸命禮 挍者佛

6276 지심귀명례 조현불
至心歸命禮 照顯佛

6277 지심귀명례 정리각자불
至心歸命禮 定梨覺者佛

6278 지심귀명례 광염불
至心歸命禮 光焰佛

6279 지심귀명례 향혹불
至心歸命禮 香或佛

6280 지심귀명례 천자재장불
至心歸命禮 天自在藏佛

6281 지심귀명례 불공행불
至心歸命禮 不空行佛

6282 지심귀명례 불공용섭불
至心歸命禮 不空勇涉佛

6283 지심귀명례 지견불
至心歸命禮 智見佛

6284 지심귀명례 해지불
至心歸命禮 海志佛

6285 지심귀명례 승색불
至心歸命禮 勝色佛

6286 지심귀명례 법행세지의불
至心歸命禮 法行世智意佛

6287 지심귀명례 고당승불
至心歸命禮 高幢勝佛

6288 지심귀명례 의신불
至心歸命禮 意身佛

6289 지심귀명례 대의신불
至心歸命禮 大意身佛

6290 지심귀명례 명칭명칭불
至心歸命禮 名稱名稱佛

6291 지심귀명례 대규명칭불
至心歸命禮 大叫名稱佛

6292 지심귀명례 승정자불
至心歸命禮 勝淨者佛

6293 지심귀명례 등자불
至心歸命禮 燈者佛

6294 지심귀명례 칭광명불
至心歸命禮 稱光明佛

6295 지심귀명례 불가량언불
至心歸命禮 不可量言佛

6296 지심귀명례 일자불
至心歸命禮 日者佛

6297 지심귀명례 천일불
至心歸命禮 天日佛

6298 지심귀명례 지구불
至心歸命禮 智具佛

6299 지심귀명례 화합신불
至心歸命禮 和合身佛

6300 지심귀명례 혹위력불
至心歸命禮 或威力佛

6301 지심귀명례 자혹불
至心歸命禮 自或佛

6302 지심귀명례 이리자불
至心歸命禮 利利者佛

6303 지심귀명례 중자재왕불
至心歸命禮 衆自在王佛

6304 지심귀명례 바기라바불
至心歸命禮 婆耆羅婆佛

6305 지심귀명례 금자불
至心歸命禮 金者佛

6306 지심귀명례 선무구장불
至心歸命禮 善無垢藏佛

6307 지심귀명례 교량재불
至心歸命禮 橋梁載佛

6308 지심귀명례 해탈선자불
至心歸命禮 解脫善者佛

6309 지심귀명례 결자불
至心歸命禮 結者佛

6310 지심귀명례 무색상불
至心歸命禮 無色上佛

6311 지심귀명례 해탈제죄불
至心歸命禮 解脫諸罪佛

6312 지심귀명례 여법행불
至心歸命禮 如法行佛

6313 지심귀명례 안행불
至心歸命禮 安行佛

6314 지심귀명례 주향불
至心歸命禮 住香佛

6315 지심귀명례 적복승불
至心歸命禮 寂伏勝佛

6316 지심귀명례 이복불
至心歸命禮 離伏佛

6317 지심귀명례 지고불
至心歸命禮 智庫佛

6318 지심귀명례 득공덕불
至心歸命禮 得功德佛

6319 지심귀명례 진다나불
至心歸命禮 眞陀那佛

6320 지심귀명례 아륜가불
至心歸命禮 阿輪伽佛

6321 지심귀명례 명자불
至心歸命禮 名者佛

6322 지심귀명례 정신체불
至心歸命禮 淨身體佛

6323 지심귀명례 자행불
至心歸命禮 自行佛

6324 지심귀명례 인국불
至心歸命禮 因國佛

6325 지심귀명례 일체세간고불
至心歸命禮 一切世間高佛

6326 지심귀명례 연화수불
至心歸命禮 蓮華手佛

6327 지심귀명례 무변혹불
至心歸命禮 無邊或佛

6328 지심귀명례 천염불
至心歸命禮 天焰佛

6329 지심귀명례 천행불
至心歸命禮 天幸佛

6330 지심귀명례 복덕화불
至心歸命禮 福德華佛

6331 지심귀명례 바야화불
至心歸命禮 婆若華佛

6332 지심귀명례 자자불
至心歸命禮 自者佛

6333 지심귀명례 형관불
至心歸命禮 形觀佛

6334 지심귀명례 제자불
至心歸命禮 啼者佛

6335 지심귀명례 족지불
至心歸命禮 足智佛

6336 지심귀명례 족지지불
至心歸命禮 足智知佛

6337 지심귀명례 칭인성불
至心歸命禮 稱人聲佛

6338 지심귀명례 수라불
至心歸命禮 修羅佛

6339 지심귀명례 자칭불
至心歸命禮 自稱佛

6340 지심귀명례 범의불
至心歸命禮 凡衣佛

6341 지심귀명례 능여성불
至心歸命禮 能與聖佛

6342 지심귀명례 주왕불
至心歸命禮 主王佛

6343 지심귀명례 만불
至心歸命禮 鬘佛

6344 지심귀명례 아노마라다나불
至心歸命禮 阿奴摩羅陀那佛

6345 지심귀명례 체환불
至心歸命禮 體患佛

6346 지심귀명례 아바마노야불
至心歸命禮 阿婆摩奴夜佛

6347 지심귀명례 계주벽지불
至心歸命禮 雞晝辟支佛

6348 지심귀명례 복덕혹불
至心歸命禮 福德或佛

6349 지심귀명례 기다불
至心歸命禮 耆多佛

6350 지심귀명례 수리나불
至心歸命禮 修梨那佛

6351 지심귀명례 도니불
至心歸命禮 度泥佛

6352 지심귀명례 지지불
至心歸命禮 智指佛

6353 지심귀명례 성득불
至心歸命禮 成得佛

6354 지심귀명례 지연등불
至心歸命禮 智然燈佛

6355 지심귀명례 공작불
至心歸命禮 孔雀佛

6356 지심귀명례 묘법불
至心歸命禮 妙法佛

6357 지심귀명례 불파광혜불
至心歸命禮 不破廣慧佛

6358 지심귀명례 색중불
至心歸命禮 色衆佛

6359 지심귀명례 신망불
至心歸命禮 信罔佛

6360 지심귀명례 염자불
至心歸命禮 焰者佛

6361 지심귀명례 무구심불
至心歸命禮 無垢心佛

6362 지심귀명례 지지불
至心歸命禮 知智佛

6363 지심귀명례 광명염광불
至心歸命禮 光明焰光佛

6364 지심귀명례 망염불
至心歸命禮 罔焰佛

6365 지심귀명례 무도불
至心歸命禮 無倒佛

6366 지심귀명례 유리행불
至心歸命禮 留離幸佛

6367 지심귀명례 화산장불
至心歸命禮 華山藏佛

6368 지심귀명례 신다라니자재불
至心歸命禮 身陀羅尼自在佛

6369 지심귀명례 다자불
至心歸命禮 多者佛

6370 지심귀명례 득대통원력불
至心歸命禮 得大通願力佛

6391 지심귀명례 선명혜불
至心歸命禮 善明慧佛

6392 지심귀명례 무진지금강불
至心歸命禮 無盡智金剛佛

6393 지심귀명례 무사불
至心歸命禮 無思佛

6394 지심귀명례 용맹선불
至心歸命禮 勇猛仙佛

6395 지심귀명례 흑광불
至心歸命禮 黑光佛

6396 지심귀명례 출세간향불
至心歸命禮 出世間香佛

6397 지심귀명례 우다마의불
至心歸命禮 憂多摩意佛

6398 지심귀명례 가계다등불
至心歸命禮 伽系多燈佛

6399 지심귀명례 지해불
至心歸命禮 智海佛

6400 지심귀명례 법자재산주불
至心歸命禮 法自在山主佛

6401 지심귀명례 나라나나불
至心歸命禮 那羅那那佛

6402 지심귀명례 구나구치력불
至心歸命禮 瞿那瞿致力佛

6403 지심귀명례 대금대불
至心歸命禮 大金臺佛

6404 지심귀명례 명자불
至心歸命禮 明者佛

6405 지심귀명례 선륵불
至心歸命禮 善勒佛

6406 지심귀명례 안주리불
至心歸命禮 安住利佛

6407 지심귀명례 구나혹공불
至心歸命禮 瞿那或供佛

6408 지심귀명례 지자수광불
至心歸命禮 智者授光佛

6409 지심귀명례 마니광명승불
至心歸命禮 摩尼光明勝佛

6410 지심귀명례 성숙산장불
至心歸命禮 星宿山藏佛

6411 지심귀명례 광명숙타불
至心歸命禮 光明宿陀佛

6412 지심귀명례 불멱사유리불
至心歸命禮 不覓思惟利佛

6413 지심귀명례 승동불
至心歸命禮 勝童佛

6414 지심귀명례 구용승행불
至心歸命禮 具容勝行佛

6415 지심귀명례 세간수득리불
至心歸命禮 世間手得利佛

6416 지심귀명례 무제환불
至心歸命禮 無諸患佛

6417 지심귀명례 묘도의각불
至心歸命禮 妙度意覺佛

6418 지심귀명례 공덕승적왕불
至心歸命禮 功德勝積王佛

6419 지심귀명례 변재색불
至心歸命禮 辯才色佛

6420 지심귀명례 선복처불
至心歸命禮 善福處佛

6421 지심귀명례 인다라당왕불
至心歸命禮 因陀羅幢王佛

6422 지심귀명례 공포불
至心歸命禮 恐怖佛

6423 지심귀명례 지귀불
至心歸命禮 智貴佛

6424 지심귀명례 변재안불
至心歸命禮 辯才眼佛

6425 지심귀명례 묘각불
至心歸命禮 妙覺佛

6426 지심귀명례 양랭자불
至心歸命禮 凉冷者佛

6427 지심귀명례 보광월불
至心歸命禮 寶光月佛

6428 지심귀명례 무유불
至心歸命禮 無有佛

6429 지심귀명례 대현불
至心歸命禮 大現佛

6430 지심귀명례 대친불
至心歸命禮 大親佛

6431 지심귀명례 선명세간불
至心歸命禮 善明世間佛

6432 지심귀명례 대지복지불
至心歸命禮 大智福地佛

6433 지심귀명례 보각자불
至心歸命禮 普覺者佛

6434 지심귀명례 승가다나불
至心歸命禮 僧伽多那佛

6435 지심귀명례 무애지력왕불
至心歸命禮 無礙智力王佛

6436 지심귀명례 선지벽지불
至心歸命禮 善智辟支佛

6437 지심귀명례 상음불
至心歸命禮 庠音佛

6438 지심귀명례 복비불
至心歸命禮 福臂佛

6439 지심귀명례 세공덕불
至心歸命禮 勢功德佛

6440 지심귀명례 애사불
至心歸命禮 愛師佛

6441 지심귀명례 선적심불
至心歸命禮 善寂心佛

6442 지심귀명례 화거불
至心歸命禮 火車佛

6443 지심귀명례 고운음불
至心歸命禮 鼓雲音佛

6444 지심귀명례 애목불
至心歸命禮 愛目佛

6445 지심귀명례 선지자불
至心歸命禮 善智者佛

6446 지심귀명례 출세간자불
至心歸命禮 出世間者佛

6447 지심귀명례 구나취덕불
至心歸命禮 求那聚德佛

6448 지심귀명례 출세간정불
至心歸命禮 出世間淨佛

6449 지심귀명례 라후호불
至心歸命禮 羅睺護佛

6450 지심귀명례 지성불
至心歸命禮 智聲佛

6451 지심귀명례 상세불
至心歸命禮 上世佛

6452 지심귀명례 원해탈성불
至心歸命禮 願解脫聲佛

6453 지심귀명례 지해탈의불
至心歸命禮 智解脫意佛

6454 지심귀명례 구나위염불
至心歸命禮 求那威焰佛

6455 지심귀명례 미세주불
至心歸命禮 微細主佛

6456 지심귀명례 나라연자불
至心歸命禮 那羅延者佛

6457 지심귀명례 변륜불
至心歸命禮 辯輪佛

6458 지심귀명례 선제사불
至心歸命禮 善祭祀佛

6459 지심귀명례 월면자불
至心歸命禮 月面者佛

6460 지심귀명례 선망불
至心歸命禮 善望佛

6461 지심귀명례 구나선래불
至心歸命禮 求那善來佛

6462 지심귀명례 구나적취불
至心歸命禮 求那積聚佛

6463 지심귀명례 상의불
至心歸命禮 相意佛

6464 지심귀명례 복덕당불
至心歸命禮 福德幢佛

6465 지심귀명례 변국불
至心歸命禮 辯國佛

6466 지심귀명례 공시불
至心歸命禮 空施佛

6467 지심귀명례 평등언어계두불
至心歸命禮 平等言語雞頭佛

6468 지심귀명례 사자용력불
至心歸命禮 師子勇力佛

6469 지심귀명례 자재중왕불
至心歸命禮 自在衆王佛

6470 지심귀명례 아라사야불
至心歸命禮 阿羅闍耶佛

6471 지심귀명례 멸무사불
至心歸命禮 滅無死佛

6472 지심귀명례 아미리다야불
至心歸命禮 阿彌黎多耶佛

6473 지심귀명례 여은불
至心歸命禮 與恩佛

6474 지심귀명례 평등감불
至心歸命禮 平等感佛

6475 지심귀명례 가루바야불
至心歸命禮 迦婁波耶佛

6476 지심귀명례 평등선정불
至心歸命禮 平等禪定佛

6477 지심귀명례 무유진불
至心歸命禮 無有瞋佛

6478 지심귀명례 적하불
至心歸命禮 寂下佛

6479 지심귀명례 미제방불
至心歸命禮 迷諸方佛

6480 지심귀명례 사치다야불
至心歸命禮 奢致多耶佛

6481 지심귀명례 선면불
至心歸命禮 善面佛

6482 지심귀명례 안상불
至心歸命禮 安庠佛

6483 지심귀명례 삼매수승불
至心歸命禮 三昧手勝佛

6484 지심귀명례 주속질불
至心歸命禮 住速疾佛

6485 지심귀명례 지자선정불
至心歸命禮 智者禪定佛

6486 지심귀명례 파일체암승불
至心歸命禮 破一切闇勝佛

6487 지심귀명례 균보개불
至心歸命禮 均寶蓋佛

6488 지심귀명례 설왕불
至心歸命禮 說王佛

6489 지심귀명례 대위자불
至心歸命禮 大威者佛

6490 지심귀명례 유암벽지불
至心歸命禮 留闇辟支佛

6491 지심귀명례 감로불
至心歸命禮 甘露佛

6492 지심귀명례 공덕연등월불
至心歸命禮 功德然燈月佛

6493 지심귀명례 득타공양불
至心歸命禮 得他供養佛

6494 지심귀명례 부사야불
至心歸命禮 富沙耶佛

6495 지심귀명례 바라파야불
至心歸命禮 婆羅破耶佛

6496 지심귀명례 삼계불
至心歸命禮 三界佛

6497 지심귀명례 지근본화당불
至心歸命禮 智根本華幢佛

6498 지심귀명례 최막불
至心歸命禮 最漠佛

6499 지심귀명례 수리야나불
至心歸命禮 須梨耶那佛

6500 지심귀명례 게바야불
至心歸命禮 揭婆耶佛

6501 지심귀명례 색자불
至心歸命禮 色者佛

6502 지심귀명례 항복불
至心歸命禮 降伏佛

6503 지심귀명례 복덕형불
至心歸命禮 福德形佛

6504 지심귀명례 매촉리야불
至心歸命禮 寐促梨耶佛

6505 지심귀명례 사수태불
至心歸命禮 思受胎佛

6506 지심귀명례 제천공양불
至心歸命禮 諸天供養佛

6507 지심귀명례 목차당불
至心歸命禮 木叉幢佛

6508 지심귀명례 진발불
至心歸命禮 眞髮佛

6509 지심귀명례 불사자불
至心歸命禮 不死者佛

6510 지심귀명례 고자재불
至心歸命禮 苦自在佛

6511 지심귀명례 불사형불
至心歸命禮 不死形佛

6512 지심귀명례 금강형불
至心歸命禮 金剛形佛

6513 지심귀명례 원뢰불
至心歸命禮 怨牢佛

6514 지심귀명례 상방무량승불
至心歸命禮 上方無量勝佛

6515 지심귀명례 실견불
至心歸命禮 實堅佛

6516 지심귀명례 효명불
至心歸命禮 曉明佛

6517 지심귀명례 안상보행불
至心歸命禮 安庠步行佛

6518 지심귀명례 바나피불
至心歸命禮 婆那避佛

6519 지심귀명례 무근본불
至心歸命禮 無根本佛

6520 지심귀명례 미류악불
至心歸命禮 彌留嶽佛

6521 지심귀명례 구나계불
至心歸命禮 求那髻佛

6522 지심귀명례 무비공덕불
至心歸命禮 無比功德佛

6523 지심귀명례 세자재왕불
至心歸命禮 世自在王佛

6524 지심귀명례 최위수행불
至心歸命禮 最威首行佛

6525 지심귀명례 최상기불
至心歸命禮 最上起佛

6526 지심귀명례 조공덕불
至心歸命禮 照功德佛

6527 지심귀명례 방광화불
至心歸命禮 放光華佛

6528 지심귀명례 정형불
至心歸命禮 頂形佛

6529 지심귀명례 아니라지불
至心歸命禮 阿尼羅智佛

6530 지심귀명례 지애불
至心歸命禮 智愛佛

6531 지심귀명례 안상장엄불
至心歸命禮 安庠莊嚴佛

6532 지심귀명례 조원불
至心歸命禮 調怨佛

6533 지심귀명례 생고행불
至心歸命禮 生苦行佛

6534 지심귀명례 칠보바두마보불
至心歸命禮 七寶波頭摩步佛

6535 지심귀명례 개해불
至心歸命禮 開海佛

6536 지심귀명례 묘일신불
至心歸命禮 妙日身佛

6537 지심귀명례 지보불
至心歸命禮 持寶佛

6538 지심귀명례 낙원불
至心歸命禮 樂願佛

6539 지심귀명례 요해탈불
至心歸命禮 樂解脫佛

6540 지심귀명례 보주불
至心歸命禮 寶注佛

6541 지심귀명례 불공보불
至心歸命禮 不空寶佛

6542 지심귀명례 교지불
至心歸命禮 巧智佛

6543 지심귀명례 무상불
至心歸命禮 無常佛

6544 지심귀명례 불하불
至心歸命禮 不下佛

6545 지심귀명례 지합희불
至心歸命禮 智合喜佛

6546 지심귀명례 남마야불
至心歸命禮 南摩耶佛

6547 지심귀명례 무비불
至心歸命禮 無比佛

6548 지심귀명례 영세희불
至心歸命禮 令世喜佛

6549 지심귀명례 무성불
至心歸命禮 無聲佛

6550 지심귀명례 사사불
至心歸命禮 捨邪佛

6551 지심귀명례 멸유애불
至心歸命禮 滅有愛佛

6552 지심귀명례 신복처불
至心歸命禮 身福處佛

6553 지심귀명례 다천규불
至心歸命禮 多天叫佛

6554 지심귀명례 무광명의불
至心歸命禮 無光明意佛

6555 지심귀명례 아니라당불
至心歸命禮 阿尼羅幢佛

6556 지심귀명례 보현견불
至心歸命禮 普賢見佛

6557 지심귀명례 항복제원불
至心歸命禮 降伏諸怨佛

6558 지심귀명례 요명문불
至心歸命禮 饒名聞佛

6559 지심귀명례 선국불
至心歸命禮 善國佛

6560 지심귀명례 지견법불
至心歸命禮 智見法佛

6561 지심귀명례 비루박차불
至心歸命禮 毘樓博叉佛

6562 지심귀명례 정바수불
至心歸命禮 淨婆藪佛

6563 지심귀명례 상회불
至心歸命禮 上灰佛

6564 지심귀명례 자암불
至心歸命禮 自暗佛

6565 지심귀명례 동자불
至心歸命禮 動者佛

6566 지심귀명례 화합행불
至心歸命禮 和合行佛

6567 지심귀명례 분사야불
至心歸命禮 分闍耶佛

6568 지심귀명례 바라제바야불
至心歸命禮 波羅提波耶佛

6569 지심귀명례 수지불
至心歸命禮 水地佛

6570 지심귀명례 성의불
至心歸命禮 成義佛

6571 지심귀명례 음계불
至心歸命禮 音髻佛

6572 지심귀명례 교다마야불
至心歸命禮 橋多摩耶佛

6573 지심귀명례 비류박차불
至心歸命禮 毘留博叉佛

6574 지심귀명례 안주의색불
至心歸命禮 安住意色佛

6575 지심귀명례 능수행불
至心歸命禮 能修行佛

6576 지심귀명례 계중당왕불
至心歸命禮 雞中幢王佛

6577 지심귀명례 각분화불
至心歸命禮 覺分華佛

6578 지심귀명례 화찬탄불
至心歸命禮 華讚歎佛

6579 지심귀명례 가찬탄불
至心歸命禮 可讚歎佛

6580 지심귀명례 선방불
至心歸命禮 善方佛

6581 지심귀명례 역지위불
至心歸命禮 力智威佛

6582 지심귀명례 위교불
至心歸命禮 威巧佛

6583 지심귀명례 법용맹불
至心歸命禮 法勇猛佛

6584 지심귀명례 무구광명불
至心歸命禮 無垢光明佛

6585 지심귀명례 마니수미승불
至心歸命禮 摩尼須彌勝佛

6586 지심귀명례 무구칭불
至心歸命禮 無垢稱佛

6587 지심귀명례 천성불
至心歸命禮 天聲佛

6588 지심귀명례 천성정불
至心歸命禮 天聲淨佛

6589 지심귀명례 의다라니자재불
至心歸命禮 意陀羅尼自在佛

6590 지심귀명례 득법상자재불
至心歸命禮 得法相自在佛

6591 지심귀명례 일면등왕불
至心歸命禮 日面燈王佛

6592 지심귀명례 선화장엄불
至心歸命禮 善化莊嚴佛

6593 지심귀명례 대선견불
至心歸命禮 大善見佛

6594 지심귀명례 해탈공행불
至心歸命禮 解脫共行佛

6595 지심귀명례 승계광불
至心歸命禮 勝戒光佛

6596 지심귀명례 금강공덕불
至心歸命禮 金剛功德佛

6597 지심귀명례 고행주불
至心歸命禮 苦行住佛

6598 지심귀명례 무유진불
至心歸命禮 無有塵佛

6599 지심귀명례 문신왕불
至心歸命禮 聞身王佛

6600 지심귀명례 등비유불
至心歸命禮 燈譬喩佛

6601 지심귀명례 뇌상불
至心歸命禮 牢上佛

6602 지심귀명례 세증장불
至心歸命禮 世增長佛

6603 지심귀명례 명해탈행불
至心歸命禮 名解脫行佛

6604 지심귀명례 바하리타야불
至心歸命禮 婆訶梨陀耶佛

6605 지심귀명례 건달바야불
至心歸命禮 乾闥婆耶佛

6606 지심귀명례 아니라속행불
至心歸命禮 阿尼羅速行佛

6607 지심귀명례 파후성불
至心歸命禮 波吼聲佛

6608 지심귀명례 파광불
至心歸命禮 波光佛

6609 지심귀명례 인다라의불
至心歸命禮 因陀羅意佛

6610 지심귀명례 만족원불
至心歸命禮 滿足願佛

6611 지심귀명례 자주불
至心歸命禮 自主佛

6612 지심귀명례 분당불
至心歸命禮 分幢佛

6613 지심귀명례 선화이생불
至心歸命禮 善和二生佛

6614 지심귀명례 능작교만벽지불
至心歸命禮 能作憍慢辟支佛

6615 지심귀명례 가가나등불
至心歸命禮 伽伽那燈佛

6616 지심귀명례 승각행불
至心歸命禮 勝覺行佛

6617 지심귀명례 무변불
至心歸命禮 無邊佛

6618 지심귀명례 역사분신불
至心歸命禮 力士奮迅佛

6619 지심귀명례 여법불
至心歸命禮 如法佛

6620 지심귀명례 멸각적불
至心歸命禮 滅脚跡佛

6621 지심귀명례 애자불
至心歸命禮 愛者佛

6622 지심귀명례 화위불
至心歸命禮 化威佛

6623 지심귀명례 대우불
至心歸命禮 大友佛

6624 지심귀명례 선우불
至心歸命禮 善友佛

6625 지심귀명례 허공지산불
至心歸命禮 虛空智山佛

6626 지심귀명례 적향행불
至心歸命禮 寂向行佛

6627 지심귀명례 용왕덕불
至心歸命禮 龍王德佛

6628 지심귀명례 미루광불
至心歸命禮 彌婁光佛

6629 지심귀명례 성자탄불
至心歸命禮 聖者歎佛

6630 지심귀명례 항의불
至心歸命禮 降意佛

6631 지심귀명례 사자화불
至心歸命禮 師子華佛

6632 지심귀명례 타의불
至心歸命禮 墮意佛

6633 지심귀명례 치위불
至心歸命禮 熾威佛

6634 지심귀명례 과일체세간불
至心歸命禮 過一切世間佛

6635 지심귀명례 형시현불
至心歸命禮 形示現佛

6636 지심귀명례 선도과보불
至心歸命禮 善度果報佛

6637 지심귀명례 항복치자재불
至心歸命禮 降伏癡自在佛

6638 지심귀명례 선애불
至心歸命禮 善愛佛

6639 지심귀명례 구안온불
至心歸命禮 求安穩佛

6640 지심귀명례 희락불
至心歸命禮 喜樂佛

6641 지심귀명례 묘사유불
至心歸命禮 妙思惟佛

6642 지심귀명례 가부신불
至心歸命禮 可付信佛

6643 지심귀명례 복덕보불
至心歸命禮 福德步佛

6644 지심귀명례 구나해불
至心歸命禮 求那海佛

6645 지심귀명례 잡색체불
至心歸命禮 雜色體佛

6646 지심귀명례 지제야불
至心歸命禮 支帝耶佛

6647 지심귀명례 사마불
至心歸命禮 舍摩佛

6648 지심귀명례 항복마불
至心歸命禮 降伏魔佛

6649 지심귀명례 도액행불
至心歸命禮 度厄行佛

6650 지심귀명례 도액불
至心歸命禮 度厄佛

6651 지심귀명례 불파의불
至心歸命禮 不破意佛

6652 지심귀명례 해자불
至心歸命禮 海者佛

6653 지심귀명례 마식불
至心歸命禮 摩拭佛

6654 지심귀명례 마니진주왕불
至心歸命禮 摩尼眞珠王佛

6655 지심귀명례 필리야사야불
至心歸命禮 畢利耶娑耶佛

6656 지심귀명례 불당불
至心歸命禮 佛幢佛

6657 지심귀명례 진성불
至心歸命禮 眞聲佛

6658 지심귀명례 선공덕불
至心歸命禮 善功德佛

6659 지심귀명례 공명칭불
至心歸命禮 空名稱佛

6660 지심귀명례 쾌행복덕불
至心歸命禮 快行福德佛

6661 지심귀명례 피범항불
至心歸命禮 被梵降佛

6662 지심귀명례 요식불
至心歸命禮 樂識佛

6663 지심귀명례 요지불
至心歸命禮 樂智佛

6664 지심귀명례 신통당불
至心歸命禮 神通幢佛

6665 지심귀명례 복주겁불
至心歸命禮 伏主劫佛

6666 지심귀명례 생주겁불
至心歸命禮 生主劫佛

6667 지심귀명례 필경성취대비불
至心歸命禮 畢竟成就大悲佛

6668 지심귀명례 명견무외불
至心歸命禮 名見無畏佛

6669 지심귀명례 무구선불
至心歸命禮 無垢仙佛

6670 지심귀명례 일체선근종자불
至心歸命禮 一切善根種子佛

6671 지심귀명례 화명불
至心歸命禮 華明佛

6672 지심귀명례 무원불
至心歸命禮 無怨佛

6673 지심귀명례 명주불
至心歸命禮 明主佛

6674 지심귀명례 화명염불
至心歸命禮 華明焰佛

6675 지심귀명례 복덕애불
至心歸命禮 福德愛佛

6676 지심귀명례 선력불
至心歸命禮 善力佛

6677 지심귀명례 선명복불
至心歸命禮 善明福佛

6678 지심귀명례 법무애자재불
至心歸命禮 法無礙自在佛

6679 지심귀명례 해문식불
至心歸命禮 海文飾佛

6680 지심귀명례 선이치불
至心歸命禮 善以治佛

6681 지심귀명례 선장불
至 心 歸 命 禮 善 長 佛

6682 지심귀명례 무착의불
至 心 歸 命 禮 無 錯 意 佛

6683 지심귀명례 경포혜불
至 心 歸 命 禮 驚 怖 慧 佛

6684 지심귀명례 대규불
至 心 歸 命 禮 大 叫 佛

6685 지심귀명례 설명칭불
至 心 歸 命 禮 說 名 稱 佛

6686 지심귀명례 무변변재당불
至 心 歸 命 禮 無 邊 辯 才 幢 佛

6687 지심귀명례 상의불
至 心 歸 命 禮 想 意 佛

6688 지심귀명례 규위불
至 心 歸 命 禮 叫 威 佛

6689 지심귀명례 선광화부신불
至 心 歸 命 禮 善 光 華 敷 身 佛

6690 지심귀명례 도마야불
至 心 歸 命 禮 徒 摩 耶 佛

6691 지심귀명례 실모불
至心歸命禮 失母佛

6692 지심귀명례 무외행불
至心歸命禮 無畏行佛

6693 지심귀명례 선월자불
至心歸命禮 善月者佛

6694 지심귀명례 대연등불
至心歸命禮 大然燈佛

6695 지심귀명례 식고행불
至心歸命禮 拭苦行佛

6696 지심귀명례 안상고행불
至心歸命禮 安庠苦行佛

6697 지심귀명례 감공양불
至心歸命禮 堪供養佛

6698 지심귀명례 공양도무우불
至心歸命禮 供養度無憂佛

6699 지심귀명례 철무우불
至心歸命禮 徹無憂佛

6700 지심귀명례 애안혜불
至心歸命禮 愛安慧佛

6701 지심귀명례 세간의불
至心歸命禮 世間意佛

6702 지심귀명례 애분불
至心歸命禮 愛分佛

6703 지심귀명례 애적불
至心歸命禮 愛跡佛

6704 지심귀명례 선생적불
至心歸命禮 善生跡佛

6705 지심귀명례 우바라야불
至心歸命禮 優波羅耶佛

6706 지심귀명례 화색불
至心歸命禮 華索佛

6707 지심귀명례 자재장불
至心歸命禮 自在藏佛

6708 지심귀명례 무변변재염불
至心歸命禮 無邊辯才焰佛

6709 지심귀명례 묘고왕불
至心歸命禮 妙鼓王佛

6710 지심귀명례 조장불
至心歸命禮 照藏佛

6711 지심귀명례 미세정불
至心歸命禮 微細淨佛

6712 지심귀명례 중정진불
至心歸命禮 衆精進佛

6713 지심귀명례 구나정진불
至心歸命禮 求那精進佛

6714 지심귀명례 항복마왕불
至心歸命禮 降伏魔王佛

6715 지심귀명례 천수불
至心歸命禮 天首佛

6716 지심귀명례 최위상불
至心歸命禮 最爲上佛

6717 지심귀명례 보수불
至心歸命禮 寶首佛

6718 지심귀명례 필경보불
至心歸命禮 畢竟寶佛

6719 지심귀명례 청정보불
至心歸命禮 淸淨寶佛

6720 지심귀명례 박기라타불
至心歸命禮 薄祁羅他佛

6721 지심귀명례 과보취불
至心歸命禮 果報聚佛

6722 지심귀명례 복덕의불
至心歸命禮 福德意佛

6723 지심귀명례 대정진구경불
至心歸命禮 大精進究竟佛

6724 지심귀명례 무변구나불
至心歸命禮 無邊求那佛

6725 지심귀명례 보광명연등당불
至心歸命禮 寶光明然燈幢佛

6726 지심귀명례 무변변재구나불
至心歸命禮 無邊辯才求那佛

6727 지심귀명례 위취불
至心歸命禮 威聚佛

6728 지심귀명례 사자안상행불
至心歸命禮 師子安庠行佛

6729 지심귀명례 사자분신행불
至心歸命禮 師子奮迅行佛

6730 지심귀명례 부동자무불
至心歸命禮 不動者無佛

6731 지심귀명례 화장엄광명불
至心歸命禮 華莊嚴光明佛

6732 지심귀명례 바라서나야불
至心歸命禮 波羅西那耶佛

6733 지심귀명례 도광명불
至心歸命禮 度光明佛

6734 지심귀명례 철고행불
至心歸命禮 徹苦行佛

6735 지심귀명례 거성불
至心歸命禮 去聲佛

6736 지심귀명례 용성불
至心歸命禮 龍聲佛

6737 지심귀명례 대향행광명불
至心歸命禮 大香行光明佛

6738 지심귀명례 윤차불
至心歸命禮 輪次佛

6739 지심귀명례 색승애불
至心歸命禮 色勝愛佛

6740 지심귀명례 법월불
至心歸命禮 法月佛

6741 지심귀명례 승바소불
至心歸命禮 勝婆蘇佛

6742 지심귀명례 법두불
至心歸命禮 法頭佛

6743 지심귀명례 불가칭당불
至心歸命禮 不可稱幢佛

6744 지심귀명례 운당불
至心歸命禮 雲幢佛

6745 지심귀명례 취행불
至心歸命禮 聚行佛

6746 지심귀명례 지행불
至心歸命禮 智行佛

6747 지심귀명례 선자불
至心歸命禮 善者佛

6748 지심귀명례 허공자불
至心歸命禮 虛空者佛

6749 지심귀명례 관제법불
至心歸命禮 觀諸法佛

6750 지심귀명례 허공천왕불
至心歸命禮 虛空天王佛

6751 지심귀명례 마니정불
至心歸命禮 摩尼淨佛

6752 지심귀명례 구소마성불
至心歸命禮 俱蘇摩成佛

6753 지심귀명례 선재불
至心歸命禮 善才佛

6754 지심귀명례 행륜자재불
至心歸命禮 行輪自在佛

6755 지심귀명례 명합취나라연왕불
至心歸命禮 名合聚那羅延王佛

6756 지심귀명례 보음명불
至心歸命禮 寶音鳴佛

6757 지심귀명례 대보염불
至心歸命禮 大寶焰佛

6758 지심귀명례 나한장불
至心歸命禮 羅漢藏佛

6759 지심귀명례 후칭불
至心歸命禮 吼稱佛

6760 지심귀명례 사자보장불
至心歸命禮 師子步藏佛

6761 지심귀명례 사자의장불
至心歸命禮 師子意藏佛

6762 지심귀명례 방편심불
至心歸命禮 方便心佛

6763 지심귀명례 명칭보자불
至心歸命禮 名稱寶者佛

6764 지심귀명례 이작리불
至心歸命禮 已作利佛

6765 지심귀명례 작현불
至心歸命禮 作現佛

6766 지심귀명례 유장부상불
至心歸命禮 有丈夫上佛

6767 지심귀명례 유선화불
至心歸命禮 有善華佛

6768 지심귀명례 만족광명왕불
至心歸命禮 滿足光明王佛

6769 지심귀명례 고호불
至心歸命禮 高豪佛

6770 지심귀명례 불가칭변재왕불
至心歸命禮 不可稱辯才王佛

6771 지심귀명례 분별지음불
至心歸命禮 分別智音佛

6772 지심귀명례 사자견뢰불
至心歸命禮 師子堅牢佛

6773 지심귀명례 사자견아불
至心歸命禮 師子堅牙佛

6774 지심귀명례 환희위덕승불
至心歸命禮 歡喜威德勝佛

6775 지심귀명례 복덕등월불
至心歸命禮 福德燈月佛

6776 지심귀명례 길상등월불
至心歸命禮 吉祥燈月佛

6777 지심귀명례 무우변광불
至心歸命禮 無憂遍光佛

6778 지심귀명례 난항복불
至心歸命禮 難降伏佛

6779 지심귀명례 무우국불
至心歸命禮 無憂國佛

6780 지심귀명례 불멸장엄불
至心歸命禮 不滅莊嚴佛

6781 지심귀명례 월월불
至心歸命禮 月月佛

6782 지심귀명례 불찬탄세간승불
至心歸命禮 不讚歎世間勝佛

6783 지심귀명례 향분신불
至心歸命禮 香奮迅佛

6784 지심귀명례 국토불
至心歸命禮 國土佛

6785 지심귀명례 의사불
至心歸命禮 意思佛

6786 지심귀명례 의면불
至心歸命禮 意眠佛

6787 지심귀명례 법미불
至心歸命禮 法味佛

6788 지심귀명례 승교불
至心歸命禮 勝敎佛

6789 지심귀명례 수승불
至心歸命禮 水勝佛

6790 지심귀명례 최력불
至心歸命禮 最力佛

6791 지심귀명례 나야화불
至心歸命禮 那若華佛

6792 지심귀명례 뇌음불
至心歸命禮 牢音佛

6793 지심귀명례 화합불
至心歸命禮 和合佛

6794 지심귀명례 산공덕불
至心歸命禮 山功德佛

6795 지심귀명례 설리불
至心歸命禮 說利佛

6796 지심귀명례 선철고행불
至心歸命禮 善徹苦行佛

6797 지심귀명례 불염족신불
至心歸命禮 不厭足身佛

6798 지심귀명례 무유창고불
至心歸命禮 無有倉庫佛

6799 지심귀명례 광명당불
至心歸命禮 光明幢佛

6800 지심귀명례 니태장불
至心歸命禮 尼胎藏佛

6801 지심귀명례 애정불
至心歸命禮 愛淨佛

6802 지심귀명례 일이발다라야불
至心歸命禮 一利鉢多羅夜佛

6803 지심귀명례 무변색불
至心歸命禮 無邊色佛

6804 지심귀명례 인사자불
至心歸命禮 人師子佛

6805 지심귀명례 성취향불
至心歸命禮 成就香佛

6806 지심귀명례 사자행주불
至心歸命禮 師子行主佛

6807 지심귀명례 첨문나마야불
至心歸命禮 瞻聞那摩耶佛

6808 지심귀명례 대애불
至心歸命禮 大崖佛

6809 지심귀명례 묘음무애불
至心歸命禮 妙音無崖佛

6810 지심귀명례 이만불
至心歸命禮 離慢佛

6811 지심귀명례 의희산불
至心歸命禮 意喜散佛

6812 지심귀명례 응안불
至心歸命禮 應眼佛

6813 지심귀명례 선현불
至心歸命禮 善顯佛

6814 지심귀명례 의희위불
至心歸命禮 意喜威佛

6815 지심귀명례 감로무우불
至心歸命禮 甘露無憂佛

6816 지심귀명례 효의희불
至心歸命禮 曉意喜佛

6817 지심귀명례 현무구위덕광불
至心歸命禮 賢無垢威德光佛

6818 지심귀명례 문성승불
至心歸命禮 聞聲勝佛

6819 지심귀명례 상적멸불
至心歸命禮 常寂滅佛

6820 지심귀명례 등시현불
至心歸命禮 等示現佛

6821 지심귀명례 화통불
至心歸命禮 花通佛

6822 지심귀명례 위명불
至心歸命禮 威明佛

6823 지심귀명례 요장엄사유불
至心歸命禮 樂莊嚴思惟佛

6824 지심귀명례 묘약문불
至心歸命禮 妙若聞佛

6825 지심귀명례 결정지불
至心歸命禮 決定智佛

6826 지심귀명례 보광명분신사유불
至心歸命禮 寶光明奮迅思惟佛

6827 지심귀명례 첨명불
至心歸命禮 甛鳴佛

6828 지심귀명례 부동력불
至心歸命禮 不動力佛

6829 지심귀명례 마니향불
至心歸命禮 摩尼香佛

6830 지심귀명례 법광명왕불
至心歸命禮 法光明王佛

6831 지심귀명례 승공덕위덕불
至心歸命禮 勝功德威德佛

6832 지심귀명례 미래보현불
至心歸命禮 未來普賢佛

6833 지심귀명례 애해탈불
至心歸命禮 愛解脫佛

6834 지심귀명례 불사우불
至心歸命禮 不死憂佛

6835 지심귀명례 보관해탈불
至心歸命禮 普觀解脫佛

6836 지심귀명례 마하아라가나야불
至心歸命禮 摩訶阿羅呵那耶佛

6837 지심귀명례 일체위불
至心歸命禮 一切威佛

6838 지심귀명례 무단제난불
至心歸命禮 無斷諸難佛

6839 지심귀명례 형공덕불
至心歸命禮 形功德佛

6840 지심귀명례 중참회불
至心歸命禮 重懺悔佛

6841 지심귀명례 장엄광명불
至心歸命禮 莊嚴光明佛

6842 지심귀명례 요운불
至心歸命禮 樂雲佛

6843 지심귀명례 비마사하야불
至心歸命禮 毘摩闍訶耶佛

6844 지심귀명례 승천의불
至心歸命禮 勝天意佛

6845 지심귀명례 불사보불
至心歸命禮 不死步佛

6846 지심귀명례 고법륜광명불
至心歸命禮 高法輪光明佛

6847 지심귀명례 대명문불
至心歸命禮 大名聞佛

6848 지심귀명례 부제근불
至心歸命禮 覆諸根佛

6849 지심귀명례 범승천불
至心歸命禮 梵勝天佛

6850 지심귀명례 선색왕불
至心歸命禮 善色王佛

6851 지심귀명례 서방나라연불
至心歸命禮 西方那羅延佛

6852 지심귀명례 항복신기불
至心歸命禮 降伏神祇佛

6853 지심귀명례 중신기불
至心歸命禮 衆神祇佛

6854 지심귀명례 신통위불
至心歸命禮 神通威佛

6855 지심귀명례 구나왕불
至心歸命禮 求那王佛

6856 지심귀명례 보상색불
至心歸命禮 寶上色佛

6857 지심귀명례 지후성불
至心歸命禮 地吼聲佛

6858 지심귀명례 안상시엄불
至心歸命禮 安庠示嚴佛

6859 지심귀명례 무애시현불
至心歸命禮 無礙示現佛

6860 지심귀명례 사자향력불
至心歸命禮 師子香力佛

6861 지심귀명례 보관찰불
至心歸命禮 普觀察佛

6862 지심귀명례 광등화계불
至心歸命禮 光燈火髻佛

6863 지심귀명례 광명당승불
至心歸命禮 光明幢勝佛

6864 지심귀명례 선안색불
至心歸命禮 善顏色佛

6865 지심귀명례 의명문불
至心歸命禮 意名聞佛

6866 지심귀명례 보장엄불
至心歸命禮 寶莊嚴佛

6867 지심귀명례 치성광불
至心歸命禮 熾盛光佛

6868 지심귀명례 해탈용불
至心歸命禮 解脫勇佛

6869 지심귀명례 구나장엄불
至心歸命禮 求那莊嚴佛

6870 지심귀명례 결료의불
至心歸命禮 決了意佛

6871 지심귀명례 지상불
至心歸命禮 智相佛

6872 지심귀명례 부동의불
至心歸命禮 不動意佛

6873 지심귀명례 부신의불
至心歸命禮 付信意佛

6874 지심귀명례 금색왕불
至心歸命禮 金色王佛

6875 지심귀명례 요실불
至心歸命禮 樂實佛

6876 지심귀명례 화음불
至心歸命禮 火音佛

6877 지심귀명례 선현불
至心歸命禮 善睍佛

6878 지심귀명례 무극위불
至心歸命禮 無極威佛

6879 지심귀명례 의희사불
至心歸命禮 意喜思佛

6880 지심귀명례 성취낙유불
至心歸命禮 成就樂有佛

6881 지심귀명례 구나화불
至心歸命禮 求那華佛

6882 지심귀명례 화신무애칭불
至心歸命禮 化身無礙稱佛

6883 지심귀명례 피항복불
至心歸命禮 鈹降伏佛

6884 지심귀명례 묘의명불
至心歸命禮 妙意鳴佛

6885 지심귀명례 선시현불
至心歸命禮 善示現佛

6886 지심귀명례 중탑불
至心歸命禮 衆塔佛

6887 지심귀명례 여의장불
至心歸命禮 如意藏佛

6888 지심귀명례 무유비유불
至心歸命禮 無有比喩佛

6889 지심귀명례 청정의향불
至心歸命禮 淸淨意向佛

6890 지심귀명례 방작불
至心歸命禮 方作佛

6891 지심귀명례 이세간당불
至心歸命禮 離世間幢佛

6892 지심귀명례 일체승불
至心歸命禮 一切勝佛

6893 지심귀명례 법장자재불
至心歸命禮 法藏自在佛

6894 지심귀명례 복덕장엄불
至心歸命禮 福德莊嚴佛

6895 지심귀명례 복덕세불
至心歸命禮 福德勢佛

6896 지심귀명례 지소득불
至心歸命禮 智所得佛

6897 지심귀명례 진지장불
至心歸命禮 盡智藏佛

6898 지심귀명례 애시현불
至心歸命禮 愛示現佛

6899 지심귀명례 무외국토불
至心歸命禮 無畏國土佛

6900 지심귀명례 무변공덕작불
至心歸命禮 無邊功德作佛

6901 지심귀명례 묘월불
至心歸命禮 妙月佛

6902 지심귀명례 혹보불
至心歸命禮 或步佛

6903 지심귀명례 복덕인불
至心歸命禮 福德因佛

6904 지심귀명례 애제사불
至心歸命禮 愛帝沙佛

6905 지심귀명례 구소마덕불
至心歸命禮 俱蘇摩德佛

6906 지심귀명례 발단다불
至心歸命禮 跋檀多佛

6907 지심귀명례 대미루불
至心歸命禮 大彌婁佛

6908 지심귀명례 노사나불
至心歸命禮 盧舍那佛

6909 지심귀명례 궁상불
至心歸命禮 弓上佛

6910 지심귀명례 전단만혜불
至心歸命禮 栴檀滿慧佛

6911 지심귀명례 승사불
至心歸命禮 勝思佛

6912 지심귀명례 연화잉불
至心歸命禮 蓮華孕佛

6913 지심귀명례 나라연승불
至心歸命禮 那羅延勝佛

6914 지심귀명례 바비타불타야불
至心歸命禮 婆比陀佛陀耶佛

6915 지심귀명례 무변염의불
至心歸命禮 無邊焰意佛

6916 지심귀명례 사자의염불
至心歸命禮 師子意焰佛

6917 지심귀명례 승음염의불
至心歸命禮 勝音焰意佛

6918 지심귀명례 묘각의염불
至心歸命禮 妙覺意焰佛

6919 지심귀명례 교도불
至心歸命禮 橋度佛

6920 지심귀명례 사바마바라불
至心歸命禮 娑婆摩波邏佛

6921 지심귀명례 바야불
至心歸命禮 婆耶佛

6922 지심귀명례 가희분불
至心歸命禮 可喜分佛

6923 지심귀명례 불탁재불
至心歸命禮 不濁財佛

6924 지심귀명례 나한위불
至心歸命禮 羅漢威佛

6925 지심귀명례 성이각자불
至心歸命禮 成離覺者佛

6926 지심귀명례 바라나불
至心歸命禮 波羅那佛

6927 지심귀명례 타야불
至心歸命禮 陀耶佛

6928 지심귀명례 호세간공양불
至心歸命禮 護世間供養佛

6929 지심귀명례 치성광위불
至心歸命禮 熾盛光威佛

6930 지심귀명례 결료사유불
至心歸命禮 決了思惟佛

6931 지심귀명례 보월자불
至 心 歸 命 禮 寶 月 者 佛

6932 지심귀명례 선적피안불
至 心 歸 命 禮 善 寂 彼 岸 佛

6933 지심귀명례 청정화행불
至 心 歸 命 禮 清 淨 華 行 佛

6934 지심귀명례 최상국불
至 心 歸 命 禮 最 上 國 佛

6935 지심귀명례 무장애발수불
至 心 歸 命 禮 無 障 礙 發 修 佛

6936 지심귀명례 구나정불
至 心 歸 命 禮 求 那 淨 佛

6937 지심귀명례 법등정불
至 心 歸 命 禮 法 燈 淨 佛

6938 지심귀명례 공덕정불
至 心 歸 命 禮 功 德 淨 佛

6939 지심귀명례 장애면불
至 心 歸 命 禮 將 愛 面 佛

6940 지심귀명례 사자안상보행불
至 心 歸 命 禮 師 子 安 庠 步 行 佛

6941 지심귀명례 중신기불
至心歸命禮 衆神祇佛

6942 지심귀명례 해각불
至心歸命禮 海覺佛

6943 지심귀명례 연화장불
至心歸命禮 蓮華藏佛

6944 지심귀명례 선개불
至心歸命禮 善蓋佛

6945 지심귀명례 상거불
至心歸命禮 上去佛

6946 지심귀명례 광위덕자재왕불
至心歸命禮 廣威德自在王佛

6947 지심귀명례 월위세력불
至心歸命禮 月威勢力佛

6948 지심귀명례 법왕결정불
至心歸命禮 法王決定佛

6949 지심귀명례 도미불
至心歸命禮 道味佛

6950 지심귀명례 분다리향불
至心歸命禮 分陀利香佛

6951 지심귀명례 미루염불
至心歸命禮 彌婁焰佛

6952 지심귀명례 월면일광불
至心歸命禮 月面日光佛

6953 지심귀명례 안상행위불
至心歸命禮 安庠行威佛

6954 지심귀명례 현혁제방불
至心歸命禮 顯赫諸方佛

6955 지심귀명례 대룡승불
至心歸命禮 大龍勝佛

6956 지심귀명례 계정불
至心歸命禮 戒淨佛

6957 지심귀명례 무변의불
至心歸命禮 無邊意佛

6958 지심귀명례 각화당불
至心歸命禮 覺花幢佛

6959 지심귀명례 견정진색불
至心歸命禮 堅精進色佛

6960 지심귀명례 제천공불
至心歸命禮 諸天供佛

6961 지심귀명례 니구율왕불
至心歸命禮 尼拘律王佛

6962 지심귀명례 백염불
至心歸命禮 百焰佛

6963 지심귀명례 인위불
至心歸命禮 仁威佛

6964 지심귀명례 선복덕지불
至心歸命禮 善福德地佛

6965 지심귀명례 뇌정진불
至心歸命禮 牢精進佛

6966 지심귀명례 향상승불
至心歸命禮 香上勝佛

6967 지심귀명례 명칭당위불
至心歸命禮 名稱幢威佛

6968 지심귀명례 나한금강불
至心歸命禮 羅漢金剛佛

6969 지심귀명례 이당불
至心歸命禮 異幢佛

6970 지심귀명례 적정혜불
至心歸命禮 寂靜慧佛

6971 지심귀명례 증장법당왕불
至心歸命禮 增長法幢王佛

6972 지심귀명례 무화승불
至心歸命禮 無華勝佛

6973 지심귀명례 성리사유불
至心歸命禮 成利思惟佛

6974 지심귀명례 애공양불
至心歸命禮 愛供養佛

6975 지심귀명례 성취일체공덕불
至心歸命禮 成就一切功德佛

6976 지심귀명례 보리신불
至心歸命禮 菩提信佛

6977 지심귀명례 심의불
至心歸命禮 心意佛

6978 지심귀명례 출각불
至心歸命禮 出覺佛

6979 지심귀명례 공덕명불
至心歸命禮 功德鳴佛

6980 지심귀명례 잡색월불
至心歸命禮 雜色月佛

6981 지심귀명례 운음불
至心歸命禮 雲陰佛

6982 지심귀명례 실지불
至心歸命禮 實智佛

6983 지심귀명례 묘광장불
至心歸命禮 妙光藏佛

6984 지심귀명례 무우애불
至心歸命禮 無憂愛佛

6985 지심귀명례 천국불
至心歸命禮 天國佛

6986 지심귀명례 사자선명불
至心歸命禮 師子善鳴佛

6987 지심귀명례 무변형명불
至心歸命禮 無邊形鳴佛

6988 지심귀명례 현애명불
至心歸命禮 現愛名佛

6989 지심귀명례 등왕각불
至心歸命禮 燈王覺佛

6990 지심귀명례 공덕당각불
至心歸命禮 功德幢覺佛

6991 지심귀명례 제방문불
至心歸命禮 諸方聞佛

6992 지심귀명례 지제일상화불
至心歸命禮 地第一相花佛

6993 지심귀명례 칭지불
至心歸命禮 稱智佛

6994 지심귀명례 여무외불
至心歸命禮 與無畏佛

6995 지심귀명례 화신벽지불
至心歸命禮 火身辟支佛

6996 지심귀명례 월천불
至心歸命禮 月天佛

6997 지심귀명례 광사불
至心歸命禮 光思佛

6998 지심귀명례 대명칭광불
至心歸命禮 大名稱光佛

6999 지심귀명례 묘명성불
至心歸命禮 妙鳴聲佛

7000 지심귀명례 회애불
至心歸命禮 悔愛佛

7001 지심귀명례 향승당불
至心歸命禮 香勝幢佛

7002 지심귀명례 천왕상불
至心歸命禮 天王上佛

7003 지심귀명례 미형불
至心歸命禮 美形佛

7004 지심귀명례 낙규불
至心歸命禮 樂叫佛

7005 지심귀명례 심의자불
至心歸命禮 心意者佛

7006 지심귀명례 지청정불
至心歸命禮 池清淨佛

7007 지심귀명례 적환불
至心歸命禮 寂患佛

7008 지심귀명례 미광명자재불
至心歸命禮 味光明自在佛

7009 지심귀명례 무경포불
至心歸命禮 無驚怖佛

7010 지심귀명례 삼보리당불
至心歸命禮 三菩提幢佛

7011 지심귀명례 산제의불
至心歸命禮 散諸疑佛

7012 지심귀명례 자자공덕불
至心歸命禮 慈者功德佛

7013 지심귀명례 불가심벽지불
至心歸命禮 不可心辟支佛

7014 지심귀명례 삼세지승불
至心歸命禮 三世智勝佛

7015 지심귀명례 보현불
至心歸命禮 寶現佛

7016 지심귀명례 현월불
至心歸命禮 現月佛

7017 지심귀명례 승마불
至心歸命禮 勝摩佛

7018 지심귀명례 대거불
至心歸命禮 大車佛

7019 지심귀명례 사자용보행불
至心歸命禮 師子勇步行佛

7020 지심귀명례 밀염불
至心歸命禮 蜜焰佛

7021 지심귀명례 감로광불
至心歸命禮 甘露光佛

7022 지심귀명례 성리용보행불
至心歸命禮 成利勇步行佛

7023 지심귀명례 명일불
至心歸命禮 明日佛

7024 지심귀명례 현취불
至心歸命禮 現聚佛

7025 지심귀명례 멸자재불
至心歸命禮 滅自在佛

7026 지심귀명례 향취자불
至心歸命禮 香醉者佛

7027 지심귀명례 명평등작불
至心歸命禮 名平等作佛

7028 지심귀명례 구나광불
至心歸命禮 求那光佛

7029 지심귀명례 법행연등불
至心歸命禮 法行然燈佛

7030 지심귀명례 각천불
至心歸命禮 覺天佛

7031 지심귀명례 회방편불
至心歸命禮 悔方便佛

7032 지심귀명례 선사리불
至心歸命禮 善思利佛

7033 지심귀명례 보현방편불
至心歸命禮 普現方便佛

7034 지심귀명례 사자당방편불
至心歸命禮 師子幢方便佛

7035 지심귀명례 보행불
至心歸命禮 普行佛

7036 지심귀명례 대보방편불
至心歸命禮 大步方便佛

7037 지심귀명례 아라빈타연화불
至心歸命禮 阿羅頻陀蓮華佛

7038 지심귀명례 지찰법불
至心歸命禮 智察法佛

7039 지심귀명례 불사정불
至心歸命禮 不死淨佛

7040 지심귀명례 산자재왕불
至心歸命禮 山自在王佛

7041 지심귀명례 개천불
至心歸命禮 蓋天佛

7042 지심귀명례 보염천불
至心歸命禮 寶焰天佛

7043 지심귀명례 어거국불
至心歸命禮 御車國佛

7044 지심귀명례 주해면불
至心歸命禮 住海面佛

7045 지심귀명례 선명불
至心歸命禮 善名佛

7046 지심귀명례 대중자재왕불
至心歸命禮 大衆自在王佛

7047 지심귀명례 일면명불
至心歸命禮 日面名佛

7048 지심귀명례 무애안엄불
至心歸命禮 無礙眼嚴佛

7049 지심귀명례 사자행자불
至心歸命禮 師子行者佛

7050 지심귀명례 마루불
至心歸命禮 摩婁佛

7051 지심귀명례 다애불
至心歸命禮 多愛佛

7052 지심귀명례 무외애불
至心歸命禮 無畏愛佛

7053 지심귀명례 색광명성불
至心歸命禮 色光明聲佛

7054 지심귀명례 구나잉불
至心歸命禮 求那孕佛

7055 지심귀명례 칭공덕산왕불
至心歸命禮 稱功德山王佛

7056 지심귀명례 반야당불
至心歸命禮 般若幢佛

7057 지심귀명례 위염불
至心歸命禮 威焰佛

7058 지심귀명례 월덕불
至心歸命禮 月德佛

7059 지심귀명례 구나의불
至心歸命禮 求那衣佛

7060 지심귀명례 선설증상명승불
至心歸命禮 善說增上名勝佛

7061 지심귀명례 이사불
至心歸命禮 易事佛

7062 지심귀명례 명칭상불
至心歸命禮 名稱相佛

7063 지심귀명례 광규불
至心歸命禮 光叫佛

7064 지심귀명례 등구나불
至心歸命禮 等求那佛

7065 지심귀명례 치성상불
至心歸命禮 熾盛相佛

7066 지심귀명례 나라연상불
至心歸命禮 那羅延相佛

7067 지심귀명례 선근성불
至心歸命禮 善根聲佛

7068 지심귀명례 보진색불
至心歸命禮 普盡色佛

7069 지심귀명례 삼세경상승불
至心歸命禮 三世鏡像勝佛

7070 지심귀명례 선의자불
至心歸命禮 善意者佛

7071 지심귀명례 감로의자불
至心歸命禮 甘露意者佛

7072 지심귀명례 사자비불
至心歸命禮 師子臂佛

7073 지심귀명례 종종화성취불
至心歸命禮 種種花成就佛

7074 지심귀명례 북방묘고성불
至心歸命禮 北方妙鼓聲佛

7075 지심귀명례 왕천불
至心歸命禮 王天佛

7076 지심귀명례 장엄승산화불
至心歸命禮 莊嚴勝散花佛

7077 지심귀명례 희취불
至心歸命禮 喜聚佛

7078 지심귀명례 감로천불
至心歸命禮 甘露天佛

7079 지심귀명례 성자화불
至心歸命禮 聖者華佛

7080 지심귀명례 불제사득불
至心歸命禮 不祭祀得佛

7081 지심귀명례 대상불
至心歸命禮 大相佛

7082 지심귀명례 방광명불
至心歸命禮 放光明佛

7083 지심귀명례 달마야불
至心歸命禮 達摩耶佛

7084 지심귀명례 월면대상불
至心歸命禮 月面大相佛

7085 지심귀명례 선숙불
至心歸命禮 善熟佛

7086 지심귀명례 천시불
至心歸命禮 天施佛

7087 지심귀명례 주지혜불
至心歸命禮 住智慧佛

7088 지심귀명례 선주지혜왕무장불
至心歸命禮 善住智慧王無障佛

7089 지심귀명례 보승불
至心歸命禮 普勝佛

7090 지심귀명례 요염불
至心歸命禮 饒焰佛

7091 지심귀명례 무량황불
至心歸命禮 無量黃佛

7092 지심귀명례 명칭애불
至心歸命禮 名稱愛佛

7093 지심귀명례 선부불
至心歸命禮 善覆佛

7094 지심귀명례 이우암불
至心歸命禮 離憂闇佛

7095 지심귀명례 대심불
至心歸命禮 大心佛

7096 지심귀명례 항복진불
至心歸命禮 降伏瞋佛

7097 지심귀명례 기인욕성취불
至心歸命禮 起忍辱成就佛

7098 지심귀명례 정면불
至心歸命禮 淨面佛

7099 지심귀명례 복덕애상불
至心歸命禮 福德愛相佛

7100 지심귀명례 파구승왕불
至心歸命禮 破垢勝王佛

7101 지심귀명례 지정불
至心歸命禮 地淨佛

7102 지심귀명례 감로칭불
至心歸命禮 甘露稱佛

7103 지심귀명례 손다라염불
至心歸命禮 孫陀羅焰佛

7104 지심귀명례 승위선주불
至心歸命禮 勝威善住佛

7105 지심귀명례 월애불
至心歸命禮 月愛佛

7106 지심귀명례 쾌지화부신불
至心歸命禮 快智華敷身佛

7107 지심귀명례 보관개불
至心歸命禮 普觀蓋佛

7108 지심귀명례 불오염불
至心歸命禮 不汚染佛

7109 지심귀명례 명칭최상불
至心歸命禮 名稱最上佛

7110 지심귀명례 월면최상불
至心歸命禮 月面最上佛

7111 지심귀명례 염해불
至心歸命禮 炎海佛

7112 지심귀명례 구나염천불
至心歸命禮 求那焰天佛

7113 지심귀명례 구나각불
至心歸命禮 求那覺佛

7114 지심귀명례 정제마불
至心歸命禮 定諸魔佛

7115 지심귀명례 선적대불
至心歸命禮 善敵對佛

7116 지심귀명례 감로위불
至心歸命禮 甘露威佛

7117 지심귀명례 현덕벽지불
至心歸命禮 賢德辟支佛

7118 지심귀명례 구소마성취불
至心歸命禮 俱蘇摩成就佛

7119 지심귀명례 불사염불
至心歸命禮 不死焰佛

7120 지심귀명례 애참불
至心歸命禮 愛懺佛

7121 지심귀명례 나한애불
至心歸命禮 羅漢愛佛

7122 지심귀명례 득기정진명불
至心歸命禮 得起精進名佛

7123 지심귀명례 복덕소득불
至心歸命禮 福德所得佛

7124 지심귀명례 복덕공덕불
至心歸命禮 福德功德佛

7125 지심귀명례 구나비불
至心歸命禮 求那臂佛

7126 지심귀명례 법등비불
至心歸命禮 法燈臂佛

7127 지심귀명례 보염불
至心歸命禮 普焰佛

7128 지심귀명례 금강혜불
至心歸命禮 金剛慧佛

7129 지심귀명례 탈일불
至心歸命禮 脫日佛

7130 지심귀명례 견뢰정진불
至心歸命禮 堅牢精進佛

7131 지심귀명례 의광명불
至心歸命禮 意光明佛

7132 지심귀명례 부정명칭불
至心歸命禮 不正名稱佛

7133 지심귀명례 정각자불
至心歸命禮 正覺者佛

7134 지심귀명례 무량장엄승불
至心歸命禮 無量莊嚴勝佛

7135 지심귀명례 사자아승불
至心歸命禮 師子牙勝佛

7136 지심귀명례 복덕보승불
至心歸命禮 福德步勝佛

7137 지심귀명례 관첨행불
至心歸命禮 觀瞻行佛

7138 지심귀명례 미루지제야불
至心歸命禮 彌婁只帝耶佛

7139 지심귀명례 전염불
至心歸命禮 電焰佛

7140 지심귀명례 난승애불
至心歸命禮 難勝愛佛

7141 지심귀명례 승애불
至心歸命禮 勝愛佛

7142 지심귀명례 미루당불
至心歸命禮 彌婁幢佛

7143 지심귀명례 화광승불
至心歸命禮 華光乘佛

7144 지심귀명례 금색작불
至心歸命禮 金色作佛

7145 지심귀명례 수행견고자재불
至心歸命禮 修行堅固自在佛

7146 지심귀명례 구나용보불
至心歸命禮 求那勇步佛

7147 지심귀명례 익의불
至心歸命禮 益意佛

7148 지심귀명례 선정불
至心歸命禮 仙淨佛

7149 지심귀명례 승광명공덕불
至心歸命禮 勝光明功德佛

7150 지심귀명례 치성위불
至心歸命禮 熾盛威佛

7151 지심귀명례 애의불
至心歸命禮 愛衣佛

7152 지심귀명례 손다라장엄불
至心歸命禮 孫陀羅莊嚴佛

7153 지심귀명례 구나잉공덕불
至心歸命禮 求那孕功德佛

7154 지심귀명례 정현불
至心歸命禮 淨現佛

7155 지심귀명례 인광명불
至心歸命禮 因光明佛

7156 지심귀명례 집자재불
至心歸命禮 集自在佛

7157 지심귀명례 월색불
至心歸命禮 月色佛

7158 지심귀명례 성안불
至心歸命禮 聖眼佛

7159 지심귀명례 목차락불
至心歸命禮 木叉樂佛

7160 지심귀명례 대불공불
至心歸命禮 大不空佛

7161 지심귀명례 상국불
至心歸命禮 上國佛

7162 지심귀명례 애잡불
至心歸命禮 愛雜佛

7163 지심귀명례 염업불
至心歸命禮 念業佛

7164 지심귀명례 구나청정불
至心歸命禮 求那淸淨佛

7165 지심귀명례 비로자나명칭불
至心歸命禮 毘盧遮那名稱佛

7166 지심귀명례 광명최상불
至心歸命禮 光明最上佛

7167 지심귀명례 애부신불
至心歸命禮 愛付信佛

7168 지심귀명례 월광신불
至心歸命禮 月光身佛

7169 지심귀명례 상명불
至心歸命禮 上鳴佛

7170 지심귀명례 복덕공덕상불
至心歸命禮 福德功德相佛

7171 지심귀명례 섭택불
至心歸命禮 攝擇佛

7172 지심귀명례 보래불
至心歸命禮 寶來佛

7173 지심귀명례 무뇌각불
至心歸命禮 無惱覺佛

7174 지심귀명례 성강불
至心歸命禮 聖降佛

7175 지심귀명례 법주불
至心歸命禮 法洲佛

7176 지심귀명례 불사구나불
至心歸命禮 不死求那佛

7177 지심귀명례 무애명칭불
至心歸命禮 無礙名稱佛

7178 지심귀명례 감로향불
至心歸命禮 甘露香佛

7179 지심귀명례 지자애불
至心歸命禮 智者愛佛

7180 지심귀명례 불착각자불
至心歸命禮 不錯覺者佛

7181 지심귀명례 불차별불
至心歸命禮 不差別佛

7182 지심귀명례 불유타주불
至心歸命禮 不由他主佛

7183 지심귀명례 신통정불
至心歸命禮 神通淨佛

7184 지심귀명례 천산불
至心歸命禮 天繖佛

7185 지심귀명례 불탁신불
至心歸命禮 不濁身佛

7186 지심귀명례 엄보불
至心歸命禮 嚴步佛

7187 지심귀명례 법승불
至心歸命禮 法勝佛

7188 지심귀명례 대명성덕불
至心歸命禮 大名聲德佛

7189 지심귀명례 흉면불
至心歸命禮 胸面佛

7190 지심귀명례 구나상불
至心歸命禮 求那相佛

7191 지심귀명례 중생갈바불
至心歸命禮 衆生羯波佛

7192 지심귀명례 각신불
至心歸命禮 覺身佛

7193 지심귀명례 견고수불
至心歸命禮 堅固修佛

7194 지심귀명례 구나염명불
至心歸命禮 求那焰明佛

7195 지심귀명례 범천자재불
至心歸命禮 梵天自在佛

7196 지심귀명례 정신체불
至心歸命禮 定身體佛

7197 지심귀명례 구나당불
至心歸命禮 求那幢佛

7198 지심귀명례 사년다라갈바불
至心歸命禮 闍年陀羅羯波佛

7199 지심귀명례 선주거불
至心歸命禮 善住去佛

7200 지심귀명례 섭각불
至心歸命禮 攝覺佛

7201 지심귀명례 진광불
至心歸命禮 陳光佛

7202 지심귀명례 공덕적불
至心歸命禮 功德積佛

7203 지심귀명례 일절광불
至心歸命禮 一節光佛

7204 지심귀명례 나라연용건불
至心歸命禮 那羅延勇健佛

7205 지심귀명례 사자슬불
至心歸命禮 師子膝佛

7206 지심귀명례 계애불
至心歸命禮 戒愛佛

7207 지심귀명례 세간정애불
至心歸命禮 世間淨愛佛

7208 지심귀명례 치성염광불
至心歸命禮 熾盛焰光佛

7209 지심귀명례 사자분신뢰불
至心歸命禮 師子奮迅賴佛

7210 지심귀명례 불탁의불
至心歸命禮 不濯意佛

7211 지심귀명례 명칭불탁불
至心歸命禮 名稱不濁佛

7212 지심귀명례 일작불
至心歸命禮 日作佛

7213 지심귀명례 보륜위덕상승불
至心歸命禮 寶輪威德上勝佛

7214 지심귀명례 구나취상불
至心歸命禮 求那聚相佛

7215 지심귀명례 성각불
至心歸命禮 星覺佛

7216 지심귀명례 중해탈불
至心歸命禮 衆解脫佛

7217 지심귀명례 실용보불
至心歸命禮 實勇步佛

7218 지심귀명례 종종색월불
至心歸命禮 種種色月佛

7219 지심귀명례 제방관불
至心歸命禮 諸方觀佛

7220 지심귀명례 참정불
至心歸命禮 懺淨佛

7221 지심귀명례 사참불
至心歸命禮 思懺佛

7222 지심귀명례 법산불
至心歸命禮 法繖佛

7223 지심귀명례 불항륜불
至心歸命禮 不降輪佛

7224 지심귀명례 지다라니자재불
至心歸命禮 地陀羅尼自在佛

7225 지심귀명례 천연화불
至心歸命禮 天蓮華佛

7226 지심귀명례 낙사자불
至心歸命禮 樂師子佛

7227 지심귀명례 월명위불
至心歸命禮 月明威佛

7228 지심귀명례 구나장엄위불
至心歸命禮 求那莊嚴威佛

7229 지심귀명례 이사불
至心歸命禮 利思佛

7230 지심귀명례 불가량성불
至心歸命禮 不可量聲佛

7231 지심귀명례 연화면불
至心歸命禮 蓮華面佛

7232 지심귀명례 명칭사불
至心歸命禮 名稱思佛

7233 지심귀명례 정고행불
至心歸命禮 淨苦行佛

7234 지심귀명례 사자유희보불
至心歸命禮 師子遊戲步佛

7235 지심귀명례 마니정보불
至心歸命禮 摩尼淨步佛

7236 지심귀명례 선택적불
至心歸命禮 善擇敵佛

7237 지심귀명례 지자정불
至心歸命禮 智者淨佛

7238 지심귀명례 복덕지처불
至心歸命禮 福德地處佛

7239 지심귀명례 반야지불
至心歸命禮 般若智佛

7240 지심귀명례 지개불
至心歸命禮 智開佛

7241 지심귀명례 위력지불
至心歸命禮 威力智佛

7242 지심귀명례 보염수미산불
至心歸命禮 寶焰須彌山佛

7243 지심귀명례 각자희불
至心歸命禮 覺者喜佛

7244 지심귀명례 승정불
至心歸命禮 勝淨佛

7245 지심귀명례 일체애불
至心歸命禮 一切愛佛

7246 지심귀명례 무의초월불
至心歸命禮 無疑超越佛

7247 지심귀명례 복덕광명승불
至心歸命禮 福德光明勝佛

7248 지심귀명례 미루불
至心歸命禮 彌婁佛

7249 지심귀명례 성조불
至心歸命禮 聖調佛

7250 지심귀명례 지자정념불
至心歸命禮 智者淨念佛

7251 지심귀명례 섭도불
至心歸命禮 攝道佛

7252 지심귀명례 첨명불
至心歸命禮 㭰明佛

7253 지심귀명례 마하비사타가야불
至心歸命禮 摩訶毘沙吒迦耶佛

7254 지심귀명례 사자락불
至心歸命禮 師子樂佛

7255 지심귀명례 주선의불
至心歸命禮 住善意佛

7256 지심귀명례 일체세간애불
至心歸命禮 一切世間愛佛

7257 지심귀명례 유금강불
至心歸命禮 有金剛佛

7258 지심귀명례 이공덕암왕불
至心歸命禮 離功德闇王佛

7259 지심귀명례 화소부불
至心歸命禮 火所覆佛

7260 지심귀명례 상주불
至心歸命禮 常主佛

7261 지심귀명례 정공덕장엄불
至 心 歸 命 禮 淨 功 德 莊 嚴 佛

7262 지심귀명례 용맹적불
至 心 歸 命 禮 勇 猛 積 佛

7263 지심귀명례 일광엄불
至 心 歸 命 禮 日 光 嚴 佛

7264 지심귀명례 월색전단불
至 心 歸 命 禮 月 色 栴 檀 佛

7265 지심귀명례 보면승불
至 心 歸 命 禮 寶 面 勝 佛

7266 지심귀명례 지력왕불
至 心 歸 命 禮 智 力 王 佛

7267 지심귀명례 섭약칭불
至 心 歸 命 禮 攝 若 稱 佛

7268 지심귀명례 범소공양불
至 心 歸 命 禮 梵 所 供 養 佛

7269 지심귀명례 대성불
至 心 歸 命 禮 大 聲 佛

7270 지심귀명례 지자정성불
至 心 歸 命 禮 智 者 淨 聲 佛

7271 지심귀명례 무변원불
至心歸命禮 無邊願佛

7272 지심귀명례 세염불
至心歸命禮 世焰佛

7273 지심귀명례 불현보불
至心歸命禮 不現步佛

7274 지심귀명례 현인불
至心歸命禮 現忍佛

7275 지심귀명례 대화득불
至心歸命禮 大華得佛

7276 지심귀명례 자훈불
至心歸命禮 自熏佛

7277 지심귀명례 바두벽지불
至心歸命禮 波頭辟支佛

7278 지심귀명례 화각불
至心歸命禮 華覺佛

7279 지심귀명례 바수달불
至心歸命禮 婆須達佛

7280 지심귀명례 불겁명불
至心歸命禮 不怯鳴佛

7281 지심귀명례 보현현불
至心歸命禮 普顯現佛

7282 지심귀명례 월광현현불
至心歸命禮 月光顯現佛

7283 지심귀명례 택색불
至心歸命禮 擇色佛

7284 지심귀명례 선정사불
至心歸命禮 禪定思佛

7285 지심귀명례 바기라이야불
至心歸命禮 婆者羅洟若佛

7286 지심귀명례 공덕유정불
至心歸命禮 功德有淨佛

7287 지심귀명례 난득항복불
至心歸命禮 難得降伏佛

7288 지심귀명례 등현불
至心歸命禮 等現佛

7289 지심귀명례 월등현불
至心歸命禮 月燈現佛

7290 지심귀명례 공덕정화불
至心歸命禮 功德淨火佛

7291 지심귀명례 월산불
至心歸命禮 月繖佛

7292 지심귀명례 세간복덕처불
至心歸命禮 世間福德處佛

7293 지심귀명례 산정불
至心歸命禮 山淨佛

7294 지심귀명례 구천법장엄불
至心歸命禮 九千法莊嚴佛

7295 지심귀명례 참괴현불
至心歸命禮 慚愧賢佛

7296 지심귀명례 현혁불
至心歸命禮 顯赫佛

7297 지심귀명례 사자규불
至心歸命禮 師子叫佛

7298 지심귀명례 대유희보불
至心歸命禮 大遊戲步佛

7299 지심귀명례 보정불
至心歸命禮 普淨佛

7300 지심귀명례 기명불
至心歸命禮 器鳴佛

7301 지심귀명례 공덕애불
至心歸命禮 功德愛佛

7302 지심귀명례 보행자불
至心歸命禮 普行者佛

7303 지심귀명례 전단행불
至心歸命禮 栴檀行佛

7304 지심귀명례 대용건불
至心歸命禮 大勇健佛

7305 지심귀명례 보계도불
至心歸命禮 寶雞都佛

7306 지심귀명례 여실주불
至心歸命禮 如實住佛

7307 지심귀명례 조순공양불
至心歸命禮 調順供養佛

7308 지심귀명례 가외면불
至心歸命禮 可畏面佛

7309 지심귀명례 다보묘불
至心歸命禮 多寶妙佛

7310 지심귀명례 일체구나성취불
至心歸命禮 一切求那成就佛

7311 지심귀명례 견각자불
至心歸命禮 堅覺者佛

7312 지심귀명례 감로염불
至心歸命禮 甘露焰佛

7313 지심귀명례 미묘명불
至心歸命禮 微妙明佛

7314 지심귀명례 대력묘불
至心歸命禮 大力妙佛

7315 지심귀명례 대보정력불
至心歸命禮 大步淨力佛

7316 지심귀명례 불사청정불
至心歸命禮 不死清淨佛

7317 지심귀명례 도유희보불
至心歸命禮 道遊戲步佛

7318 지심귀명례 승성사유불
至心歸命禮 勝聲思惟佛

7319 지심귀명례 엄의불
至心歸命禮 嚴意佛

7320 지심귀명례 대고행상불
至心歸命禮 大苦行相佛

7321 지심귀명례 치위염불
至心歸命禮 熾威焰佛

7322 지심귀명례 무쟁각불
至心歸命禮 無諍覺佛

7323 지심귀명례 사자명위불
至心歸命禮 師子鳴威佛

7324 지심귀명례 정승불
至心歸命禮 淨勝佛

7325 지심귀명례 선안불
至心歸命禮 善安佛

7326 지심귀명례 일광명안불
至心歸命禮 日光明安佛

7327 지심귀명례 힐혜불
至心歸命禮 黠慧佛

7328 지심귀명례 도행불
至心歸命禮 道行佛

7329 지심귀명례 불우불
至心歸命禮 佛友佛

7330 지심귀명례 불현불
至心歸命禮 不現佛

7331 지심귀명례 불독의불
至心歸命禮 不獨意佛

7332 지심귀명례 주지속력불
至心歸命禮 住持速力佛

7333 지심귀명례 행자재왕불
至心歸命禮 行自在王佛

7334 지심귀명례 상형불
至心歸命禮 上形佛

7335 지심귀명례 구소마염불
至心歸命禮 俱蘇摩炎佛

7336 지심귀명례 대장엄불
至心歸命禮 大莊嚴佛

7337 지심귀명례 사자분신상불
至心歸命禮 師子奮迅相佛

7338 지심귀명례 애마루다불
至心歸命禮 愛摩婁多佛

7339 지심귀명례 적취불
至心歸命禮 寂醉佛

7340 지심귀명례 대향상불
至心歸命禮 大香象佛

7341 지심귀명례 미묘명불
至心歸命禮 微妙鳴佛

7342 지심귀명례 복덕취불
至心歸命禮 福德聚佛

7343 지심귀명례 의월불
至心歸命禮 意月佛

7344 지심귀명례 애안불
至心歸命禮 愛眼佛

7345 지심귀명례 이일체우승불
至心歸命禮 離一切憂勝佛

7346 지심귀명례 공덕정문불
至心歸命禮 功德淨聞佛

7347 지심귀명례 도각자불
至心歸命禮 道覺者佛

7348 지심귀명례 보공양불
至心歸命禮 寶供養佛

7349 지심귀명례 이일체취불
至心歸命禮 離一切取佛

7350 지심귀명례 정수문불
至心歸命禮 定隨聞佛

7351 지심귀명례 승장불
至心歸命禮 勝將佛

7352 지심귀명례 실각불
至心歸命禮 實覺佛

7353 지심귀명례 법혜불
至心歸命禮 法慧佛

7354 지심귀명례 무선인불
至心歸命禮 無禪忍佛

7355 지심귀명례 양대장엄불
至心歸命禮 量大莊嚴佛

7356 지심귀명례 보염산승왕불
至心歸命禮 寶炎山勝王佛

7357 지심귀명례 지자정보불
至心歸命禮 智者淨步佛

7358 지심귀명례 실애불
至心歸命禮 實愛佛

7359 지심귀명례 우바라향불
至心歸命禮 憂鉢羅香佛

7360 지심귀명례 아승지장엄왕불
至心歸命禮 阿僧祇莊嚴王佛

7361 지심귀명례 오상불
至心歸命禮 五上佛

7362 지심귀명례 등고행불
至心歸命禮 等苦行佛

7363 지심귀명례 공덕길불
至心歸命禮 功德吉佛

7364 지심귀명례 멸제악혜불
至心歸命禮 滅諸惡慧佛

7365 지심귀명례 색월불
至心歸命禮 色月佛

7366 지심귀명례 해만불
至心歸命禮 海滿佛

7367 지심귀명례 불량안불
至心歸命禮 不量眼佛

7368 지심귀명례 참괴각자불
至心歸命禮 慚愧覺者佛

7369 지심귀명례 공덕공양불
至心歸命禮 功德供養佛

7370 지심귀명례 잡색명불
至心歸命禮 雜色鳴佛

7371 지심귀명례 구나마니불
至心歸命禮 求那摩尼佛

7372 지심귀명례 정안주불
至心歸命禮 淨安住佛

7373 지심귀명례 묘향안불
至心歸命禮 妙香安佛

7374 지심귀명례 선계향불
至心歸命禮 善戒香佛

7375 지심귀명례 신힐혜불
至心歸命禮 信詰慧佛

7376 지심귀명례 승장마니광불
至心歸命禮 勝藏摩尼光佛

7377 지심귀명례 응공양의불
至心歸命禮 應供養意佛

7378 지심귀명례 산제적불
至心歸命禮 山帝積佛

7379 지심귀명례 치성광산불
至心歸命禮 熾盛光山佛

7380 지심귀명례 장희불
至心歸命禮 長喜佛

7381 지심귀명례 잡색성명불
至心歸命禮 雜色聲鳴佛

7382 지심귀명례 무의보불
至心歸命禮 無意步佛

7383 지심귀명례 의애불
至心歸命禮 義愛佛

7384 지심귀명례 초정불
至心歸命禮 超淨佛

7385 지심귀명례 용사불
至心歸命禮 勇捨佛

7386 지심귀명례 신통광불
至心歸命禮 神通光佛

7387 지심귀명례 고산승불
至心歸命禮 高山勝佛

7388 지심귀명례 무시기불
至心歸命禮 無尸棄佛

7389 지심귀명례 상명문불
至心歸命禮 上名門佛

7390 지심귀명례 일청정광명불
至心歸命禮 日清淨光明佛

7391 지심귀명례 일체공덕승광명불
至心歸命禮 一切功德勝光明佛

7392 지심귀명례 섭집불
至心歸命禮 攝集佛

7393 지심귀명례 임화불
至心歸命禮 林華佛

7394 지심귀명례 공덕림화불
至心歸命禮 功德林華佛

7395 지심귀명례 사투쟁불
至心歸命禮 捨鬪諍佛

7396 지심귀명례 두장불
至心歸命禮 斗帳佛

7397 지심귀명례 보변성불
至心歸命禮 普遍聲佛

7398 지심귀명례 애행불
至心歸命禮 愛行佛

7399 지심귀명례 감보불
至心歸命禮 甘步佛

7400 지심귀명례 일향불
至心歸命禮 日香佛

7401 지심귀명례 월명불
至心歸命禮 月鳴佛

7402 지심귀명례 항복치불
至心歸命禮 降伏癡佛

7403 지심귀명례 정월불
至心歸命禮 淨月佛

7404 지심귀명례 사라달저야불
至心歸命禮 奢羅達底耶佛

7405 지심귀명례 첨앙관불
至心歸命禮 瞻仰觀佛

7406 지심귀명례 견각불
至心歸命禮 堅覺佛

7407 지심귀명례 수화불
至心歸命禮 樹華佛

7408 지심귀명례 승고산왕불
至心歸命禮 勝高山王佛

7409 지심귀명례 감로우불
至心歸命禮 甘露雨佛

7410 지심귀명례 선향종자불
至心歸命禮 善香種子佛

7411 지심귀명례 이십만천불
至心歸命禮 二十萬天佛

7412 지심귀명례 상음불
至心歸命禮 上音佛

7413 지심귀명례 공덕애음불
至心歸命禮 功德愛陰佛

7414 지심귀명례 감로명불
至心歸命禮 甘露名佛

7415 지심귀명례 법화현불
至心歸命禮 法華顯佛

7416 지심귀명례 대위장엄불
至心歸命禮 大威莊嚴佛

7417 지심귀명례 음광명인승불
至心歸命禮 陰光明人勝佛

7418 지심귀명례 승의중불
至心歸命禮 勝意重佛

7419 지심귀명례 보지혜불
至心歸命禮 普智慧佛

7420 지심귀명례 감로광중불
至心歸命禮 甘露光重佛

7421 지심귀명례 부동심불
至心歸命禮 不動心佛

7422 지심귀명례 선각사불
至心歸命禮 善覺思佛

7423 지심귀명례 당월불
至心歸命禮 幢月佛

7424 지심귀명례 항복원불
至心歸命禮 降伏怨佛

7425 지심귀명례 감로화월불
至心歸命禮 甘露華月佛

7426 지심귀명례 월륜청정불
至心歸命禮 月輪清淨佛

7427 지심귀명례 익사불
至心歸命禮 益思佛

7428 지심귀명례 거유불
至心歸命禮 去有佛

7429 지심귀명례 도연화불
至心歸命禮 道蓮華佛

7430 지심귀명례 자재견불
至心歸命禮 自在見佛

7431 지심귀명례 초니불
至心歸命禮 超泥佛

7432 지심귀명례 법파불
至心歸命禮 法葩佛

7433 지심귀명례 대공덕파불
至心歸命禮 大功德葩佛

7434 지심귀명례 애광불
至心歸命禮 愛光佛

7435 지심귀명례 능개법문불
至心歸命禮 能開法門佛

7436 지심귀명례 시애불
至心歸命禮 示愛佛

7437 지심귀명례 명애불
至心歸命禮 明愛佛

7438 지심귀명례 불공념불
至心歸命禮 不空念佛

7439 지심귀명례 월잉불
至心歸命禮 月孕佛

7440 지심귀명례 아실다벽지불
至心歸命禮 阿悉多辟支佛

7441 지심귀명례 실용불
至心歸命禮 實勇佛

7442 지심귀명례 불가겸명불
至心歸命禮 不可嫌名佛

7443 지심귀명례 위지불
至心歸命禮 威至佛

7444 지심귀명례 범광불
至心歸命禮 梵光佛

7445 지심귀명례 대장엄광위불
至心歸命禮 大莊嚴光威佛

7446 지심귀명례 요광불
至心歸命禮 樂光佛

7447 지심귀명례 상입열반불
至心歸命禮 常入涅槃佛

7448 지심귀명례 부동법지광불
至心歸命禮 不動法智光佛

7449 지심귀명례 무의보불
至心歸命禮 無疑步佛

7450 지심귀명례 불착각불
至心歸命禮 不錯覺佛

7451 지심귀명례 고행요불
至心歸命禮 苦行饒佛

7452 지심귀명례 단정분불
至心歸命禮 端正分佛

7453 지심귀명례 연등일불
至心歸命禮 然燈日佛

7454 지심귀명례 규명향불
至心歸命禮 叫鳴香佛

7455 지심귀명례 대명향불
至心歸命禮 大鳴香佛

7456 지심귀명례 선택자불
至心歸命禮 選擇者佛

7457 지심귀명례 정색불
至心歸命禮 淨色佛

7458 지심귀명례 대용보불
至心歸命禮 大勇步佛

7459 지심귀명례 대사불
至心歸命禮 大思佛

7460 지심귀명례 낙목불
至心歸命禮 樂目佛

7461 지심귀명례 무색정불
至心歸命禮 無色淨佛

7462 지심귀명례 귀의정불
至心歸命禮 歸依淨佛

7463 지심귀명례 광명상승불
至心歸命禮 光明上勝佛

7464 지심귀명례 감복처불
至心歸命禮 堪福處佛

7465 지심귀명례 선변각불
至心歸命禮 善辯覺佛

7466 지심귀명례 세간존중불
至心歸命禮 世間尊重佛

7467 지심귀명례 위덕승불
至心歸命禮 威德勝佛

7468 지심귀명례 천만불
至心歸命禮 天滿佛

7469 지심귀명례 천명불
至心歸命禮 天鳴佛

7470 지심귀명례 화일불
至心歸命禮 華日佛

7471 지심귀명례 부주사불
至心歸命禮 不住思佛

7472 지심귀명례 상정불
至心歸命禮 相淨佛

7473 지심귀명례 화형불
至心歸命禮 華形佛

7474 지심귀명례 보현당승불
至心歸命禮 寶賢幢勝佛

7475 지심귀명례 구나희불
至心歸命禮 求那喜佛

7476 지심귀명례 법부사불
至心歸命禮 法富沙佛

7477 지심귀명례 가희위불
至心歸命禮 可喜威佛

7478 지심귀명례 월경계불
至心歸命禮 月境界佛

7479 지심귀명례 적식불
至心歸命禮 寂食佛

7480 지심귀명례 평등구나불
至心歸命禮 平等求那佛

7481 지심귀명례 항복위불
至心歸命禮 降伏威佛

7482 지심귀명례 대광명조불
至心歸命禮 大光明照佛

7483 지심귀명례 업승득명불
至心歸命禮 業勝得名佛

7484 지심귀명례 불착방편불
至心歸命禮 不錯方便佛

7485 지심귀명례 금강설불
至心歸命禮 金剛說佛

7486 지심귀명례 성취공덕승불
至心歸命禮 成就功德勝佛

7487 지심귀명례 보명불
至心歸命禮 普鳴佛

7488 지심귀명례 도원불
至心歸命禮 道願佛

7489 지심귀명례 천희불
至心歸命禮 天喜佛

7490 지심귀명례 지력불
至心歸命禮 智力佛

7491 지심귀명례 보안불
至心歸命禮 普眼佛

7492 지심귀명례 범합불
至心歸命禮 梵合佛

7493 지심귀명례 선화불
至心歸命禮 仙華佛

7494 지심귀명례 인성자재증장불
至心歸命禮 人聲自在增長佛

7495 지심귀명례 바교불
至心歸命禮 波攪佛

7496 지심귀명례 무비지불
至心歸命禮 無比智佛

7497 지심귀명례 항자불
至心歸命禮 降刺佛

7498 지심귀명례 이제장불
至心歸命禮 離諸障佛

7499 지심귀명례 계공양불
至心歸命禮 戒供養佛

7500 지심귀명례 등조사불
至心歸命禮 等助思佛

7501 지심귀명례 무외명불
至心歸命禮 無畏名佛

7502 지심귀명례 정진정불
至心歸命禮 精進淨佛

7503 지심귀명례 서기광불
至心歸命禮 庶譏光佛

7504 지심귀명례 문각불
至心歸命禮 聞覺佛

7505 지심귀명례 보보개장엄불
至心歸命禮 普寶蓋莊嚴佛

7506 지심귀명례 선결법불
至心歸命禮 善決法佛

7507 지심귀명례 평등작불
至心歸命禮 平等作佛

7508 지심귀명례 아루나승불
至心歸命禮 阿樓那勝佛

7509 지심귀명례 과조불
至心歸命禮 過潮佛

7510 지심귀명례 승안불
至心歸命禮 勝眼佛

7511 지심귀명례 해탈고행불
至心歸命禮 解脫苦行佛

7512 지심귀명례 의희현불
至心歸命禮 意喜現佛

7513 지심귀명례 승광현불
至心歸命禮 勝光現佛

7514 지심귀명례 대명현불
至心歸命禮 大鳴現佛

7515 지심귀명례 대위취현불
至心歸命禮 大威聚現佛

7516 지심귀명례 광억불
至心歸命禮 光憶佛

7517 지심귀명례 구나위취불
至心歸命禮 求那威聚佛

7518 지심귀명례 견고지불
至心歸命禮 堅固智佛

7519 지심귀명례 정진희불
至心歸命禮 精進喜佛

7520 지심귀명례 나한정불
至心歸命禮 羅漢淨佛

7521 지심귀명례 선주사불
至心歸命禮 善住思佛

7522 지심귀명례 법계경상승불
至心歸命禮 法界鏡像勝佛

7523 지심귀명례 금강세불
至心歸命禮 金剛勢佛

7524 지심귀명례 대광일불
至心歸命禮 大光日佛

7525 지심귀명례 지향승불
至心歸命禮 智香勝佛

7526 지심귀명례 설복처불
至心歸命禮 說福處佛

7527 지심귀명례 회진불
至心歸命禮 灰瞋佛

7528 지심귀명례 용후자재성불
至心歸命禮 龍吼自在聲佛

7529 지심귀명례 명문우광불
至心歸命禮 名聞友光佛

7530 지심귀명례 정착불
至心歸命禮 淨著佛

7531 지심귀명례 애희불
至心歸命禮 愛喜佛

7532 지심귀명례 위주불
至心歸命禮 威主佛

7533 지심귀명례 일체세애불
至心歸命禮 一切世愛佛

7534 지심귀명례 수다수마혜다불
至心歸命禮 須多殊摩醯多佛

7535 지심귀명례 효광불
至心歸命禮 曉光佛

7536 지심귀명례 세탑불
至心歸命禮 世塔佛

7537 지심귀명례 행정불
至心歸命禮 行淨佛

7538 지심귀명례 선복처위불
至心歸命禮 善福處威佛

7539 지심귀명례 나한안불
至心歸命禮 羅漢眼佛

7540 지심귀명례 선지적정거불
至心歸命禮 善知寂靜去佛

7541 지심귀명례 무량색불
至 心 歸 命 禮 無 量 色 佛

7542 지심귀명례 지지불
至 心 歸 命 禮 智 持 佛

7543 지심귀명례 구나복처불
至 心 歸 命 禮 求 那 福 處 佛

7544 지심귀명례 공덕력불
至 心 歸 命 禮 功 德 力 佛

7545 지심귀명례 불칭열반불
至 心 歸 命 禮 不 稱 涅 槃 佛

7546 지심귀명례 대용위보불
至 心 歸 命 禮 大 勇 威 步 佛

7547 지심귀명례 무박무의마니불
至 心 歸 命 禮 無 縛 無 疑 摩 尼 佛

7548 지심귀명례 비광명인승불
至 心 歸 命 禮 鼻 光 明 人 勝 佛

7549 지심귀명례 익애불
至 心 歸 命 禮 益 愛 佛

7550 지심귀명례 제천소공양불
至 心 歸 命 禮 諸 天 所 供 養 佛

7551 지심귀명례 사사류불
至心歸命禮 捨駛流佛

7552 지심귀명례 사보불
至心歸命禮 捨寶佛

7553 지심귀명례 지자보불
至心歸命禮 智者寶佛

7554 지심귀명례 교량자불
至心歸命禮 橋梁者佛

7555 지심귀명례 현자보불
至心歸命禮 賢者寶佛

7556 지심귀명례 불공용보불
至心歸命禮 不空勇步佛

7557 지심귀명례 유의위불
至心歸命禮 有衣威佛

7558 지심귀명례 자력불
至心歸命禮 慈力佛

7559 지심귀명례 월공덕불
至心歸命禮 月功德佛

7560 지심귀명례 적광공덕불
至心歸命禮 寂光功德佛

7561 지심귀명례 운무외견불
至心歸命禮 雲無畏見佛

7562 지심귀명례 연약명불
至心歸命禮 軟弱鳴佛

7563 지심귀명례 천색불
至心歸命禮 天色佛

7564 지심귀명례 바두마당불
至心歸命禮 波頭摩幢佛

7565 지심귀명례 청정중생행불
至心歸命禮 淸淨衆生行佛

7566 지심귀명례 무애명불
至心歸命禮 無礙鳴佛

7567 지심귀명례 천화향불
至心歸命禮 天華香佛

7568 지심귀명례 잡색형불
至心歸命禮 雜色形佛

7569 지심귀명례 지일계도불
至心歸命禮 智日雞都佛

7570 지심귀명례 운명불
至心歸命禮 雲鳴佛

7571 지심귀명례 선주제선장왕불
至心歸命禮 善住諸禪藏王佛

7572 지심귀명례 심구나불
至心歸命禮 心求那佛

7573 지심귀명례 대명불
至心歸命禮 大鳴佛

7574 지심귀명례 분명명불
至心歸命禮 分明鳴佛

7575 지심귀명례 사악도불
至心歸命禮 捨惡道佛

7576 지심귀명례 불사화불
至心歸命禮 不死華佛

7577 지심귀명례 안상안불
至心歸命禮 安庠眼佛

7578 지심귀명례 수제광명불
至心歸命禮 樹提光明佛

7579 지심귀명례 불공고행불
至心歸命禮 不空苦行佛

7580 지심귀명례 뇌안불
至心歸命禮 牢眼佛

7581 지심귀명례 사전불
至心歸命禮 捨癲佛

7582 지심귀명례 상화불
至心歸命禮 相華佛

7583 지심귀명례 부사의형불
至心歸命禮 不思議形佛

7584 지심귀명례 보현형불
至心歸命禮 普賢形佛

7585 지심귀명례 양랭승불
至心歸命禮 凉冷勝佛

7586 지심귀명례 환희덕불
至心歸命禮 歡喜德佛

7587 지심귀명례 단정명불
至心歸命禮 端正鳴佛

7588 지심귀명례 정의불
至心歸命禮 精意佛

7589 지심귀명례 현광불
至心歸命禮 賢光佛

7590 지심귀명례 뇌화불
至心歸命禮 牢華佛

7591 지심귀명례 불산의불
至心歸命禮 不散意佛

7592 지심귀명례 광광명왕불
至心歸命禮 廣光明王佛

7593 지심귀명례 원요불
至心歸命禮 願饒佛

7594 지심귀명례 일체삼매불
至心歸命禮 一切三昧佛

7595 지심귀명례 초월사류불
至心歸命禮 超越駛流佛

7596 지심귀명례 조원적불
至心歸命禮 調怨敵佛

7597 지심귀명례 무행사불
至心歸命禮 無行捨佛

7598 지심귀명례 묘고광불
至心歸命禮 妙高光佛

7599 지심귀명례 무구사불
至心歸命禮 無垢思佛

7600 지심귀명례 잡음불
至心歸命禮 雜音佛

7601 지심귀명례 무량광안불
至心歸命禮 無量光眼佛

7602 지심귀명례 용력고행불
至心歸命禮 勇力苦行佛

7603 지심귀명례 무량광안불
至心歸命禮 無量光安佛

7604 지심귀명례 구나저적불
至心歸命禮 求那貯積佛

7605 지심귀명례 음희명불
至心歸命禮 音喜鳴佛

7606 지심귀명례 바두마향불
至心歸命禮 波頭摩香佛

7607 지심귀명례 색다라니자재불
至心歸命禮 色陀羅尼自在佛

7608 지심귀명례 불사심행불
至心歸命禮 不死心行佛

7609 지심귀명례 최상등불
至心歸命禮 最上燈佛

7610 지심귀명례 금광명왕불
至心歸命禮 金光明王佛

7611 지심귀명례 역용보불
至心歸命禮 力勇步佛

7612 지심귀명례 아라불
至心歸命禮 阿羅佛

7613 지심귀명례 보리광불
至心歸命禮 菩提光佛

7614 지심귀명례 상명음불
至心歸命禮 上鳴音佛

7615 지심귀명례 육통음불
至心歸命禮 六通音佛

7616 지심귀명례 위력음불
至心歸命禮 威力音佛

7617 지심귀명례 인명문불
至心歸命禮 人名聞佛

7618 지심귀명례 결정화저적불
至心歸命禮 決定華貯積佛

7619 지심귀명례 대계불
至心歸命禮 大髻佛

7620 지심귀명례 수다라벽지불
至心歸命禮 修陀羅辟支佛

7621 지심귀명례 겁행불
至心歸命禮 怯行佛

7622 지심귀명례 우의멸불
至心歸命禮 憂意滅佛

7623 지심귀명례 대수용보불
至心歸命禮 大水勇步佛

7624 지심귀명례 월광보불
至心歸命禮 月光步佛

7625 지심귀명례 심건불
至心歸命禮 心健佛

7626 지심귀명례 해탈지불
至心歸命禮 解脫智佛

7627 지심귀명례 무행생불
至心歸命禮 無行生佛

7628 지심귀명례 첨바가등불
至心歸命禮 瞻波迦燈佛

7629 지심귀명례 정거불
至心歸命禮 靜去佛

7630 지심귀명례 선사자불
至心歸命禮 善思者佛

7631 지심귀명례 공덕위색불
至心歸命禮 功德威色佛

7632 지심귀명례 중신불
至心歸命禮 衆信佛

7633 지심귀명례 무량향광불
至心歸命禮 無量香光佛

7634 지심귀명례 손다라념신불
至心歸命禮 孫陀羅念信佛

7635 지심귀명례 연화형불
至心歸命禮 蓮華形佛

7636 지심귀명례 인연화불
至心歸命禮 人蓮華佛

7637 지심귀명례 정묘향불
至心歸命禮 精妙香佛

7638 지심귀명례 최상소공불
至心歸命禮 最上所供佛

7639 지심귀명례 심화불
至心歸命禮 心華佛

7640 지심귀명례 장상공덕불
至心歸命禮 長上功德佛

7641 지심귀명례 허공분별불
至心歸命禮 虛空分別佛

7642 지심귀명례 천신불
至心歸命禮 天信佛

7643 지심귀명례 지저가복처불
至心歸命禮 支低迦福處佛

7644 지심귀명례 월명처불
至心歸命禮 月明處佛

7645 지심귀명례 대견불
至心歸命禮 大堅佛

7646 지심귀명례 극력불
至心歸命禮 極力佛

7647 지심귀명례 지국불
至心歸命禮 智國佛

7648 지심귀명례 광구소마작불
至心歸命禮 廣俱蘇摩作佛

7649 지심귀명례 산제각불
至心歸命禮 山帝覺佛

7650 지심귀명례 공덕보작불
至心歸命禮 功德寶作佛

7651 지심귀명례 대혜량불
至心歸命禮 大慧量佛

7652 지심귀명례 공덕우불
至心歸命禮 功德友佛

7653 지심귀명례 사의사불
至心歸命禮 邪意捨佛

7654 지심귀명례 나한수불
至心歸命禮 羅漢隨佛

7655 지심귀명례 공덕향불
至心歸命禮 功德香佛

7656 지심귀명례 무쟁행불
至心歸命禮 無諍行佛

7657 지심귀명례 구나훈불
至心歸命禮 求那熏佛

7658 지심귀명례 대정진사불
至心歸命禮 大精進思佛

7659 지심귀명례 불퇴연등불
至心歸命禮 不退然燈佛

7660 지심귀명례 친용보불
至心歸命禮 親勇步佛

7661 지심귀명례 심훈사불
至心歸命禮 深熏思佛

7662 지심귀명례 향희불
至心歸命禮 香喜佛

7663 지심귀명례 향상희불
至心歸命禮 香象喜佛

7664 지심귀명례 선분각불
至心歸命禮 選分覺佛

7665 지심귀명례 상의사불
至心歸命禮 上意思佛

7666 지심귀명례 구나엄불
至心歸命禮 求那嚴佛

7667 지심귀명례 고행주불
至心歸命禮 苦行主佛

7668 지심귀명례 능작광명불
至心歸命禮 能作光明佛

7669 지심귀명례 구나미류불
至心歸命禮 求那彌留佛

7670 지심귀명례 청정음불
至心歸命禮 清淨音佛

7671 지심귀명례 섭선불
至心歸命禮 攝選佛

7672 지심귀명례 비사부불
至心歸命禮 毘舍浮佛

7673 지심귀명례 월시현불
至心歸命禮 月示現佛

7674 지심귀명례 구나적광불
至心歸命禮 求那積光佛

7675 지심귀명례 무우국토불
至心歸命禮 無憂國土佛

7676 지심귀명례 사의식불
至心歸命禮 邪意息佛

7677 지심귀명례 규왕법불
至心歸命禮 叫王法佛

7678 지심귀명례 조복근불
至心歸命禮 調伏根佛

7679 지심귀명례 극의불
至心歸命禮 極意佛

7680 지심귀명례 불수타불
至心歸命禮 不隨他佛

7681 지심귀명례 불사사불
至心歸命禮 不死思佛

7682 지심귀명례 구나최승불
至心歸命禮 求那最勝佛

7683 지심귀명례 애계불
至心歸命禮 愛髻佛

7684 지심귀명례 불복색불
至心歸命禮 不伏色佛

7685 지심귀명례 보신불
至心歸命禮 普信佛

7686 지심귀명례 사자지교량불
至心歸命禮 師子智橋梁佛

7687 지심귀명례 불가항복행불
至心歸命禮 不可降伏行佛

7688 지심귀명례 무변락불
至心歸命禮 無邊樂佛

7689 지심귀명례 미류장불
至心歸命禮 彌留藏佛

7690 지심귀명례 안온은불
至心歸命禮 安穩恩佛

7691 지심귀명례 불사쾌불
至心歸命禮 弗沙快佛

7692 지심귀명례 안목자불
至心歸命禮 眼目者佛

7693 지심귀명례 무비유분신불
至心歸命禮 無譬喻奮迅佛

7694 지심귀명례 게자불
至心歸命禮 偈者佛

7695 지심귀명례 상상응어불
至心歸命禮 常相應語佛

7696 지심귀명례 보시기불
至心歸命禮 寶尸棄佛

7697 지심귀명례 법행불
至心歸命禮 法行佛

7698 지심귀명례 역혜불
至心歸命禮 力慧佛

7699 지심귀명례 월광익불
至心歸命禮 月光益佛

7700 지심귀명례 아촉불
至心歸命禮 阿閦佛

7701 지심귀명례 대장엄향불
至心歸命禮 大莊嚴香佛

7702 지심귀명례 다가라향불
至心歸命禮 多伽羅香佛

7703 지심귀명례 상조요불
至心歸命禮 常照曜佛

7704 지심귀명례 심혜분신왕불
至心歸命禮 心慧奮迅王佛

7705 지심귀명례 낙견고불
至心歸命禮 樂堅固佛

7706 지심귀명례 수미산연등불
至心歸命禮 須彌山然燈佛

7707 지심귀명례 연화생불
至心歸命禮 蓮華生佛

7708 지심귀명례 응교불
至心歸命禮 應橋佛

7709 지심귀명례 아가루향불
至心歸命禮 阿伽樓香佛

7710 지심귀명례 대정진력불
至心歸命禮 大精進力佛

7711 지심귀명례 자성청정지불
至心歸命禮 自性淸淨智佛

7712 지심귀명례 공덕륜불
至心歸命禮 功德輪佛

7713 지심귀명례 거해불
至心歸命禮 巨海佛

7714 지심귀명례 당덕불
至心歸命禮 幢德佛

7715 지심귀명례 월기불
至心歸命禮 月起佛

7716 지심귀명례 대향불
至心歸命禮 大香佛

7717 지심귀명례 대생불
至心歸命禮 大生佛

7718 지심귀명례 보망불
至心歸命禮 寶輞佛

7719 지심귀명례 아미타불
至心歸命禮 阿彌陀佛

7720 지심귀명례 대시덕불
至心歸命禮 大施德佛

7721 지심귀명례 대금주불
至心歸命禮 大金柱佛

7722 지심귀명례 대념불
至心歸命禮 大念佛

7723 지심귀명례 언무진불
至心歸命禮 言無盡佛

7724 지심귀명례 상산화불
至心歸命禮 常散花佛

7725 지심귀명례 경포승불
至心歸命禮 驚怖勝佛

7726 지심귀명례 사자향승불
至心歸命禮 師子香勝佛

7727 지심귀명례 양덕불
至心歸命禮 養德佛

7728 지심귀명례 제석화염불
至心歸命禮 帝釋火炎佛

7729 지심귀명례 상락덕불
至心歸命禮 常樂德佛

7730 지심귀명례 사자화덕불
至心歸命禮 師子華德佛

7731 지심귀명례 적멸당불
至心歸命禮 寂滅幢佛

7732 지심귀명례 계왕불
至心歸命禮 戒王佛

7733 지심귀명례 무진지혜불
至心歸命禮 無盡智慧佛

7734 지심귀명례 보덕상불
至心歸命禮 普德像佛

7735 지심귀명례 무우덕불
至心歸命禮 無憂德佛

7736 지심귀명례 우바라향불
至心歸命禮 憂波羅香佛

7737 지심귀명례 무량보장불
至心歸命禮 無量寶杖佛

7738 지심귀명례 대룡덕불
至心歸命禮 大龍德佛

7739 지심귀명례 청정왕불
至心歸命禮 清淨王佛

7740 지심귀명례 광념불
至心歸命禮 廣念佛

7741 지심귀명례 연화덕념불
至心歸命禮 蓮花德念佛

7742 지심귀명례 사화불
至心歸命禮 捨花佛

7743 지심귀명례 무장개후불
至心歸命禮 無障蓋吼佛

7744 지심귀명례 화취불
至心歸命禮 花聚佛

7745 지심귀명례 향상화불
至心歸命禮 香象花佛

7746 지심귀명례 지분신불
至心歸命禮 智奮迅佛

7747 지심귀명례 정작불
至心歸命禮 正作佛

7748 지심귀명례 대치산불
至心歸命禮 對治山佛

7749 지심귀명례 니구로다왕불
至心歸命禮 尼瞿嚧陀王佛

7750 지심귀명례 대우위덕불
至心歸命禮 大憂威德佛

7751 지심귀명례 시라시불
至心歸命禮 尸羅施佛

7752 지심귀명례 전단림불
至心歸命禮 栴檀林佛

7753 지심귀명례 일장림불
至心歸命禮 日藏林佛

7754 지심귀명례 덕장불
至心歸命禮 德藏佛

7755 지심귀명례 각벽지불
至心歸命禮 覺辟支佛

7756 지심귀명례 마니장불
至心歸命禮 摩尼藏佛

7757 지심귀명례 무외상왕불
至心歸命禮 無畏上王佛

7758 지심귀명례 대중자재불
至心歸命禮 大衆自在佛

7759 지심귀명례 무괴불
至心歸命禮 無壞佛

7760 지심귀명례 법염불
至心歸命禮 法炎佛

7761 지심귀명례 예배증상불
至心歸命禮 禮拜增上佛

7762 지심귀명례 복덕연등불
至心歸命禮 福德然燈佛

7763 지심귀명례 부사라수불
至心歸命禮 覆娑羅樹佛

7764 지심귀명례 발차덕불
至心歸命禮 跋瑳德佛

7765 지심귀명례 불천불
至心歸命禮 佛天佛

7766 지심귀명례 사자당차불
至心歸命禮 師子幢瑳佛

7767 지심귀명례 외두덕불
至心歸命禮 畏頭德佛

7768 지심귀명례 화광명인애불
至心歸命禮 華光明人愛佛

7769 지심귀명례 덕지불
至心歸命禮 德智佛

7770 지심귀명례 세위덕불
至心歸命禮 細威德佛

7771 지심귀명례 화당불
至心歸命禮 花幢佛

7772 지심귀명례 상덕불
至心歸命禮 象德佛

7773 지심귀명례 부동작불
至心歸命禮 不動作佛

7774 지심귀명례 초향선명불
至心歸命禮 初香善名佛

7775 지심귀명례 덕생불
至心歸命禮 德生佛

7776 지심귀명례 선집지불
至心歸命禮 善集智佛

7777 지심귀명례 덕바차자불
至心歸命禮 德婆瑳子佛

7778 지심귀명례 논의불
至心歸命禮 論義佛

7779 지심귀명례 보견의불
至心歸命禮 普見義佛

7780 지심귀명례 보다라불
至心歸命禮 寶多羅佛

7781 지심귀명례 보사불
至心歸命禮 普捨佛

7782 지심귀명례 대공양덕불
至心歸命禮 大供養德佛

7783 지심귀명례 대망불
至心歸命禮 大網佛

7784 지심귀명례 단일체중생의왕불
至心歸命禮 斷一切衆生疑王佛

7785 지심귀명례 광명륜장불
至心歸命禮 光明輪藏佛

7786 지심귀명례 당혜불
至心歸命禮 幢慧佛

7787 지심귀명례 공덕승장불
至心歸命禮 功德勝藏佛

7788 지심귀명례 승덕망불
至心歸命禮 勝德網佛

7789 지심귀명례 천공양불
至心歸命禮 千供養佛

7790 지심귀명례 보연화분신불
至心歸命禮 寶蓮花奮迅佛

7791 지심귀명례 시방공경불
至心歸命禮 十方恭敬佛

7792 지심귀명례 선수미산불
至心歸命禮 善須彌山佛

7793 지심귀명례 불가항복월불
至心歸命禮 不可降伏月佛

7794 지심귀명례 니구로다바차왕불
至心歸命禮 尼瞿嚧陀婆瑳王佛

7795 지심귀명례 상덕불
至心歸命禮 常德佛

7796 지심귀명례 보연화불
至心歸命禮 普蓮花佛

7797 지심귀명례 평등덕불
至心歸命禮 平等德佛

7798 지심귀명례 용호구제불
至心歸命禮 龍護救濟佛

7799 지심귀명례 순보장불
至心歸命禮 純寶藏佛

7800 지심귀명례 지자재법왕불
至心歸命禮 智自在法王佛

7801 지심귀명례 묘공덕지불
至心歸命禮 妙功德智佛

7802 지심귀명례 명문광불
至心歸命禮 名聞光佛

7803 지심귀명례 화염견불
至心歸命禮 火炎肩佛

7804 지심귀명례 수미등불
至心歸命禮 須彌燈佛

7805 지심귀명례 무구월당불
至心歸命禮 無垢月幢佛

7806 지심귀명례 허공주불
至心歸命禮 虛空住佛

7807 지심귀명례 상멸불
至心歸命禮 常滅佛

7808 지심귀명례 자장불
至心歸命禮 慈藏佛

7809 지심귀명례 불사정진불
至心歸命禮 不捨精進佛

7810 지심귀명례 파번뇌광명불
至心歸命禮 破煩惱光明佛

7811 지심귀명례 보염불
至心歸命禮 寶炎佛

7812 지심귀명례 무우염불
至心歸命禮 無憂炎佛

7813 지심귀명례 청정신당불
至心歸命禮 淸淨身幢佛

7814 지심귀명례 불퇴전상수불
至心歸命禮 不退轉上手佛

7815 지심귀명례 수근화왕불
至心歸命禮 樹根華王佛

7816 지심귀명례 이천억동호등명불
至心歸命禮 二千億同號燈明佛

7817 지심귀명례 무장엄불
至心歸命禮 無莊嚴佛

7818 지심귀명례 명덕취불
至心歸命禮 明德聚佛

7819 지심귀명례 일의불
至心歸命禮 日意佛

7820 지심귀명례 나라연근불
至心歸命禮 那羅延根佛

7821 지심귀명례 이구상불
至心歸命禮 離垢相佛

7822 지심귀명례 구금강불
至心歸命禮 求金剛佛

7823 지심귀명례 요설장엄불
至心歸命禮 樂說莊嚴佛

7824 지심귀명례 구리안불
至心歸命禮 求利安佛

7825 지심귀명례 선사엄불
至心歸命禮 善思嚴佛

7826 지심귀명례 회원적불
至心歸命禮 懷怨賊佛

7827 지심귀명례 우바덕불
至心歸命禮 優鉢德佛

7828 지심귀명례 유포력왕잡화불
至心歸命禮 流布力王雜華佛

7829 지심귀명례 무변명불
至心歸命禮 無邊明佛

7830 지심귀명례 전남녀상불
至心歸命禮 轉男女相佛

7831 지심귀명례 상향덕불
至心歸命禮 上香德佛

7832 지심귀명례 고보왕불
至心歸命禮 高寶王佛

7833 지심귀명례 향미루불
至心歸命禮 香彌樓佛

7834 지심귀명례 지견일체중생락불
至心歸命禮 智見一切衆生樂佛

7835 지심귀명례 위덕인다라불
至心歸命禮 威德因陀羅佛

7836 지심귀명례 무애향엄불
至心歸命禮 無礙香嚴佛

7837 지심귀명례 순진보장불
至心歸命禮 純珍寶藏佛

7838 지심귀명례 공덕분신불
至心歸命禮 功德奮迅佛

7839 지심귀명례 일체행청정불
至心歸命禮 一切行淸淨佛

7840 지심귀명례 시일체연불
至心歸命禮 示一切緣佛

7841 지심귀명례 대광염취불
至心歸命禮 大光炎聚佛

7842 지심귀명례 설광명인자재불
至心歸命禮 舌光明人自在佛

7843 지심귀명례 생덕불
至心歸命禮 生德佛

7844 지심귀명례 생덕왕불
至心歸命禮 生德王佛

7845 지심귀명례 광화종종분신왕불
至心歸命禮 光華種種奮迅王佛

7846 지심귀명례 덕미불
至心歸命禮 德味佛

7847 지심귀명례 동명보리벽지불
至心歸命禮 同名菩提辟支佛

7848 지심귀명례 지가불
至心歸命禮 地迦佛

7849 지심귀명례 불이륜불
至心歸命禮 不二輪佛

7850 지심귀명례 불연일체법불
至心歸命禮 不緣一切法佛

7851 지심귀명례 전단무량불
至心歸命禮 栴檀無量佛

7852 지심귀명례 망명불
至心歸命禮 網明佛

7853 지심귀명례 득승중해탈왕불
至心歸命禮 得勝衆解脫王佛

7854 지심귀명례 무변자재불
至心歸命禮 無邊自在佛

7855 지심귀명례 무량성득불
至心歸命禮 無量性得佛

7856 지심귀명례 무능단엄불
至心歸命禮 無能斷嚴佛

7857 지심귀명례 시일체법불
至心歸命禮 示一切法佛

7858 지심귀명례 보현제법불
至心歸命禮 普現諸法佛

7859 지심귀명례 무변득생불
至心歸命禮 無邊得生佛

7860 지심귀명례 지출광불
至心歸命禮 智出光佛

7861 지심귀명례 산봉광불
至心歸命禮 山峯光佛

7862 지심귀명례 방생불
至心歸命禮 方生佛

7863 지심귀명례 화생불
至心歸命禮 華生佛

7864 지심귀명례 중견고불
至心歸命禮 衆堅固佛

7865 지심귀명례 지명불
至心歸命禮 智明佛

7866 지심귀명례 지중불
至心歸命禮 智衆佛

7867 지심귀명례 이태불
至心歸命禮 離胎佛

7868 지심귀명례 현왕불
至心歸命禮 賢王佛

7869 지심귀명례 괴제번뇌불
至心歸命禮 壞諸煩惱佛

7870 지심귀명례 무변지찬불
至心歸命禮 無邊智讚佛

7871 지심귀명례 전단굴불
至心歸命禮 栴檀窟佛

7872 지심귀명례 구생불
至心歸命禮 具生佛

7873 지심귀명례 화생진불
至心歸命禮 華生眞佛

7874 지심귀명례 바라왕안력불
至心歸命禮 婆羅王安力佛

7875 지심귀명례 월출광불
至心歸命禮 月出光佛

7876 지심귀명례 보보개불
至心歸命禮 普寶蓋佛

7877 지심귀명례 수미견불
至心歸命禮 須彌堅佛

7878 지심귀명례 시명문불
至心歸命禮 施名聞佛

7879 지심귀명례 전제난불
至心歸命禮 轉諸難佛

7880 지심귀명례 명친불
至心歸命禮 名親佛

7881 지심귀명례 명견고불
至心歸命禮 名堅固佛

7882 지심귀명례 사자성분신불
至心歸命禮 師子聲奮迅佛

7883 지심귀명례 화생덕왕불
至心歸命禮 華生德王佛

7884 지심귀명례 연화상불
至心歸命禮 演華相佛

7885 지심귀명례 보방향광불
至心歸命禮 普放香光佛

7886 지심귀명례 성안불
至心歸命禮 聲眼佛

7887 지심귀명례 방염불
至心歸命禮 放炎佛

7888 지심귀명례 역류시방불
至心歸命禮 逆流十方佛

7889 지심귀명례 고명불
至心歸命禮 高明佛

7890 지심귀명례 보조명불
至心歸命禮 寶照明佛

7891 지심귀명례 화연불
至心歸命禮 火然佛

7892 지심귀명례 삼계자재력불
至心歸命禮 三界自在力佛

7893 지심귀명례 명륜불
至心歸命禮 名輪佛

7894 지심귀명례 공자재불
至心歸命禮 空自在佛

7895 지심귀명례 진자재력고음불
至心歸命禮 盡自在力鼓音佛

7896 지심귀명례 대비광불
至心歸命禮 大悲光佛

7897 지심귀명례 보자재불
至心歸命禮 普自在佛

7898 지심귀명례 지류포불
至心歸命禮 智流布佛

7899 지심귀명례 산왕자재불
至心歸命禮 山王自在佛

7900 지심귀명례 명력고왕불
至心歸命禮 明力高王佛

7901 지심귀명례 안립불
至心歸命禮 安立佛

7902 지심귀명례 자재엄불
至心歸命禮 自在嚴佛

7903 지심귀명례 적제공덕불
至心歸命禮 積諸功德佛

7904 지심귀명례 고산왕승불
至心歸命禮 高山王勝佛

7905 지심귀명례 지생덕불
至心歸命禮 智生德佛

7906 지심귀명례 지생명덕불
至心歸命禮 智生明德佛

7907 지심귀명례 취화생왕불
至心歸命禮 聚華生王佛

7908 지심귀명례 상법자재성취불
至心歸命禮 上法自在成就佛

7909 지심귀명례 반월광불
至心歸命禮 半月光佛

7910 지심귀명례 향상성취불
至心歸命禮 香象成就佛

7911 지심귀명례 성취일체념불
至心歸命禮 成就一切念佛

7912 지심귀명례 연화취중불
至心歸命禮 蓮華聚衆佛

7913 지심귀명례 화생향덕불
至心歸命禮 華生香德佛

7914 지심귀명례 전단덕중불
至心歸命禮 栴檀德衆佛

7915 지심귀명례 연취불
至心歸命禮 演聚佛

7916 지심귀명례 상명혜불
至心歸命禮 上名慧佛

7917 지심귀명례 작안불
至心歸命禮 作安佛

7918 지심귀명례 무량덕생불
至心歸命禮 無量德生佛

7919 지심귀명례 고당세계인혜불
至心歸命禮 高幢世界因慧佛

7920 지심귀명례 무변적불
至心歸命禮 無邊積佛

7921 지심귀명례 중덕생불
至心歸命禮 衆德生佛

7922 지심귀명례 일체공덕생불
至心歸命禮 一切功德生佛

7923 지심귀명례 지중거불
至心歸命禮 持衆炬佛

7924 지심귀명례 화덕생불
至心歸命禮 華德生佛

7925 지심귀명례 극고왕불
至心歸命禮 極高王佛

7926 지심귀명례 마하남벽지불
至心歸命禮 摩訶男辟支佛

7927 지심귀명례 무보미루불
至心歸命禮 無寶彌樓佛

7928 지심귀명례 허정왕불
至心歸命禮 虛淨王佛

7929 지심귀명례 인자재공경불
至心歸命禮 人自在恭敬佛

7930 지심귀명례 성취의발행불
至心歸命禮 成就義發行佛

7931 지심귀명례 보미루불
至心歸命禮 寶彌樓佛

7932 지심귀명례 잡보화엄불
至心歸命禮 雜寶華嚴佛

7933 지심귀명례 상중불
至心歸命禮 上衆佛

7934 지심귀명례 이구엄불
至心歸命禮 離垢嚴佛

7935 지심귀명례 금화엄불
至心歸命禮 金華嚴佛

7936 지심귀명례 보굴불
至心歸命禮 寶窟佛

7937 지심귀명례 잡화생불
至心歸命禮 雜貨生佛

7938 지심귀명례 평등사유불
至心歸命禮 平等思惟佛

7939 지심귀명례 대유리불
至心歸命禮 大琉璃佛

7940 지심귀명례 종종색일불
至心歸命禮 種種色日佛

7941 지심귀명례 불엄허불
至心歸命禮 不嚴虛佛

7942 지심귀명례 유포력왕불
至心歸命禮 流布力王佛

7943 지심귀명례 여의당불
至心歸命禮 如意幢佛

7944 지심귀명례 자재력불
至心歸命禮 自在力佛

7945 지심귀명례 무변중불
至心歸命禮 無邊衆佛

7946 지심귀명례 나라연광명불
至心歸命禮 那羅延光明佛

7947 지심귀명례 연등왕불
至心歸命禮 然燈王佛

7948 지심귀명례 무애안안불
至心歸命禮 無礙眼安佛

7949 지심귀명례 무량화불
至心歸命禮 無量華佛

7950 지심귀명례 단애벽지불
至心歸命禮 斷愛辟支佛

7951 지심귀명례 견고행자재불
至心歸命禮 堅固行自在佛

7952 지심귀명례 수미겁불
至心歸命禮 須彌劫佛

7953 지심귀명례 전단덕주불
至心歸命禮 栴檀德住佛

7954 지심귀명례 방광명광불
至心歸命禮 放光明光佛

7955 지심귀명례 전단마니광불
至心歸命禮 栴檀摩尼光佛

7956 지심귀명례 화덕마니불
至心歸命禮 華德摩尼佛

7957 지심귀명례 법음후불
至心歸命禮 法音吼佛

7958 지심귀명례 사자뢰음불
至心歸命禮 師子雷音佛

7959 지심귀명례 조왕신통염화불
至心歸命禮 造王神通炎華佛

7960 지심귀명례 보화불
至心歸命禮 普化佛

7961 지심귀명례 진승불
至心歸命禮 盡勝佛

7962 지심귀명례 비바섭불
至心歸命禮 毘婆葉佛

7963 지심귀명례 가섭마니불
至心歸命禮 迦葉摩尼佛

7964 지심귀명례 제상불
至心歸命禮 諦相佛

7965 지심귀명례 무애당불
至心歸命禮 無礙幢佛

7966 지심귀명례 가라비라분신불
至心歸命禮 歌羅毘羅奮迅佛

7967 지심귀명례 발전단향신통불
至心歸命禮 跋栴檀香神通佛

7968 지심귀명례 수미상불
至心歸命禮 須彌相佛

7969 지심귀명례 금화신통불
至心歸命禮 金華神通佛

7970 지심귀명례 뇌음왕불
至心歸命禮 雷音王佛

8091 지심귀명례 사최존불
至心歸命禮 思最尊佛

8092 지심귀명례 비야리벽지불
至心歸命禮 毘耶離辟支佛

8093 지심귀명례 각선향훈불
至心歸命禮 覺善香薰佛

8094 지심귀명례 후성속정진불
至心歸命禮 吼聲速精進佛

8095 지심귀명례 안여연화취무위불
至心歸命禮 眼如蓮華聚無爲佛

8096 지심귀명례 방제상불
至心歸命禮 方帝相佛

8097 지심귀명례 범범상불
至心歸命禮 梵梵相佛

8098 지심귀명례 보명불
至心歸命禮 寶明佛

8099 지심귀명례 천제금강불
至心歸命禮 天帝金剛佛

8100 지심귀명례 금해자재왕불
至心歸命禮 金海自在王佛

8101 지심귀명례 보개조공불
至心歸命禮 寶蓋照空佛

8102 지심귀명례 청정륜왕불
至心歸命禮 淸淨輪王佛

8103 지심귀명례 제당불
至心歸命禮 諸幢佛

8104 지심귀명례 범억불
至心歸命禮 梵憶佛

8105 지심귀명례 서방보상불
至心歸命禮 西方寶上佛

8106 지심귀명례 세간문명불
至心歸命禮 世間聞名佛

8107 지심귀명례 금강보적불
至心歸命禮 金剛步迹佛

8108 지심귀명례 성취염불
至心歸命禮 成就焰佛

8109 지심귀명례 보조방광명불
至心歸命禮 普照放光明佛

8110 지심귀명례 불암의불
至心歸命禮 不闇意佛

8251 지심귀명례 해승불
至心歸命禮 海勝佛

8252 지심귀명례 일정왕불
至心歸命禮 日淨王佛

8253 지심귀명례 보조시방세계불
至心歸命禮 普照十方世界佛

8254 지심귀명례 멸덕왕불
至心歸命禮 滅德王佛

8255 지심귀명례 서북보상불
至心歸命禮 西北寶相佛

8256 지심귀명례 다보불
至心歸命禮 多寶佛

8257 지심귀명례 공덕비불
至心歸命禮 功德臂佛

8258 지심귀명례 보상불
至心歸命禮 寶常佛

8259 지심귀명례 득무애해탈불
至心歸命禮 得無礙解脫佛

8260 지심귀명례 구족천만광명불
至心歸命禮 具足千萬光明佛

8261 지심귀명례 사자월앙불
至心歸命禮 師子月央佛

8262 지심귀명례 이구광엄불
至心歸命禮 離垢光噞佛

8263 지심귀명례 일월정명덕불
至心歸命禮 日月淨明德佛

8264 지심귀명례 진력성취불
至心歸命禮 進力成就佛

8265 지심귀명례 운뢰음숙화지불
至心歸命禮 雲雷音宿華智佛

8266 지심귀명례 정화숙왕지불
至心歸命禮 淨華宿王智佛

8267 지심귀명례 육만동자광명불
至心歸命禮 六萬同字光明佛

8268 지심귀명례 육백동시산화불
至心歸命禮 六百同時散華佛

8269 지심귀명례 최승광명불
至心歸命禮 最勝光明佛

8270 지심귀명례 무변수행불
至心歸命禮 無邊修行佛

8271 지심귀명례 무량구광불
至心歸命禮 無量具光佛

8272 지심귀명례 무량자재력불
至心歸命禮 無量自在力佛

8273 지심귀명례 부동보불
至心歸命禮 不動步佛

8274 지심귀명례 유일개불
至心歸命禮 有一蓋佛

8275 지심귀명례 무량휘명불
至心歸命禮 無量輝明佛

8276 지심귀명례 개행불
至心歸命禮 蓋行佛

8277 지심귀명례 미류산불
至心歸命禮 彌留山佛

8278 지심귀명례 심상벽지불
至心歸命禮 心上辟支佛

8279 지심귀명례 대원속승불
至心歸命禮 大願速勝佛

8280 지심귀명례 성취의승불
至心歸命禮 成就義勝佛

8281 지심귀명례 고광덕명왕불
至心歸命禮 高廣德明王佛

8282 지심귀명례 월조불
至心歸命禮 月照佛

8283 지심귀명례 향보광명불
至心歸命禮 香寶光明佛

8284 지심귀명례 세자재력불
至心歸命禮 世自在力佛

8285 지심귀명례 무량세음성불
至心歸命禮 無量世音聲佛

8286 지심귀명례 금강저세불
至心歸命禮 金剛杵勢佛

8287 지심귀명례 망취불
至心歸命禮 網聚佛

8288 지심귀명례 각화광불
至心歸命禮 覺華光佛

8289 지심귀명례 연화자재불
至心歸命禮 蓮華自在佛

8290 지심귀명례 위덕자재광명불
至心歸命禮 威德自在光明佛

8291 지심귀명례 월중증상불
至心歸命禮 月衆增上佛

8292 지심귀명례 평등행불
至心歸命禮 平等行佛

8293 지심귀명례 묘견불
至心歸命禮 妙肩佛

8294 지심귀명례 선희신불
至心歸命禮 善喜信佛

8295 지심귀명례 정생왕불
至心歸命禮 頂生王佛

8296 지심귀명례 아사타안불
至心歸命禮 阿私陀眼佛

8297 지심귀명례 보향광불
至心歸命禮 普香光佛

8298 지심귀명례 향명왕불
至心歸命禮 香明王佛

8299 지심귀명례 현면세간불
至心歸命禮 現面世間佛

8300 지심귀명례 향상가견불
至心歸命禮 香象可見佛

8301 지심귀명례 향자재가견불
至心歸命禮 香自在可見佛

8302 지심귀명례 향굴불
至心歸命禮 香窟佛

8303 지심귀명례 보집승불
至心歸命禮 寶集勝佛

8304 지심귀명례 자타불
至心歸命禮 慈他佛

8305 지심귀명례 연화생연불
至心歸命禮 蓮華生緣佛

8306 지심귀명례 법자재연불
至心歸命禮 法自在緣佛

8307 지심귀명례 동방아촉불
至心歸命禮 東方阿閦佛

8308 지심귀명례 무량법자재불
至心歸命禮 無量法自在佛

8309 지심귀명례 애덕불
至心歸命禮 愛德佛

8310 지심귀명례 범제석성불
至心歸命禮 梵帝釋聲佛

8311 지심귀명례 화개행열불
至心歸命禮 華蓋行列佛

8312 지심귀명례 일왕불
至心歸命禮 一王佛

8313 지심귀명례 금화굴불
至心歸命禮 金華窟佛

8314 지심귀명례 향화굴불
至心歸命禮 香華窟佛

8315 지심귀명례 미루왕불
至心歸命禮 彌樓王佛

8316 지심귀명례 일체중생최불
至心歸命禮 一切衆生最佛

8317 지심귀명례 선도사불
至心歸命禮 善導師佛

8318 지심귀명례 승엄불
至心歸命禮 勝嚴佛

8319 지심귀명례 법평등법신불
至心歸命禮 法平等法身佛

8320 지심귀명례 선행엄불
至心歸命禮 善行嚴佛

8321 지심귀명례 묘화불
至心歸命禮 妙華佛

8322 지심귀명례 무변향불
至心歸命禮 無邊香佛

8323 지심귀명례 생승불
至心歸命禮 生勝佛

8324 지심귀명례 산화생득불
至心歸命禮 散華生得佛

8325 지심귀명례 보망수불
至心歸命禮 寶網手佛

8326 지심귀명례 부주분신불
至心歸命禮 不住奮迅佛

8327 지심귀명례 선쾌벽지불
至心歸命禮 善快辟支佛

8328 지심귀명례 보조일체불토불
至心歸命禮 普照一切佛土佛

8329 지심귀명례 허공장엄승불
至心歸命禮 虛空莊嚴勝佛

8330 지심귀명례 무변행공덕불
至心歸命禮 無邊行功德佛

8331 지심귀명례 향류불
至心歸命禮 香流佛

8332 지심귀명례 무변지자재불
至心歸命禮 無邊智自在佛

8333 지심귀명례 대강정진용맹불
至心歸命禮 大强精進勇猛佛

8334 지심귀명례 불허엄불
至心歸命禮 不虛嚴佛

8335 지심귀명례 가경교불
至心歸命禮 可敬橋佛

8336 지심귀명례 무애안향불
至心歸命禮 無礙眼香佛

8337 지심귀명례 사공덕불
至心歸命禮 思功德佛

8338 지심귀명례 음자재불
至心歸命禮 陰自在佛

8339 지심귀명례 차별견불
至心歸命禮 差別見佛

8340 지심귀명례 등상불
至心歸命禮 燈上佛

8341 지심귀명례 보조명불
至心歸命禮 普照明佛

8342 지심귀명례 견재불
至心歸命禮 堅才佛

8343 지심귀명례 일체세계불
至心歸命禮 一切世界佛

8344 지심귀명례 무구력불
至心歸命禮 無垢力佛

8345 지심귀명례 종종화부신불
至心歸命禮 種種華敷身佛

8346 지심귀명례 무류행불
至心歸命禮 無流行佛

8347 지심귀명례 습정진불
至心歸命禮 習精進佛

8348 지심귀명례 상정진불
至心歸命禮 上精進佛

8349 지심귀명례 일승도불
至心歸命禮 一乘度佛

8350 지심귀명례 연화상불
至心歸命禮 蓮花上佛

8351 지심귀명례 법앙불
至心歸命禮 法央佛

8352 지심귀명례 덕여산금강사자불
至心歸命禮 德如山金剛師子佛

8353 지심귀명례 정광불
至心歸命禮 定光佛

8354 지심귀명례 보광덕상엄왕불
至心歸命禮 普光德上嚴王佛

8355 지심귀명례 견공덕주산엄왕불
至心歸命禮 堅功德注山嚴王佛

8356 지심귀명례 덕앙불
至心歸命禮 德央佛

8357 지심귀명례 법조홍불
至心歸命禮 法造弘佛

8358 지심귀명례 화천불
至心歸命禮 化天佛

8359 지심귀명례 제앙불
至心歸命禮 諦央佛

8360 지심귀명례 습금강불
至心歸命禮 習金剛佛

8361 지심귀명례 중존불
至心歸命禮 衆尊佛

8362 지심귀명례 뇌상불
至心歸命禮 雷像佛

8363 지심귀명례 요청정불
至心歸命禮 樂淸淨佛

8364 지심귀명례 출가락행불
至心歸命禮 出家樂行佛

8365 지심귀명례 화앙불
至心歸命禮 華央佛

8366 지심귀명례 승시불
至心歸命禮 勝施佛

8367 지심귀명례 경광불
至心歸命禮 鏡光佛

8368 지심귀명례 선요불
至心歸命禮 善曜佛

8369 지심귀명례 선훈불
至心歸命禮 善勳佛

8370 지심귀명례 전승불
至心歸命禮 轉勝佛

8371 지심귀명례 흔락불
至心歸命禮 欣樂佛

8372 지심귀명례 수다라니자재불
至心歸命禮 水陀羅尼自在佛

8373 지심귀명례 전길신불
至心歸命禮 轉吉神佛

8374 지심귀명례 선수불
至心歸命禮 善首佛

8375 지심귀명례 항복한자재불
至心歸命禮 降伏恨自在佛

8376 지심귀명례 보색승불
至心歸命禮 寶色勝佛

8377 지심귀명례 주방불
至心歸命禮 住放佛

8378 지심귀명례 제법보칭불
至心歸命禮 諸法普稱佛

8379 지심귀명례 시세선묘불
至心歸命禮 是世善妙佛

8380 지심귀명례 마니당등광불
至心歸命禮 摩尼幢燈光佛

8381 지심귀명례 선주사유불
至心歸命禮 善住思惟佛

8382 지심귀명례 위강불
至心歸命禮 威疆佛

8383 지심귀명례 범신불
至心歸命禮 梵神佛

8384 지심귀명례 무외선불
至心歸命禮 無畏善佛

8385 지심귀명례 아미타후불
至心歸命禮 阿彌陀吼佛

8386 지심귀명례 목열불
至心歸命禮 目悅佛

8387 지심귀명례 적덕불
至心歸命禮 積德佛

8388 지심귀명례 우음불
至心歸命禮 雨音佛

8389 지심귀명례 묘관불
至心歸命禮 妙觀佛

8390 지심귀명례 수신불
至心歸命禮 受神佛

8391 지심귀명례 여인유불
至心歸命禮 與人遊佛

8392 지심귀명례 미구불
至心歸命禮 美求佛

8393 지심귀명례 항원권속불
至心歸命禮 降怨眷屬佛

8394 지심귀명례 유위불
至心歸命禮 唯衛佛

8395 지심귀명례 식불
至心歸命禮 識佛

8396 지심귀명례 수섭불
至心歸命禮 隨葉佛

8397 지심귀명례 무량발행불
至心歸命禮 無量發行佛

8398 지심귀명례 가섭위의불
至心歸命禮 迦葉威儀佛

8399 지심귀명례 은당개왕불
至心歸命禮 銀幢蓋王佛

8400 지심귀명례 무변의행불
至心歸命禮 無邊意行佛

8401 지심귀명례 사혹예불
至心歸命禮 思惑豫佛

8402 지심귀명례 보재불
至心歸命禮 寶才佛

8403 지심귀명례 우향왕불
至心歸命禮 雨香王佛

8404 지심귀명례 전단향신통불
至心歸命禮 栴檀香神通佛

8405 지심귀명례 수미진상불
至心歸命禮 須彌眞相佛

8406 지심귀명례 우바라불
至心歸命禮 憂鉢羅佛

8407 지심귀명례 연화승불
至心歸命禮 蓮華勝佛

8408 지심귀명례 묘용산상불
至心歸命禮 妙容山相佛

8409 지심귀명례 인천왕불
至心歸命禮 人天王佛

8410 지심귀명례 화수덕불
至心歸命禮 華秀德佛

8411 지심귀명례 무상승존불
至心歸命禮 無上勝尊佛

8412 지심귀명례 혜관불
至心歸命禮 慧灌佛

8413 지심귀명례 대지장엄불
至心歸命禮 大智莊嚴佛

8414 지심귀명례 친벽지불
至心歸命禮 親辟支佛

8415 지심귀명례 보혜수불
至心歸命禮 寶慧手佛

8416 지심귀명례 혜거조불
至心歸命禮 慧炬照佛

8417 지심귀명례 해덕광명불
至心歸命禮 海德光明佛

8418 지심귀명례 일생불
至心歸命禮 日生佛

8419 지심귀명례 염견불
至心歸命禮 炎肩佛

8420 지심귀명례 최승음불
至心歸命禮 最勝音佛

8421 지심귀명례 다보승불
至 心 歸 命 禮 多 寶 勝 佛

8422 지심귀명례 무량덕보불
至 心 歸 命 禮 無 量 德 寶 佛

8423 지심귀명례 폐일월광불
至 心 歸 命 禮 蔽 日 月 光 佛

8424 지심귀명례 덕행정진불
至 心 歸 命 禮 德 行 精 進 佛

8425 지심귀명례 법일운등왕불
至 心 歸 命 禮 法 日 雲 燈 王 佛

8426 지심귀명례 운자재왕불
至 心 歸 命 禮 雲 自 在 王 佛

8427 지심귀명례 보위덕고왕불
至 心 歸 命 禮 寶 威 德 高 王 佛

8428 지심귀명례 왕상불
至 心 歸 命 禮 王 相 佛

8429 지심귀명례 단애왕불
至 心 歸 命 禮 斷 愛 王 佛

8430 지심귀명례 접식불
至 心 歸 命 禮 接 識 佛

8431 지심귀명례 무변보장엄불
至心歸命禮 無邊寶莊嚴佛

8432 지심귀명례 명교화보살불
至心歸命禮 名教化菩薩佛

8433 지심귀명례 석가문니불
至心歸命禮 釋迦文尼佛

8434 지심귀명례 주지지불
至心歸命禮 住持地佛

8435 지심귀명례 지화합불
至心歸命禮 智和合佛

8436 지심귀명례 항복탐인자재불
至心歸命禮 降伏貪人自在佛

8437 지심귀명례 무서불
至心歸命禮 無恕佛

8438 지심귀명례 일장주불
至心歸命禮 日藏住佛

8439 지심귀명례 존락불
至心歸命禮 尊樂佛

8440 지심귀명례 승존불
至心歸命禮 勝尊佛

8441 지심귀명례 성화불
至心歸命禮 成華佛

8442 지심귀명례 일명불
至心歸命禮 日明佛

8443 지심귀명례 보성적정후불
至心歸命禮 普聲寂靜吼佛

8444 지심귀명례 금강광명칭왕불
至心歸命禮 金剛光明稱王佛

8445 지심귀명례 무상명불
至心歸命禮 無上明佛

8446 지심귀명례 사상광명불
至心歸命禮 四相光明佛

8447 지심귀명례 산니륜불
至心歸命禮 删尼輪佛

8448 지심귀명례 지성취불
至心歸命禮 智成就佛

8449 지심귀명례 향왕불
至心歸命禮 香王佛

8450 지심귀명례 화섭불
至心歸命禮 火葉佛

8451 지심귀명례 바라왕불
至心歸命禮 婆羅王佛

8452 지심귀명례 나라연왕불
至心歸命禮 那羅延王佛

8453 지심귀명례 무구등출왕불
至心歸命禮 無垢燈出王佛

8454 지심귀명례 보개증광명왕불
至心歸命禮 寶蓋增光明王佛

8455 지심귀명례 금산왕불
至心歸命禮 金山王佛

8456 지심귀명례 가섭왕불
至心歸命禮 迦葉王佛

8457 지심귀명례 복덕벽지불
至心歸命禮 福德辟支佛

8458 지심귀명례 괴제도불
至心歸命禮 壞諸道佛

8459 지심귀명례 파의불
至心歸命禮 破疑佛

8460 지심귀명례 차별위덕불
至心歸命禮 差別威德佛

8461 지심귀명례 무변공덕성취불
至心歸命禮 無邊功德成就佛

8462 지심귀명례 불가량장엄불
至心歸命禮 不可量莊嚴佛

8463 지심귀명례 연화생덕불
至心歸命禮 蓮華生德佛

8464 지심귀명례 공덕작불
至心歸命禮 功德作佛

8465 지심귀명례 선식불
至心歸命禮 善識佛

8466 지심귀명례 적과불
至心歸命禮 寂過佛

8467 지심귀명례 등고덕불
至心歸命禮 燈高德佛

8468 지심귀명례 보광명관칭불
至心歸命禮 普光明觀稱佛

8469 지심귀명례 일광장엄불
至心歸命禮 日光莊嚴佛

8470 지심귀명례 위덕덕불
至心歸命禮 威德德佛

8471 지심귀명례 덕왕명불
至心歸命禮 德王明佛

8472 지심귀명례 비생불
至心歸命禮 沸生佛

8473 지심귀명례 마니보불
至心歸命禮 摩尼寶佛

8474 지심귀명례 구소마견불
至心歸命禮 俱蘇摩見佛

8475 지심귀명례 방등불
至心歸命禮 方等佛

8476 지심귀명례 화생덕불
至心歸命禮 華生德佛

8477 지심귀명례 바라시왕불
至心歸命禮 婆羅示王佛

8478 지심귀명례 사자시왕불
至心歸命禮 師子示王佛

8479 지심귀명례 보미루왕불
至心歸命禮 寶彌樓王佛

8480 지심귀명례 비발시불
至心歸命禮 毘跋尸佛

8481 지심귀명례 의수왕불
至心歸命禮 醫手王佛

8482 지심귀명례 미류향불
至心歸命禮 彌留香佛

8483 지심귀명례 보작불
至心歸命禮 寶作佛

8484 지심귀명례 보해염불
至心歸命禮 寶海炎佛

8485 지심귀명례 연등작불
至心歸命禮 然燈作佛

8486 지심귀명례 상향상불
至心歸命禮 上香相佛

8487 지심귀명례 전상굴불
至心歸命禮 栴相窟佛

8488 지심귀명례 적지혜불
至心歸命禮 積智慧佛

8489 지심귀명례 증천광화출불
至心歸命禮 增千光華出佛

8490 지심귀명례 무변자재왕불
至心歸命禮 無邊自在王佛

8491 지심귀명례 위화생고왕불
至心歸命禮 威華生高王佛

8492 지심귀명례 중산천불
至心歸命禮 衆山天佛

8493 지심귀명례 연등거왕불
至心歸命禮 然燈炬王佛

8494 지심귀명례 수행공덕불
至心歸命禮 修行功德佛

8495 지심귀명례 불허력불
至心歸命禮 不虛力佛

8496 지심귀명례 불허자재력불
至心歸命禮 不虛自在力佛

8497 지심귀명례 쾌승불
至心歸命禮 快昇佛

8498 지심귀명례 무변석진불
至心歸命禮 無邊釋進佛

8499 지심귀명례 제중생상불
至心歸命禮 諸衆生上佛

8500 지심귀명례 칭애불
至心歸命禮 稱愛佛

8501 지심귀명례 일개엄불
至 心 歸 命 禮 日 鎧 嚴 佛

8502 지심귀명례 보현엄불
至 心 歸 命 禮 寶 賢 嚴 佛

8503 지심귀명례 전단굴엄불
至 心 歸 命 禮 栴 檀 窟 嚴 佛

8504 지심귀명례 전단향등불
至 心 歸 命 禮 栴 檀 香 燈 佛

8505 지심귀명례 감로혜불
至 心 歸 命 禮 甘 露 慧 佛

8506 지심귀명례 분신승불
至 心 歸 命 禮 奮 迅 勝 佛

8507 지심귀명례 미루엄불
至 心 歸 命 禮 彌 樓 嚴 佛

8508 지심귀명례 무애견안불
至 心 歸 命 禮 無 礙 堅 眼 佛

8509 지심귀명례 무변안향불
至 心 歸 命 禮 無 邊 眼 香 佛

8510 지심귀명례 위덕력불
至 心 歸 命 禮 威 德 力 佛

8511 지심귀명례 제덕불
至心歸命禮 諸德佛

8512 지심귀명례 각화덕불
至心歸命禮 覺華德佛

8513 지심귀명례 선주당불
至心歸命禮 善住幢佛

8514 지심귀명례 무변력불
至心歸命禮 無邊力佛

8515 지심귀명례 불허덕보력불
至心歸命禮 不虛德寶力佛

8516 지심귀명례 무변엄상불
至心歸命禮 無邊嚴相佛

8517 지심귀명례 허공광불
至心歸命禮 虛空光佛

8518 지심귀명례 운상음불
至心歸命禮 雲相音佛

8519 지심귀명례 무량력지승불
至心歸命禮 無量力智勝佛

8520 지심귀명례 불경외불
至心歸命禮 不驚畏佛

8521 지심귀명례 법견고환희불
至心歸命禮 法堅固歡喜佛

8522 지심귀명례 정왕불
至心歸命禮 淨王佛

8523 지심귀명례 지출불
至心歸命禮 智出佛

8524 지심귀명례 용중불
至心歸命禮 勇衆佛

8525 지심귀명례 무변실불
至心歸命禮 無邊實佛

8526 지심귀명례 작방불
至心歸命禮 作方佛

8527 지심귀명례 사하왕불
至心歸命禮 娑訶王佛

8528 지심귀명례 상리불
至心歸命禮 上離佛

8529 지심귀명례 사자승광명불
至心歸命禮 師子勝光明佛

8530 지심귀명례 지수불
至心歸命禮 智守佛

8531 지심귀명례 최고덕불
至心歸命禮 最高德佛

8532 지심귀명례 시중생심심불
至心歸命禮 示衆生深心佛

8533 지심귀명례 안만불
至心歸命禮 眼滿佛

8534 지심귀명례 멸제애자재화덕불
至心歸命禮 滅諸愛自在華德佛

8535 지심귀명례 구릉왕불
至心歸命禮 拘陵王佛

8536 지심귀명례 지후칭왕불
至心歸命禮 智吼稱王佛

8537 지심귀명례 마니금개불
至心歸命禮 摩尼金蓋佛

8538 지심귀명례 길칭공덕불
至心歸命禮 吉稱功德佛

8539 지심귀명례 무애안광불
至心歸命禮 無礙眼光佛

8540 지심귀명례 안립공덕왕불
至心歸命禮 安立功德王佛

8541 지심귀명례 지혜족불
至心歸命禮 智慧足佛

8542 지심귀명례 정승천불
至心歸命禮 淨勝天佛

8543 지심귀명례 마니공덕불
至心歸命禮 摩尼功德佛

8544 지심귀명례 화의불
至心歸命禮 火衣佛

8545 지심귀명례 지청정공덕승불
至心歸命禮 智清淨功德勝佛

8546 지심귀명례 불허정진불
至心歸命禮 不虛精進佛

8547 지심귀명례 선사엄상불
至心歸命禮 善思嚴相佛

8548 지심귀명례 사자엄상불
至心歸命禮 師子嚴相佛

8549 지심귀명례 묘선주왕불
至心歸命禮 妙善住王佛

8550 지심귀명례 보취고덕불
至心歸命禮 寶聚高德佛

8551 지심귀명례 부동합거불
至心歸命禮 不動合去佛

8552 지심귀명례 무애향상불
至心歸命禮 無礙香象佛

8553 지심귀명례 복심불
至心歸命禮 伏心佛

8554 지심귀명례 화등왕불
至心歸命禮 火燈王佛

8555 지심귀명례 화상광불
至心歸命禮 華上光佛

8556 지심귀명례 주명문불
至心歸命禮 住名聞佛

8557 지심귀명례 명자불
至心歸命禮 名慈佛

8558 지심귀명례 사라수왕불
至心歸命禮 娑羅秀王佛

8559 지심귀명례 관화불
至心歸命禮 觀華佛

8560 지심귀명례 공덕법불
至心歸命禮 功德法佛

8561 지심귀명례 이진공덕왕불
至心歸命禮 離瞋功德王佛

8562 지심귀명례 존락불
至心歸命禮 尊樂佛

8563 지심귀명례 괴일체간포외불
至心歸命禮 壞一切間怖畏佛

8564 지심귀명례 도칠보화불
至心歸命禮 蹈七寶華佛

8565 지심귀명례 이구심불
至心歸命禮 離垢心佛

8566 지심귀명례 보개초광불
至心歸命禮 寶蓋超光佛

8567 지심귀명례 비정진불
至心歸命禮 悲精進佛

8568 지심귀명례 삼승행불
至心歸命禮 三乘行佛

8569 지심귀명례 무정불
至心歸命禮 無淨佛

8570 지심귀명례 환희장마니보적불
至心歸命禮 歡喜藏摩尼寶積佛

8571 지심귀명례 보사불
至心歸命禮 寶事佛

8572 지심귀명례 감로분신불
至心歸命禮 甘露奮迅佛

8573 지심귀명례 등행불
至心歸命禮 等行佛

8574 지심귀명례 일체덕광상불
至心歸命禮 一切德光相佛

8575 지심귀명례 미루건나불
至心歸命禮 彌樓乾那佛

8576 지심귀명례 증견불
至心歸命禮 增肩佛

8577 지심귀명례 묘심불
至心歸命禮 妙心佛

8578 지심귀명례 무애안행불
至心歸命禮 無礙眼行佛

8579 지심귀명례 보수불
至心歸命禮 普守佛

8580 지심귀명례 연법정요불
至心歸命禮 然法庭燎佛

8581 지심귀명례 부동니타불
至心歸命禮 不動尼他佛

8582 지심귀명례 마니당불
至心歸命禮 摩尼幢佛

8583 지심귀명례 신법광명불
至心歸命禮 身法光明佛

8584 지심귀명례 보세불
至心歸命禮 普世佛

8585 지심귀명례 보수불
至心歸命禮 普首佛

8586 지심귀명례 보관향엄불
至心歸命禮 普觀香嚴佛

8587 지심귀명례 존자재왕불
至心歸命禮 尊自在王佛

8588 지심귀명례 광정조요불
至心歸命禮 光淨照耀佛

8589 지심귀명례 범수천왕불
至心歸命禮 梵首天王佛

8590 지심귀명례 승성취공덕불
至心歸命禮 勝成就功德佛

8591 지심귀명례 혜견불
至心歸命禮 慧見佛

8592 지심귀명례 금화견불
至心歸命禮 金華見佛

8593 지심귀명례 무량덕초소유왕불
至心歸命禮 無量德超所有王佛

8594 지심귀명례 무구정룡자재왕불
至心歸命禮 無垢淨龍自在王佛

8595 지심귀명례 요종종성불
至心歸命禮 樂種種聲佛

8596 지심귀명례 무량정왕불
至心歸命禮 無量淨王佛

8597 지심귀명례 행위의외불
至心歸命禮 行威儀畏佛

8598 지심귀명례 불가사의공덕불
至心歸命禮 不可思議功德佛

8599 지심귀명례 보존음불
至心歸命禮 寶尊音佛

8600 지심귀명례 출제광공덕산왕불
至心歸命禮 出諸光功德山王佛

8601 지심귀명례 변만보해불
至心歸命禮 遍滿寶海佛

8602 지심귀명례 지화무구견불
至心歸命禮 智華無垢堅佛

8603 지심귀명례 보현무구불
至心歸命禮 普賢無垢佛

8604 지심귀명례 아촉무구불
至心歸命禮 阿閦無垢佛

8605 지심귀명례 무구공덕광명왕불
至心歸命禮 無垢功德光明王佛

8606 지심귀명례 선락자재음광명불
至心歸命禮 善樂自在音光明佛

8607 지심귀명례 일장안불
至心歸命禮 日藏安佛

8608 지심귀명례 능여법불
至心歸命禮 能與法佛

8609 지심귀명례 용자재불
至心歸命禮 龍自在佛

8610 지심귀명례 금강칭불
至心歸命禮 金剛稱佛

8611 지심귀명례 일장월불
至心歸命禮 日藏越佛

8612 지심귀명례 대공덕장불
至心歸命禮 大功德藏佛

8613 지심귀명례 광명음상불
至心歸命禮 光明音相佛

8614 지심귀명례 화승보불
至心歸命禮 華勝步佛

8615 지심귀명례 성취일체의불
至心歸命禮 成就一切義佛

8616 지심귀명례 자재칭불
至心歸命禮 自在稱佛

8617 지심귀명례 불가사의왕불
至心歸命禮 不可思議王佛

8618 지심귀명례 안화자재견산왕불
至心歸命禮 安和自在見山王佛

8619 지심귀명례 지예불
至心歸命禮 智豫佛

8620 지심귀명례 안정무구불
至心歸命禮 眼淨無垢佛

8621 지심귀명례 백공덕불
至心歸命禮 百功德佛

8622 지심귀명례 호승불
至心歸命禮 號勝佛

8623 지심귀명례 명혜불
至心歸命禮 明慧佛

8624 지심귀명례 변정불
至心歸命禮 遍淨佛

8625 지심귀명례 자재성불
至心歸命禮 自在性佛

8626 지심귀명례 무변륜분신불
至心歸命禮 無邊輪奮迅佛

8627 지심귀명례 무구초덕불
至心歸命禮 無垢超德佛

8628 지심귀명례 용진불
至心歸命禮 勇進佛

8629 지심귀명례 이백우불
至心歸命禮 離百憂佛

8630 지심귀명례 희생덕불
至心歸命禮 喜生德佛

8631 지심귀명례 염승불
至心歸命禮 念勝佛

8632 지심귀명례 승장산증상왕불
至心歸命禮 勝藏山增上王佛

8633 지심귀명례 공덕성취승불
至心歸命禮 功德成就勝佛

8634 지심귀명례 교진여묘음불
至心歸命禮 憍陳如妙音佛

8635 지심귀명례 지화광명자재불
至心歸命禮 地華光明自在佛

8636 지심귀명례 위덕장불
至心歸命禮 威德藏佛

8637 지심귀명례 백연화생불
至心歸命禮 白蓮華生佛

8638 지심귀명례 대음안불
至心歸命禮 大音眼佛

8639 지심귀명례 대마니불
至心歸命禮 大摩尼佛

8640 지심귀명례 무변명덕불
至心歸命禮 無邊明德佛

8641 지심귀명례 경포기불
至心歸命禮 驚怖起佛

8642 지심귀명례 명류시방불
至心歸命禮 明流十方佛

8643 지심귀명례 촉광명인승불
至心歸命禮 觸光明人勝佛

8644 지심귀명례 칭당불
至心歸命禮 稱幢佛

8645 지심귀명례 상향미루불
至心歸命禮 上香彌樓佛

8646 지심귀명례 견고의자재불
至心歸命禮 堅固意自在佛

8647 지심귀명례 안온생덕불
至心歸命禮 安穩生德佛

8648 지심귀명례 무변공덕월불
至心歸命禮 無邊功德月佛

8649 지심귀명례 일체덕엄불
至心歸命禮 一切德嚴佛

8650 지심귀명례 일화왕불
至心歸命禮 日華王佛

8651 지심귀명례 불괴상불
至心歸命禮 不壞相佛

8652 지심귀명례 종수광불
至心歸命禮 宗守光佛

8653 지심귀명례 무량생행불
至心歸命禮 無量生行佛

8654 지심귀명례 일체상불
至心歸命禮 一切上佛

8655 지심귀명례 대위덕연화생불
至心歸命禮 大威德蓮華生佛

8656 지심귀명례 허공정왕불
至心歸命禮 虛空淨王佛

8657 지심귀명례 월광명전덕불
至心歸命禮 月光明電德佛

8658 지심귀명례 명덕왕불
至心歸命禮 明德王佛

8659 지심귀명례 덕명왕불
至心歸命禮 德明王佛

8660 지심귀명례 도공덕변불
至心歸命禮 度功德邊佛

8661 지심귀명례 지성연등불
至心歸命禮 至誠燃燈佛

8662 지심귀명례 가외작명불
至心歸命禮 可畏作明佛

8663 지심귀명례 무외정안불
至心歸命禮 無畏淨眼佛

8664 지심귀명례 무장애광명불
至心歸命禮 無障礙光明佛

8665 지심귀명례 선서요설불
至心歸命禮 善逝樂說佛

8666 지심귀명례 자재안불
至心歸命禮 自在眼佛

8667 지심귀명례 지화덕불
至心歸命禮 智華德佛

8668 지심귀명례 여청정불
至心歸命禮 與淸淨佛

8669 지심귀명례 고산칭불
至心歸命禮 高山稱佛

8670 지심귀명례 견유불
至心歸命禮 見有佛

8671 지심귀명례 무변공덕안립왕불
至心歸命禮 無邊功德安立王佛

8672 지심귀명례 사라왕상불
至心歸命禮 沙羅王相佛

8673 지심귀명례 보명안상불
至心歸命禮 寶明安相佛

8674 지심귀명례 보취안상불
至心歸命禮 寶聚安相佛

8675 지심귀명례 상중덕불
至心歸命禮 上衆德佛

8676 지심귀명례 월고불
至心歸命禮 月高佛

8677 지심귀명례 상증상불
至心歸命禮 象增上佛

8678 지심귀명례 수미명음불
至心歸命禮 須彌明音佛

8679 지심귀명례 무변자재력불
至心歸命禮 無邊自在力佛

8680 지심귀명례 수세간의불
至心歸命禮 隨世間意佛

8681 지심귀명례 무애심불
至心歸命禮 無礙心佛

8682 지심귀명례 무변신통자재불
至心歸命禮 無邊神通自在佛

8683 지심귀명례 수중생원엄불
至心歸命禮 隨衆生願嚴佛

8684 지심귀명례 고보개불
至心歸命禮 高寶蓋佛

8685 지심귀명례 호일체불
至心歸命禮 護一切佛

8686 지심귀명례 은당불
至心歸命禮 銀幢佛

8687 지심귀명례 신공양불
至心歸命禮 信供養佛

8688 지심귀명례 월출덕불
至心歸命禮 月出德佛

8689 지심귀명례 제석당왕불
至心歸命禮 諦釋幢王佛

8690 지심귀명례 요설월불
至心歸命禮 樂說月佛

8691 지심귀명례 십만동자류포불
至心歸命禮 十萬同字流布佛

8692 지심귀명례 보광정덕불
至心歸命禮 普光淨德佛

8693 지심귀명례 승전투불
至心歸命禮 勝戰鬪佛

8694 지심귀명례 무애존수덕불
至心歸命禮 無礙尊樹德佛

8695 지심귀명례 아루나지불
至心歸命禮 阿樓那智佛

8696 지심귀명례 보연화제주수왕불
至心歸命禮 寶蓮華諦住樹王佛

8697 지심귀명례 대광요불
至心歸命禮 大光曜佛

8698 지심귀명례 애조불
至心歸命禮 愛照佛

8699 지심귀명례 무구처세불
至心歸命禮 無垢處世佛

8700 지심귀명례 자무구진불
至心歸命禮 自無垢塵佛

8701 지심귀명례 내보불
至心歸命禮 內寶佛

8702 지심귀명례 상상동십개왕불
至心歸命禮 上像憧十蓋王佛

8703 지심귀명례 위신자재왕불
至心歸命禮 威神自在王佛

8704 지심귀명례 극수상영왕불
至心歸命禮 極受上影王佛

8705 지심귀명례 대해불시방견불
至心歸命禮 大海佛十方見佛

8706 지심귀명례 발고자재불
至心歸命禮 拔苦自在佛

8707 지심귀명례 마니장왕불
至心歸命禮 摩尼藏王佛

8708 지심귀명례 수미존상불
至心歸命禮 須彌尊相佛

8709 지심귀명례 연화존불
至心歸命禮 蓮華尊佛

8710 지심귀명례 일월존불
至心歸命禮 日月尊佛

8711 지심귀명례 보화성취승불
至心歸命禮 寶華成就勝佛

8712 지심귀명례 화부일왕불
至心歸命禮 華敷日王佛

8713 지심귀명례 불가사의월광명불
至心歸命禮 不可思議月光明佛

8714 지심귀명례 승광불
至心歸命禮 勝光佛

8715 지심귀명례 묘승광명불
至心歸命禮 妙勝光明佛

8716 지심귀명례 요연화수불
至心歸命禮 樂蓮華首佛

8717 지심귀명례 광중덕불
至心歸命禮 光衆德佛

8718 지심귀명례 사낙성선덕불
至心歸命禮 思樂成善德佛

8719 지심귀명례 무루정진원수불
至心歸命禮 無漏精進願首佛

8720 지심귀명례 염부단당불
至心歸命禮 閻浮檀幢佛

8721 지심귀명례 소멸등초왕불
至心歸命禮 消滅等超王佛

8722 지심귀명례 무한안왕불
至心歸命禮 無限眼王佛

8723 지심귀명례 지정진불
至心歸命禮 至精進佛

8724 지심귀명례 향적불
至心歸命禮 香積佛

8725 지심귀명례 만팔천동자산왕불
至心歸命禮 萬八千同字山王佛

8726 지심귀명례 무구대성불
至心歸命禮 無垢大聖佛

8727 지심귀명례 대비위덕불
至心歸命禮 大悲威德佛

8728 지심귀명례 사자앙여광존불
至心歸命禮 師子央如光尊佛

8729 지심귀명례 지주지불
至心歸命禮 地住持佛

8730 지심귀명례 위타벽지불
至心歸命禮 違陀辟支佛

8731 지심귀명례 이제장무외불
至心歸命禮 離諸障無畏佛

8732 지심귀명례 삼세경상불
至心歸命禮 三世鏡像佛

8733 지심귀명례 대염견불
至心歸命禮 大炎肩佛

8734 지심귀명례 사라수왕불
至心歸命禮 娑羅樹王佛

8735 지심귀명례 잡색보화엄신불
至心歸命禮 雜色寶華嚴身佛

8736 지심귀명례 가수경불
至心歸命禮 可修敬佛

8737 지심귀명례 수적정불
至心歸命禮 修寂靜佛

8738 지심귀명례 여여수미산불
至心歸命禮 如如須彌山佛

8739 지심귀명례 일설광명작불
至心歸命禮 日舌光明作佛

8740 지심귀명례 무변고력왕불
至心歸命禮 無邊高力王佛

8741 지심귀명례 월향불
至心歸命禮 月響佛

8742 지심귀명례 정진최고력왕불
至心歸命禮 精進最高力王佛

8743 지심귀명례 법체결정불
至心歸命禮 法體決定佛

8744 지심귀명례 불가성취의불
至心歸命禮 不可成就意佛

8745 지심귀명례 여연등불
至心歸命禮 如燃燈佛

8746 지심귀명례 여작명불
至心歸命禮 如作明佛

8747 지심귀명례 여명륜불
至心歸命禮 如明輪佛

8748 지심귀명례 여명미루불
至心歸命禮 如明彌樓佛

8749 지심귀명례 여정명불
至心歸命禮 如淨明佛

8750 지심귀명례 백개불
至心歸命禮 白蓋佛

8751 지심귀명례 대비속질불
至心歸命禮 大悲速疾佛

8752 지심귀명례 미류겁불
至心歸命禮 彌留劫佛

8753 지심귀명례 전단굴상불
至心歸命禮 栴檀窟相佛

8754 지심귀명례 어견불
至心歸命禮 語見佛

8755 지심귀명례 수미견불
至心歸命禮 須彌肩佛

8756 지심귀명례 성일불
至心歸命禮 性日佛

8757 지심귀명례 사라왕명불
至心歸命禮 娑羅王明佛

8758 지심귀명례 요공덕연등불
至心歸命禮 樂功德然燈佛

8759 지심귀명례 정명덕불
至心歸命禮 淨明德佛

8760 지심귀명례 견자재왕불
至心歸命禮 堅自在王佛

8761 지심귀명례 승업청정견불
至心歸命禮 勝業淸淨見佛

8762 지심귀명례 수행당불
至心歸命禮 修行幢佛

8763 지심귀명례 고산환희불
至心歸命禮 高山歡喜佛

8764 지심귀명례 산왕산불
至心歸命禮 山王山佛

8765 지심귀명례 전여상엄불
至心歸命禮 轉女相嚴佛

8766 지심귀명례 득대세지불
至心歸命禮 得大勢至佛

8767 지심귀명례 복덕성취불
至心歸命禮 福德成就佛

8768 지심귀명례 망명상불
至心歸命禮 網明相佛

8769 지심귀명례 국왕불
至心歸命禮 國王佛

8770 지심귀명례 덕승불
至心歸命禮 德勝佛

8771 지심귀명례 천국토불
至心歸命禮 天國土佛

8772 지심귀명례 승적불
至心歸命禮 勝敵佛

8773 지심귀명례 불가사의성불
至心歸命禮 不可思議聲佛

8774 지심귀명례 약왕무애불
至心歸命禮 藥王無礙佛

8775 지심귀명례 무량공덕자재왕불
至心歸命禮 無量功德自在王佛

8776 지심귀명례 보유행불
至心歸命禮 寶遊行佛

8777 지심귀명례 적정증상불
至心歸命禮 寂靜增上佛

8778 지심귀명례 일체후성불
至心歸命禮 一切吼聲佛

8779 지심귀명례 산왕주불
至心歸命禮 山王住佛

8780 지심귀명례 무구상불
至心歸命禮 無垢相佛

8781 지심귀명례 대산호불
至心歸命禮 大山户佛

8782 지심귀명례 정제원위덕승왕불
至心歸命禮 淨諸願威德勝王佛

8783 지심귀명례 경포당불
至心歸命禮 驚怖幢佛

8784 지심귀명례 위덕천불
至心歸命禮 威德天佛

8785 지심귀명례 무승보자재왕불
至心歸命禮 無勝步自在王佛

8786 지심귀명례 사린다왕불
至心歸命禮 娑隣陀王佛

8787 지심귀명례 보현자재보불
至心歸命禮 普賢自在步佛

8788 지심귀명례 보경계광명불
至心歸命禮 寶境界光明佛

8789 지심귀명례 바수천불
至心歸命禮 婆藪天佛

8790 지심귀명례 법자재풍왕불
至心歸命禮 法自在豊王佛

8791 지심귀명례 기지공덕불
至心歸命禮 起智功德佛

8792 지심귀명례 지광자재상왕불
至心歸命禮 智光自在相王佛

8793 지심귀명례 천지식존음왕불
至心歸命禮 千智識尊音王佛

8794 지심귀명례 천증상존음왕불
至心歸命禮 千增相尊音王佛

8795 지심귀명례 천선무구존음왕불
至心歸命禮 千善無垢尊音王佛

8796 지심귀명례 천이포외존음왕불
至心歸命禮 千離怖畏尊音王佛

8797 지심귀명례 단아차나불
至心歸命禮 斷阿叉那佛

8798 지심귀명례 오백일존음왕불
至心歸命禮 五百日尊音王佛

8799 지심귀명례 오백일장존왕불
至心歸命禮 五百日藏尊王佛

8800 지심귀명례 오백약음존왕불
至心歸命禮 五百藥音尊王佛

8801 지심귀명례 이일광명불
至心歸命禮 二日光明佛

8802 지심귀명례 사룡자재신불
至心歸命禮 四龍自在神佛

8803 지심귀명례 제일경계법불
至心歸命禮 第一境界法佛

8804 지심귀명례 십리음광명불
至心歸命禮 十離音光明佛

8805 지심귀명례 팔성칭불
至心歸命禮 八聲稱佛

8806 지심귀명례 십일현로법음불
至心歸命禮 十一顯露法音佛

8807 지심귀명례 구공덕법칭왕불
至心歸命禮 九功德法稱王佛

8808 지심귀명례 이십부사의왕불
至心歸命禮 二十不思議王佛

8809 지심귀명례 과경계보불
至心歸命禮 過境界步佛

8810 지심귀명례 각지존상왕불
至心歸命禮 覺智尊相王佛

8811 지심귀명례 칠불가사의음불
至心歸命禮 七不可思議音佛

8812 지심귀명례 삼지장불
至心歸命禮 三智藏佛

8813 지심귀명례 십오지산억불
至心歸命禮 十五智山憶佛

8814 지심귀명례 십오지해왕불
至心歸命禮 十五智海王佛

8815 지심귀명례 삼십지력존음왕불
至心歸命禮 三十智力尊音王佛

8816 지심귀명례 이산공덕겁불
至心歸命禮 二山功德劫佛

8817 지심귀명례 십팔청정지근불
至心歸命禮 十八淸淨智懃佛

8818 지심귀명례 구십존상중생불
至心歸命禮 九十尊相衆生佛

8819 지심귀명례 무구뢰음존왕불
至心歸命禮 無垢雷音尊王佛

8820 지심귀명례 팔십존대해력왕불
至心歸命禮 八十尊大海力王佛

8821 지심귀명례 사십천상보리존불
至心歸命禮 四十天上菩提尊佛

8822 지심귀명례 이지각산화왕불
至心歸命禮 二智覺山華王佛

8823 지심귀명례 이공덕지각불
至心歸命禮 二功德智覺佛

8824 지심귀명례 이금강사자불
至心歸命禮 二金剛師子佛

8825 지심귀명례 이지계광명불
至心歸命禮 二持戒光明佛

8826 지심귀명례 이시현증번불
至心歸命禮 二示現增番佛

8827 지심귀명례 무변장엄승불
至心歸命禮 無邊莊嚴勝佛

8828 지심귀명례 삼사자유희불
至心歸命禮 三師子遊戲佛

8829 지심귀명례 이무진지산불
至心歸命禮 二無盡智山佛

8830 지심귀명례 이보광명불
至心歸命禮 二寶光明佛

8831 지심귀명례 이무구지혜불
至心歸命禮 二無垢智慧佛

8832 지심귀명례 구지혜광명불
至心歸命禮 九智慧光明佛

8833 지심귀명례 오십나라연승장불
至心歸命禮 五十那羅延勝藏佛

8834 지심귀명례 이무구정지혜불
至心歸命禮 二無垢淨智慧佛

8835 지심귀명례 구대지혜광명불
至心歸命禮 九大智慧光明佛

8836 지심귀명례 칠십취진보공덕불
至心歸命禮 七十聚珍寶功德佛

8837 지심귀명례 이십분별성보왕불
至心歸命禮 二十分別星寶王佛

8838 지심귀명례 삼공덕력사왕불
至心歸命禮 三功德力娑王佛

8839 지심귀명례 구십묘향음불
至心歸命禮 九十妙香音佛

8840 지심귀명례 시두뢰왕불
至心歸命禮 崼頭賴王佛

8841 지심귀명례 육십광명치주왕불
至心歸命禮 六十光明熾珠王佛

8842 지심귀명례 천연화향석존왕불
至心歸命禮 千蓮華香釋尊王佛

8843 지심귀명례 삼십연화향력증불
至心歸命禮 三十蓮華香力增佛

8844 지심귀명례 대해지증승불
至心歸命禮 大海智增僧佛

8845 지심귀명례 염부제향불
至心歸命禮 閻浮提香佛

8846 지심귀명례 일백삼공덕산억불
至心歸命禮 一百三功德山億佛

8847 지심귀명례 염부영불
至心歸命禮 閻浮影佛

8848 지심귀명례 백일룡뢰존화왕불
至心歸命禮 百一龍雷尊華王佛

8849 지심귀명례 도개행불
至心歸命禮 度蓋行佛

8850 지심귀명례 삼십로공덕왕겁불
至心歸命禮 三十露功德王劫佛

8851 지심귀명례 해안산왕불
至心歸命禮 海眼山王佛

8852 지심귀명례 위신불
至心歸命禮 威神佛

8853 지심귀명례 선적월음왕불
至心歸命禮 善寂月音王佛

8854 지심귀명례 제화불
至心歸命禮 諸華佛

8855 지심귀명례 보성불
至心歸命禮 寶成佛

8856 지심귀명례 산위덕혜불
至心歸命禮 山威德慧佛

8857 지심귀명례 무수정진원수불
至心歸命禮 無數精進願首佛

8858 지심귀명례 도중덕불
至心歸命禮 度衆德佛

8859 지심귀명례 주승월왕불
至心歸命禮 珠勝月王佛

8860 지심귀명례 일륜상광명승불
至心歸命禮 日輪上光明勝佛

8861 지심귀명례 지성당섭불
至心歸命禮 智聲幢攝佛

8862 지심귀명례 구소마승불
至心歸命禮 拘蘇摩勝佛

8863 지심귀명례 묘성후불
至心歸命禮 妙聲吼佛

8864 지심귀명례 원마불
至心歸命禮 遠摩佛

8865 지심귀명례 법억불
至心歸命禮 法憶佛

8866 지심귀명례 지법불
至心歸命禮 持法佛

8867 지심귀명례 법속락행불
至心歸命禮 法速樂行佛

8868 지심귀명례 염청정불
至心歸命禮 染清淨佛

8869 지심귀명례 보현불
至心歸命禮 普賢佛

8870 지심귀명례 범정진불
至心歸命禮 梵精進佛

8871 지심귀명례 수행신불
至心歸命禮 修行信佛

8872 지심귀명례 감로일불
至心歸命禮 甘露日佛

8873 지심귀명례 이공포위원불
至心歸命禮 離恐怖圍遠佛

8874 지심귀명례 월전불
至心歸命禮 月殿佛

8875 지심귀명례 청정화광불
至心歸命禮 淸淨華光佛

8876 지심귀명례 우신통왕불
至心歸命禮 遇神通王佛

8877 지심귀명례 건립정진불
至心歸命禮 建立精進佛

8878 지심귀명례 사자앙불
至心歸命禮 師子央佛

8879 지심귀명례 무량광명최승불
至心歸命禮 無量光明最勝佛

8880 지심귀명례 역의불
至心歸命禮 力意佛

8881 지심귀명례 허공엄불
至心歸命禮 虛空嚴佛

8882 지심귀명례 화목불
至心歸命禮 火目佛

8883 지심귀명례 구소마생왕불
至心歸命禮 俱蘇摩生王佛

8884 지심귀명례 공덕보광명불
至心歸命禮 功德寶光明佛

8885 지심귀명례 보월광명불
至心歸命禮 寶月光明佛

8886 지심귀명례 유음불
至心歸命禮 有音佛

8887 지심귀명례 조승위덕왕불
至心歸命禮 照勝威德王佛

8888 지심귀명례 무량안온불
至心歸命禮 無量安穩佛

8889 지심귀명례 신광명인승불
至心歸命禮 身光明人勝佛

8890 지심귀명례 사자경불
至心歸命禮 師子頸佛

8891 지심귀명례 희당불
至心歸命禮 喜幢佛

8892 지심귀명례 산봉불
至心歸命禮 山峯佛

8893 지심귀명례 범미루불
至心歸命禮 梵彌樓佛

8894 지심귀명례 이겁약불
至心歸命禮 離怯弱佛

8895 지심귀명례 대정진심불
至心歸命禮 大精進心佛

8896 지심귀명례 지조성불
至心歸命禮 智照聲佛

8897 지심귀명례 참괴수미산승불
至心歸命禮 慚愧須彌山勝佛

8898 지심귀명례 행불행불
至心歸命禮 行佛行佛

8899 지심귀명례 무변지경계불
至心歸命禮 無邊智境界佛

8900 지심귀명례 법산승불
至心歸命禮 法山勝佛

8901 지심귀명례 단유견불
至心歸命禮 斷有見佛

8902 지심귀명례 다라왕불
至心歸命禮 多羅王佛

8903 지심귀명례 무량지부불
至心歸命禮 無量智敷佛

8904 지심귀명례 수미산연등왕불
至心歸命禮 須彌山然燈王佛

8905 지심귀명례 승등불
至心歸命禮 勝燈佛

8906 지심귀명례 불공승불
至心歸命禮 不空勝佛

8907 지심귀명례 칠십보정광명왕불
至心歸命禮 七十普淨光明王佛

8908 지심귀명례 보염면문당불
至心歸命禮 寶焰面門幢佛

8909 지심귀명례 중용맹불
至心歸命禮 衆勇猛佛

8910 지심귀명례 선청정불
至心歸命禮 善淸淨佛

8911 지심귀명례 승화집불
至心歸命禮 勝華集佛

8912 지심귀명례 보향상불
至心歸命禮 普香上佛

8913 지심귀명례 비다라니자재불
至心歸命禮 鼻陀羅尼自在佛

8914 지심귀명례 밀적금강섭불
至心歸命禮 蜜迹金剛涉佛

8915 지심귀명례 묘적불
至心歸命禮 妙寂佛

8916 지심귀명례 식의불
至心歸命禮 息意佛

8917 지심귀명례 무량훈보불
至心歸命禮 無量訓寶佛

8918 지심귀명례 금정왕불
至心歸命禮 錦淨王佛

8919 지심귀명례 금강밀적불
至心歸命禮 金剛密迹佛

8920 지심귀명례 묘앙의광명왕불
至心歸命禮 妙央意光明王佛

8921 지심귀명례 공양불
至 心 歸 命 禮 供 養 佛

8922 지심귀명례 득무외불
至 心 歸 命 禮 得 無 畏 佛

8923 지심귀명례 봉양불
至 心 歸 命 禮 奉 養 佛

8924 지심귀명례 견후의불
至 心 歸 命 禮 堅 吼 意 佛

8925 지심귀명례 쾌비불
至 心 歸 命 禮 快 臂 佛

8926 지심귀명례 염광불
至 心 歸 命 禮 炎 光 佛

8927 지심귀명례 염미불
至 心 歸 命 禮 炎 味 佛

8928 지심귀명례 무퇴몰불
至 心 歸 命 禮 無 退 沒 佛

8929 지심귀명례 집공덕불
至 心 歸 命 禮 執 功 德 佛

8930 지심귀명례 화보불
至 心 歸 命 禮 火 步 佛

8931 지심귀명례 무기세불
至心歸命禮 無欺世佛

8932 지심귀명례 무량덕불
至心歸命禮 無量德佛

8933 지심귀명례 수마나광명불
至心歸命禮 須摩那光明佛

8934 지심귀명례 아니라월불
至心歸命禮 阿尼羅月佛

8935 지심귀명례 상거수불
至心歸命禮 常擧手佛

8936 지심귀명례 허공성불
至心歸命禮 虛空性佛

8937 지심귀명례 위리불
至心歸命禮 違離佛

8938 지심귀명례 공덕자재불
至心歸命禮 功德自在佛

8939 지심귀명례 선사원성불
至心歸命禮 善思願成佛

8940 지심귀명례 서방무량수불
至心歸命禮 西方無量壽佛

8941 지심귀명례 승운불
至心歸命禮 勝雲佛

8942 지심귀명례 팔천정광불
至心歸命禮 八千定光佛

8943 지심귀명례 무변덕보불
至心歸命禮 無邊德寶佛

8944 지심귀명례 보광덕정위불
至心歸命禮 普光德淨威佛

8945 지심귀명례 연광명불
至心歸命禮 然光明佛

8946 지심귀명례 오백화상불
至心歸命禮 五百華上佛

8947 지심귀명례 오위덕불
至心歸命禮 五威德佛

8948 지심귀명례 이천교진여불
至心歸命禮 二千憍陳如佛

8949 지심귀명례 금강상불
至心歸命禮 金剛上佛

8950 지심귀명례 정실불
至心歸命禮 定實佛

8951 지심귀명례 향적왕불
至心歸命禮 香積王佛

8952 지심귀명례 십오일명불
至心歸命禮 十五日明佛

8953 지심귀명례 육십이선적불
至心歸命禮 六十二善寂佛

8954 지심귀명례 정광불
至心歸命禮 定光佛

8955 지심귀명례 대장엄불
至心歸命禮 大莊嚴佛

8956 지심귀명례 실기불
至心歸命禮 實起佛

8957 지심귀명례 무시불
至心歸命禮 無始佛

8958 지심귀명례 지광명불
至心歸命禮 智光明佛

8959 지심귀명례 상상응언불
至心歸命禮 常相應言佛

8960 지심귀명례 견무변락불
至心歸命禮 見無邊樂佛

8961 지심귀명례 광명라망승불
至心歸命禮 光明羅網勝佛

8962 지심귀명례 불가승분신성왕불
至心歸命禮 不可勝奮迅聲王佛

8963 지심귀명례 덕세계나라연불
至心歸命禮 德世界那羅延佛

8964 지심귀명례 대통지승불
至心歸命禮 大通智勝佛

8965 지심귀명례 염부나제불
至心歸命禮 閻浮那提佛

8966 지심귀명례 정진성불
至心歸命禮 精進聲佛

8967 지심귀명례 무량공덕장엄불
至心歸命禮 無量功德莊嚴佛

8968 지심귀명례 의사지혜불
至心歸命禮 意思智慧佛

8969 지심귀명례 천이백보명불
至心歸命禮 千二百普明佛

8970 지심귀명례 광원불
至心歸命禮 光遠佛

8971 지심귀명례 월교불
至心歸命禮 月教佛

8972 지심귀명례 무구만불
至心歸命禮 無垢鬘佛

8973 지심귀명례 선산강불
至心歸命禮 善山剛佛

8974 지심귀명례 지념불
至心歸命禮 止念佛

8975 지심귀명례 세여왕불
至心歸命禮 世如王佛

8976 지심귀명례 보향광명불
至心歸命禮 普香光明佛

8977 지심귀명례 수각유연촉신불
至心歸命禮 手脚柔軟觸身佛

8978 지심귀명례 일광명왕불
至心歸命禮 日光明王佛

8979 지심귀명례 진금색왕불
至心歸命禮 眞金色王佛

8980 지심귀명례 안명정불
至心歸命禮 安明頂佛

8981 지심귀명례 금강장불
至心歸命禮 金剛藏佛

8982 지심귀명례 현선수불
至心歸命禮 賢善首佛

8983 지심귀명례 지종불
至心歸命禮 地種佛

8984 지심귀명례 상유리불
至心歸命禮 上琉璃佛

8985 지심귀명례 금색불
至心歸命禮 金色佛

8986 지심귀명례 월상불
至心歸命禮 月像佛

8987 지심귀명례 음화불
至心歸命禮 音華佛

8988 지심귀명례 해탈화불
至心歸命禮 解脫華佛

8989 지심귀명례 구족광명불
至心歸命禮 具足光明佛

8990 지심귀명례 해의락혜불
至心歸命禮 海意樂慧佛

8991 지심귀명례 견피안불
至心歸命禮 見彼岸佛

8992 지심귀명례 무변연등불
至心歸命禮 無邊然燈佛

8993 지심귀명례 우두발불
至心歸命禮 憂頭鉢佛

8994 지심귀명례 사염의불
至心歸命禮 捨厭意佛

8995 지심귀명례 보행불
至心歸命禮 寶行佛

8996 지심귀명례 용음불
至心歸命禮 勇音佛

8997 지심귀명례 수적불
至心歸命禮 首積佛

8998 지심귀명례 대중법혜불
至心歸命禮 大衆法慧佛

8999 지심귀명례 행광견불
至心歸命禮 行廣見佛

9000 지심귀명례 극최수월광불
至心歸命禮 極最首月光佛

9001 지심귀명례 명성거불
至心歸命禮 名聲去佛

9002 지심귀명례 조의월제화불
至心歸命禮 調意越諸化佛

9003 지심귀명례 제제치명불
至心歸命禮 除諸癡冥佛

9004 지심귀명례 선룡뢰음불
至心歸命禮 宣龍雷音佛

9005 지심귀명례 출산해자재왕불
至心歸命禮 出山海自在王佛

9006 지심귀명례 쾌주수왕불
至心歸命禮 快住樹王佛

9007 지심귀명례 과보연화불
至心歸命禮 過寶蓮華佛

9008 지심귀명례 본초수수불
至心歸命禮 本草樹首佛

9009 지심귀명례 등공덕명수불
至心歸命禮 等功德明首佛

9010 지심귀명례 분별과출정불
至心歸命禮 分別過出淨佛

9011 지심귀명례 등변명불
至心歸命禮 等遍明佛

9012 지심귀명례 월영당왕불
至心歸命禮 月英幢王佛

9013 지심귀명례 쾌락불
至心歸命禮 快樂佛

9014 지심귀명례 무비지화성불
至心歸命禮 無比智花成佛

9015 지심귀명례 연화구족왕불
至心歸命禮 蓮華具足王佛

9016 지심귀명례 약사구족왕불
至心歸命禮 藥師具足王佛

9017 지심귀명례 무우덕수구족왕불
至心歸命禮 無憂德首具足王佛

9018 지심귀명례 권조중선구족왕불
至心歸命禮 勸助衆善具足王佛

9019 지심귀명례 반월광명불
至心歸命禮 半月光明佛

9020 지심귀명례 승적대불
至心歸命禮 勝敵對佛

9021 지심귀명례 연등승왕불
至心歸命禮 然燈勝王佛

9022 지심귀명례 정명당불
至心歸命禮 精明堂佛

9023 지심귀명례 사부라분신불
至心歸命禮 捨浮羅奮迅佛

9024 지심귀명례 능일불
至心歸命禮 能日佛

9025 지심귀명례 이구의불
至心歸命禮 離垢意佛

9026 지심귀명례 입정진불
至心歸命禮 入精進佛

9027 지심귀명례 무변허공경계불
至心歸命禮 無邊虛空境界佛

9028 지심귀명례 해탈일체박불
至心歸命禮 解脫一切縛佛

9029 지심귀명례 선강불
至心歸命禮 仙剛佛

9030 지심귀명례 사이화불
至心歸命禮 思夷華佛

9031 지심귀명례 고진도사길의불
至心歸命禮 固進度思吉義佛

9032 지심귀명례 봉지성불
至心歸命禮 奉至誠佛

9033 지심귀명례 관명공훈불
至心歸命禮 觀明功勳佛

9034 지심귀명례 자영적수불
至心歸命禮 慈英寂首佛

9035 지심귀명례 진성상수불
至心歸命禮 眞性上首佛

9036 지심귀명례 염중생칭상수불
至心歸命禮 念衆生稱上首佛

9037 지심귀명례 용수초고수미불
至心歸命禮 勇首超高須彌佛

9038 지심귀명례 칭치승상수불
至心歸命禮 稱恥勝上首佛

9039 지심귀명례 공덕희불
至心歸命禮 功德希佛

9040 지심귀명례 보영불
至心歸命禮 寶英佛

9041 지심귀명례 무념업불
至心歸命禮 無念業佛

9042 지심귀명례 능여무외불
至心歸命禮 能與無畏佛

9043 지심귀명례 보당번불
至心歸命禮 寶幢幡佛

9044 지심귀명례 불화성취덕불
至心歸命禮 佛華成就德佛

9045 지심귀명례 발생보리심불
至心歸命禮 發生菩提心佛

9046 지심귀명례 선청정승불
至心歸命禮 善淸淨勝佛

9047 지심귀명례 보조상명덕해왕불
至心歸命禮 普照常明德海王佛

9048 지심귀명례 광영불
至心歸命禮 光英佛

9049 지심귀명례 사자향작불
至心歸命禮 師子響作佛

9050 지심귀명례 설다라니자재불
至心歸命禮 舌陀羅尼自在佛

9051 지심귀명례 허공등불
至心歸命禮 虛空等佛

9052 지심귀명례 보양위신초왕불
至心歸命禮 寶揚威神超王佛

9053 지심귀명례 이문수불
至心歸命禮 離聞首佛

9054 지심귀명례 유일광왕불
至心歸命禮 喩日光王佛

9055 지심귀명례 정교불
至心歸命禮 淨教佛

9056 지심귀명례 일억제불보집불
至心歸命禮 一億諸佛普集佛

9057 지심귀명례 일월광불
至心歸命禮 日月光佛

9058 지심귀명례 명정진근보왕불
至心歸命禮 名精進根寶王佛

9059 지심귀명례 금광명색광상불
至心歸命禮 金光明色光上佛

9060 지심귀명례 수미등왕불
至心歸命禮 須彌燈王佛

9061 지심귀명례 평등물사불
至心歸命禮 平等勿思佛

9062 지심귀명례 무량조불
至心歸命禮 無量照佛

9063 지심귀명례 과보연화불
至心歸命禮 過普蓮花佛

9064 지심귀명례 세라장불
至心歸命禮 勢羅藏佛

9065 지심귀명례 발정진불
至心歸命禮 發精進佛

9066 지심귀명례 불가설겁불
至心歸命禮 不可說劫佛

9067 지심귀명례 감로장불
至心歸命禮 甘露藏佛

9068 지심귀명례 덕대광은불
至心歸命禮 德大光隱佛

9069 지심귀명례 산자재적불
至心歸命禮 山自在積佛

9070 지심귀명례 정음성불
至心歸命禮 正音聲佛

9071 지심귀명례 무한정불
至心歸命禮 無限淨佛

9072 지심귀명례 월음왕불
至心歸命禮 月音王佛

9073 지심귀명례 무한명칭불
至心歸命禮 無限名稱佛

9074 지심귀명례 법화염광명불
至心歸命禮 法火炎光明佛

9075 지심귀명례 금색경계불
至心歸命禮 金色境界佛

9076 지심귀명례 일체탁불
至心歸命禮 一切濁佛

9077 지심귀명례 여래행무량왕불
至心歸命禮 如來行無量王佛

9078 지심귀명례 보수행불
至心歸命禮 普修行佛

9079 지심귀명례 연화최존불
至心歸命禮 蓮華最尊佛

9080 지심귀명례 신존불
至心歸命禮 身尊佛

9081 지심귀명례 단제과불
至心歸命禮 斷諸過佛

9082 지심귀명례 도계불
至心歸命禮 度繫佛

9083 지심귀명례 자금향불
至心歸命禮 紫金香佛

9084 지심귀명례 범성왕불
至心歸命禮 梵聲王佛

9085 지심귀명례 산왕승장왕불
至心歸命禮 山王勝藏王佛

9086 지심귀명례 일체화향자재왕불
至心歸命禮 一切華香自在王佛

9087 지심귀명례 선법벽지불
至心歸命禮 善法辟支佛

9088 지심귀명례 내풍주광불
至心歸命禮 內豐珠光佛

9089 지심귀명례 무량공덕광명승불
至心歸命禮 無量功德光明勝佛

9090 지심귀명례 사자향불
至心歸命禮 師子響佛

9091 지심귀명례 대정진용력불
至心歸命禮 大精進勇力佛

9092 지심귀명례 과출견주불
至心歸命禮 過出堅住佛

9093 지심귀명례 금광보요불
至心歸命禮 金光普曜佛

9094 지심귀명례 일월영불
至心歸命禮 日月英佛

9095 지심귀명례 초출중화불
至心歸命禮 超出衆華佛

9096 지심귀명례 세등명불
至心歸命禮 世燈明佛

9097 지심귀명례 휴다이영불
至心歸命禮 休多易寧佛

9098 지심귀명례 상애면불
至心歸命禮 上愛面佛

9099 지심귀명례 수행법불
至心歸命禮 修行法佛

9100 지심귀명례 약수왕불
至心歸命禮 藥樹王佛

9101 지심귀명례 연등광명작불
至心歸命禮 然燈光明作佛

9102 지심귀명례 수미보불
至心歸命禮 須彌步佛

9103 지심귀명례 보연화불
至心歸命禮 寶蓮華佛

9104 지심귀명례 일체중보보집불
至心歸命禮 一切衆寶普集佛

9105 지심귀명례 수왕풍장불
至心歸命禮 樹王豊長佛

9106 지심귀명례 전불퇴전법륜중불
至心歸命禮 轉不退轉法輪衆佛

9107 지심귀명례 위요특존덕정불
至心歸命禮 圍遶特尊德淨佛

9108 지심귀명례 이제의불
至心歸命禮 離諸疑佛

9109 지심귀명례 증상행불
至心歸命禮 增上行佛

9110 지심귀명례 불화출왕불
至心歸命禮 佛華出王佛

9111 지심귀명례 보상불
至心歸命禮 寶像佛

9112 지심귀명례 섭보불
至心歸命禮 攝步佛

9113 지심귀명례 무변공덕정진엄불
至心歸命禮 無邊功德精進嚴佛

9114 지심귀명례 수왕후승불
至心歸命禮 樹王吼勝佛

9115 지심귀명례 무량자재불
至心歸命禮 無量自在佛

9116 지심귀명례 질지용불
至心歸命禮 疾智勇佛

9117 지심귀명례 무애법계연등불
至心歸命禮 無礙法界然燈佛

9118 지심귀명례 위덕무진불
至心歸命禮 威德無盡佛

9119 지심귀명례 무장지성취불
至心歸命禮 無障智成就佛

9120 지심귀명례 일체색마니장불
至心歸命禮 一切色摩尼藏佛

9121 지심귀명례 쾌가견불
至心歸命禮 快可見佛

9122 지심귀명례 백광명불
至心歸命禮 百光明佛

9123 지심귀명례 보견불
至心歸命禮 寶肩佛

9124 지심귀명례 바두상불
至心歸命禮 波頭上佛

9125 지심귀명례 사자희성불
至心歸命禮 師子喜聲佛

9126 지심귀명례 설시위덕불
至心歸命禮 設尸威德佛

9127 지심귀명례 무변덕엄불
至心歸命禮 無邊德嚴佛

9128 지심귀명례 절금강불
至心歸命禮 截金剛佛

9129 지심귀명례 수미명불
至心歸命禮 須彌明佛

9130 지심귀명례 승장엄불
至心歸命禮 勝莊嚴佛

9131 지심귀명례 선해탈불
至心歸命禮 禪解脫佛

9132 지심귀명례 무량신통자재불
至心歸命禮 無量神通自在佛

9133 지심귀명례 당일왕불
至心歸命禮 幢日王佛

9134 지심귀명례 요승불
至心歸命禮 樂勝佛

9135 지심귀명례 항복마력성불
至心歸命禮 降伏魔力聲佛

9136 지심귀명례 구능왕불
至心歸命禮 拘陵王佛

9137 지심귀명례 범성환희후불
至心歸命禮 梵聲歡喜吼佛

9138 지심귀명례 보리분화신불
至心歸命禮 菩提分華身佛

9139 지심귀명례 요설장엄사유불
至心歸命禮 樂說莊嚴思惟佛

9140 지심귀명례 법당현불
至心歸命禮 法幢懸佛

9141 지심귀명례 사자산불
至心歸命禮 師子山佛

9142 지심귀명례 내외정불
至心歸命禮 內外淨佛

9143 지심귀명례 원행불
至心歸命禮 遠行佛

9144 지심귀명례 법해조승불
至心歸命禮 法海潮勝佛

9145 지심귀명례 단제악불
至心歸命禮 斷諸惡佛

9146 지심귀명례 지화성불
至心歸命禮 智化聲佛

9147 지심귀명례 과승불
至心歸命禮 過勝佛

9148 지심귀명례 우바라덕불
至心歸命禮 優鉢羅德佛

9149 지심귀명례 행등불
至心歸命禮 行燈佛

9150 지심귀명례 분사라승불
至心歸命禮 分闍羅勝佛

9151 지심귀명례 항복금강견불
至心歸命禮 降伏金剛堅佛

9152 지심귀명례 승현불
至心歸命禮 勝現佛

9153 지심귀명례 불가비감로발불
至心歸命禮 不可比甘露鉢佛

9154 지심귀명례 무애음성불
至心歸命禮 無礙音聲佛

9155 지심귀명례 전각벽지불
至心歸命禮 轉覺辟支佛

9156 지심귀명례 무동력불
至心歸命禮 無動力佛

9157 지심귀명례 분신불
至心歸命禮 奮迅佛

9158 지심귀명례 선생덕불
至心歸命禮 善生德佛

9159 지심귀명례 유리화불
至心歸命禮 琉璃華佛

9160 지심귀명례 길사벽지불
至心歸命禮 吉沙辟支佛

9161 지심귀명례 무량상불
至心歸命禮 無量相佛

9162 지심귀명례 방광명조불
至心歸命禮 放光明照佛

9163 지심귀명례 현상승불
至心歸命禮 賢上勝佛

9164 지심귀명례 일애불
至心歸命禮 日愛佛

9165 지심귀명례 무량성덕불
至心歸命禮 無量性德佛

9166 지심귀명례 이쟁탁불
至心歸命禮 離諍濁佛

9167 지심귀명례 불공덕승불
至心歸命禮 佛功德勝佛

9168 지심귀명례 적색거불
至心歸命禮 寂色去佛

9169 지심귀명례 용맹덕불
至心歸命禮 勇猛德佛

9170 지심귀명례 시방문명불
至心歸命禮 十方聞名佛

9171 지심귀명례 선주벽지불
至心歸命禮 善住辟支佛

9172 지심귀명례 왕당상불
至心歸命禮 王幢相佛

9173 지심귀명례 무량공덕명불
至心歸命禮 無量功德明佛

9174 지심귀명례 자광명칭승불
至心歸命禮 慈光明稱勝佛

9175 지심귀명례 분금강불
至心歸命禮 分金剛佛

9176 지심귀명례 선위덕공양불
至心歸命禮 善威德供養佛

9177 지심귀명례 일보엄불
至心歸命禮 一寶嚴佛

9178 지심귀명례 무변보력불
至心歸命禮 無邊寶力佛

9179 지심귀명례 화염취불
至心歸命禮 火焰聚佛

9180 지심귀명례 공성불
至心歸命禮 空性佛

9181 지심귀명례 명문력왕불
至心歸命禮 名聞力王佛

9182 지심귀명례 공양화광불
至心歸命禮 供養花光佛

9183 지심귀명례 지승조불
至心歸命禮 智勝照佛

9184 지심귀명례 잡화생덕불
至心歸命禮 雜華生德佛

9185 지심귀명례 발사성취불
至心歸命禮 發捨成就佛

9186 지심귀명례 적제근불
至心歸命禮 寂諸根佛

9187 지심귀명례 대성안불
至心歸命禮 大聲眼佛

9188 지심귀명례 견의승성불
至心歸命禮 堅意勝聲佛

9189 지심귀명례 이성취불
至心歸命禮 二成就佛

9190 지심귀명례 미루견불
至心歸命禮 彌樓肩佛

9191 지심귀명례 신현원광불
至心歸命禮 身賢遠光佛

9192 지심귀명례 라후라요설불
至心歸命禮 羅睺羅樂說佛

9193 지심귀명례 지왕부진칭불
至心歸命禮 智王不盡稱佛

9194 지심귀명례 상승고불
至心歸命禮 上勝高佛

9195 지심귀명례 바두마상승불
至心歸命禮 波頭摩上勝佛

9196 지심귀명례 견신불
至心歸命禮 見信佛

9197 지심귀명례 지화보명덕불
至心歸命禮 智華寶明德佛

9198 지심귀명례 선출광불
至心歸命禮 善出光佛

9199 지심귀명례 멸제포외불
至心歸命禮 滅諸怖畏佛

9200 지심귀명례 대지혜교량불
至心歸命禮 大智慧橋梁佛

9201 지심귀명례 선각보승불
至心歸命禮 善覺步勝佛

9202 지심귀명례 사자향칭불
至心歸命禮 師子香稱佛

9203 지심귀명례 증십광불
至心歸命禮 增十光佛

9204 지심귀명례 증천광불
至心歸命禮 增千光佛

9205 지심귀명례 보출광불
至心歸命禮 寶出光佛

9206 지심귀명례 묘가불
至心歸命禮 妙歌佛

9207 지심귀명례 사자계불
至心歸命禮 師子髻佛

9208 지심귀명례 산향상승불
至心歸命禮 散香上勝佛

9209 지심귀명례 불겁약성불
至心歸命禮 不怯弱聲佛

9210 지심귀명례 무변제불
至心歸命禮 無邊際佛

9211 지심귀명례 불가승륜불
至心歸命禮 不可勝輪佛

9212 지심귀명례 조중생왕불
至心歸命禮 照衆生王佛

9213 지심귀명례 지주불
至心歸命禮 智住佛

9214 지심귀명례 뇌허공연등불
至心歸命禮 雷虛空然燈佛

9215 지심귀명례 일후불
至心歸命禮 日吼佛

9216 지심귀명례 환화승불
至心歸命禮 還華勝佛

9217 지심귀명례 보사라왕불
至心歸命禮 寶娑羅王佛

9218 지심귀명례 선덕왕불
至心歸命禮 善德王佛

9219 지심귀명례 지의왕불
至心歸命禮 智衣王佛

9220 지심귀명례 승친불
至心歸命禮 勝親佛

9221 지심귀명례 대원승불
至心歸命禮 大願勝佛

9222 지심귀명례 미지불
至心歸命禮 微智佛

9223 지심귀명례 명문력불
至心歸命禮 名聞力佛

9224 지심귀명례 수미정왕불
至心歸命禮 須彌頂王佛

9225 지심귀명례 최후견불
至心歸命禮 最後見佛

9226 지심귀명례 무여증불
至心歸命禮 無餘證佛

9227 지심귀명례 보고왕불
至心歸命禮 寶高王佛

9228 지심귀명례 구족의불
至心歸命禮 具足意佛

9229 지심귀명례 방류포엄불
至心歸命禮 方流布嚴佛

9230 지심귀명례 보수증상운음왕불
至心歸命禮 普守增上云音王佛

9231 지심귀명례 선길불
至心歸命禮 善吉佛

9232 지심귀명례 무변혜성불
至心歸命禮 無邊慧成佛

9233 지심귀명례 무변공덕지명불
至心歸命禮 無邊功德智明佛

9234 지심귀명례 감로청정불
至心歸命禮 甘露淸淨佛

9235 지심귀명례 주지사자지불
至心歸命禮 住持師子智佛

9236 지심귀명례 감로공덕칭불
至心歸命禮 甘露功德稱佛

9237 지심귀명례 보개보불
至心歸命禮 普蓋寶佛

9238 지심귀명례 선적성취불
至心歸命禮 善寂成就佛

9239 지심귀명례 재위덕연등불
至心歸命禮 才威德然燈佛

9240 지심귀명례 무변견고당불
至心歸命禮 無邊堅固幢佛

9241 지심귀명례 공성자재불
至心歸命禮 空性自在佛

9242 지심귀명례 진자재력불
至心歸命禮 盡自在力佛

9243 지심귀명례 금광명사자분신불
至心歸命禮 金光明師子奮迅佛

9244 지심귀명례 능관불
至心歸命禮 能觀佛

9245 지심귀명례 보계두불
至心歸命禮 寶雞頭佛

9246 지심귀명례 불자재엄불
至心歸命禮 佛自在嚴佛

9247 지심귀명례 청정화산불
至心歸命禮 清淨華山佛

9248 지심귀명례 불보덕성취불
至心歸命禮 佛寶德成就佛

9249 지심귀명례 선청정광불
至心歸命禮 善清淨光佛

9250 지심귀명례 지생덕취불
至心歸命禮 智生德聚佛

9251 지심귀명례 화생왕불
至心歸命禮 華生王佛

9252 지심귀명례 상법자재불
至心歸命禮 上法自在佛

9253 지심귀명례 보광수불
至心歸命禮 普光首佛

9254 지심귀명례 집묘행불
至心歸命禮 集妙行佛

9255 지심귀명례 상발행불
至心歸命禮 常發行佛

9256 지심귀명례 지대체불
至心歸命禮 至大體佛

9257 지심귀명례 각일체법불
至心歸命禮 覺一切法佛

9258 지심귀명례 구불화생불
至心歸命禮 具佛華生佛

9259 지심귀명례 바라왕안립불
至心歸命禮 婆羅王安立佛

9260 지심귀명례 경포실불
至心歸命禮 驚怖實佛

9261 지심귀명례 심득해탈벽지불
至心歸命禮 心得解脫辟支佛

9262 지심귀명례 필경무변공덕불
至心歸命禮 畢竟無邊功德佛

9263 지심귀명례 하방실행불
至心歸命禮 下方實行佛

9264 지심귀명례 법화통불
至心歸命禮 法華通佛

9265 지심귀명례 불법수불
至心歸命禮 佛法首佛

9266 지심귀명례 아사월불
至心歸命禮 阿私月佛

9267 지심귀명례 보조불
至心歸命禮 寶照佛

9268 지심귀명례 대신각신불
至心歸命禮 大迅覺迅佛

9269 지심귀명례 초불탁천왕불
至心歸命禮 初不濁天王佛

9270 지심귀명례 문승불
至心歸命禮 聞勝佛

9271 지심귀명례 택승불
至心歸命禮 擇勝佛

9272 지심귀명례 만족법향견불
至心歸命禮 滿足法香見佛

9273 지심귀명례 불사성불
至心歸命禮 不死城佛

9274 지심귀명례 상명혜불
至心歸命禮 上明慧佛

9275 지심귀명례 무변덕생불
至心歸命禮 無邊德生佛

9276 지심귀명례 무량미류불
至心歸命禮 無量彌留佛

9277 지심귀명례 무애지작불
至心歸命禮 無礙智作佛

9278 지심귀명례 견차리성취불
至心歸命禮 堅叉利成就佛

9279 지심귀명례 대지장엄신불
至心歸命禮 大智莊嚴身佛

9280 지심귀명례 부루나불
至心歸命禮 富樓那佛

9281 지심귀명례 불류족불
至心歸命禮 不謬足佛

9282 지심귀명례 허공성숙증상왕불
至心歸命禮 虛空星宿增上王佛

9283 지심귀명례 우바길사벽지불
至心歸命禮 憂波吉沙辟支佛

9284 지심귀명례 무변미루불
至心歸命禮 無邊彌樓佛

9285 지심귀명례 용관불
至心歸命禮 龍觀佛

9286 지심귀명례 무구향화승불
至心歸命禮 無垢香火勝佛

9287 지심귀명례 무상수행불
至心歸命禮 無相修行佛

9288 지심귀명례 능파의불
至心歸命禮 能破疑佛

9289 지심귀명례 이륜성취불
至心歸命禮 二輪成就佛

9290 지심귀명례 수제왕불
至心歸命禮 樹提王佛

9291 지심귀명례 종종일불
至心歸命禮 種種日佛

9292 지심귀명례 잡화생불
至心歸命禮 雜華生佛

9293 지심귀명례 과제과불
至心歸命禮 過諸過佛

9294 지심귀명례 명증상불
至心歸命禮 明增上佛

9295 지심귀명례 공덕자재천불
至心歸命禮 功德自在天佛

9296 지심귀명례 금강족보불
至心歸命禮 金剛足步佛

9297 지심귀명례 공덕장승불
至心歸命禮 功德藏勝佛

9298 지심귀명례 부동안불
至心歸命禮 不動眼佛

9299 지심귀명례 화승불
至心歸命禮 花勝佛

9300 지심귀명례 삼계존불
至心歸命禮 三界尊佛

9301 지심귀명례 명룡자재성불
至心歸命禮 名龍自在聲佛

9302 지심귀명례 시방칭명무외불
至心歸命禮 十方稱名無畏佛

9303 지심귀명례 쾌연불
至心歸命禮 快然佛

9304 지심귀명례 의주지불
至心歸命禮 意住持佛

9305 지심귀명례 공덕산청정성불
至心歸命禮 功德山淸淨聲佛

9306 지심귀명례 자재전법왕불
至心歸命禮 自在轉法王佛

9307 지심귀명례 차제항복왕불
至心歸命禮 次第降伏王佛

9308 지심귀명례 빈바시불
至心歸命禮 頻婆尸佛

9309 지심귀명례 여보불
至心歸命禮 如寶佛

9310 지심귀명례 선서왕불
至心歸命禮 善逝王佛

9311 지심귀명례 증십광불화출불
至心歸命禮 增十光佛華出佛

9312 지심귀명례 부단염불
至心歸命禮 不斷炎佛

9313 지심귀명례 취보리불
至心歸命禮 趣菩提佛

9314 지심귀명례 무변비니승왕불
至心歸命禮 無邊毘尼勝王佛

9315 지심귀명례 월묘승불
至心歸命禮 月妙勝佛

9316 지심귀명례 우바이벽지불
至心歸命禮 憂波耳辟支佛

9317 지심귀명례 승분신불
至心歸命禮 勝奮迅佛

9318 지심귀명례 수행심심불
至心歸命禮 修行深心佛

9319 지심귀명례 담무갈불
至心歸命禮 曇無竭佛

9320 지심귀명례 선성숙불
至心歸命禮 善星宿佛

9321 지심귀명례 묘향화불
至心歸命禮 妙香華佛

9322 지심귀명례 수상왕불
至心歸命禮 手上王佛

9323 지심귀명례 무장력왕불
至心歸命禮 無障力王佛

9324 지심귀명례 면보불
至心歸命禮 面報佛

9325 지심귀명례 일체통지불
至心歸命禮 一切通智佛

9326 지심귀명례 삼세자재불
至心歸命禮 三世自在佛

9327 지심귀명례 나망염불
至心歸命禮 羅網焰佛

9328 지심귀명례 무변향미루불
至心歸命禮 無邊香彌樓佛

9329 지심귀명례 월문왕불
至心歸命禮 月聞王佛

9330 지심귀명례 의용맹선행승불
至心歸命禮 意勇猛仙行勝佛

9331 지심귀명례 무구경불
至心歸命禮 無垢鏡佛

9332 지심귀명례 승전단승불
至心歸命禮 勝栴檀勝佛

9333 지심귀명례 대경불
至心歸命禮 大鏡佛

9334 지심귀명례 주지혜색불
至心歸命禮 住智慧色佛

9335 지심귀명례 무변덕적불
至心歸命禮 無邊德積佛

9336 지심귀명례 방묘향불
至心歸命禮 放妙香佛

9337 지심귀명례 선사원위불
至心歸命禮 善思願威佛

9338 지심귀명례 청정중생불
至心歸命禮 淸淨衆生佛

9339 지심귀명례 최등불
至心歸命禮 最燈佛

9340 지심귀명례 섭제근불
至心歸命禮 攝諸根佛

9341 지심귀명례 운왕광명불
至心歸命禮 雲王光明佛

9342 지심귀명례 길광명불
至心歸命禮 吉光明佛

9343 지심귀명례 길벽지불
至心歸命禮 吉辟支佛

9344 지심귀명례 견고의불
至心歸命禮 堅固意佛

9345 지심귀명례 멸제수자재불
至心歸命禮 滅諸受自在佛

9346 지심귀명례 승지분신불
至心歸命禮 勝智奮迅佛

9347 지심귀명례 무애광불화생덕불
至心歸命禮 無礙光佛華生德佛

9348 지심귀명례 일체연중자재현불
至心歸命禮 一切緣中自在現佛

9349 지심귀명례 낙무상불
至心歸命禮 樂無相佛

9350 지심귀명례 묘화음불
至心歸命禮 妙化音佛

9351 지심귀명례 득불안불
至心歸命禮 得佛眼佛

9352 지심귀명례 보륜위덕불
至心歸命禮 寶輪威德佛

9353 지심귀명례 해미루불
至心歸命禮 海彌樓佛

9354 지심귀명례 서방무량화불
至心歸命禮 西方無量花佛

9355 지심귀명례 지화생불
至心歸命禮 智華生佛

9356 지심귀명례 극고덕취불
至心歸命禮 極高德聚佛

9357 지심귀명례 정진자재보왕불
至心歸命禮 精進自在寶王佛

9358 지심귀명례 이욕자재불
至心歸命禮 離欲自在佛

9359 지심귀명례 부사의덕생불
至心歸命禮 不思議德生佛

9360 지심귀명례 심청정불
至心歸命禮 心淸淨佛

9361 지심귀명례 유향불
至心歸命禮 流香佛

9362 지심귀명례 무애향광불
至心歸命禮 無礙香光佛

9363 지심귀명례 운고왕불
至心歸命禮 雲鼓王佛

9364 지심귀명례 공덕생덕불
至心歸命禮 功德生德佛

9365 지심귀명례 무변행자재불
至心歸命禮 無邊行自在佛

9366 지심귀명례 성자재수불
至心歸命禮 聖自在手佛

9367 지심귀명례 요후불
至心歸命禮 樂吼佛

9368 지심귀명례 개법문장불
至心歸命禮 開法門藏佛

9369 지심귀명례 보월광명승불
至心歸命禮 寶月光明勝佛

9370 지심귀명례 진위덕불
至心歸命禮 振威德佛

9371 지심귀명례 수마나광불
至心歸命禮 須摩那光佛

9372 지심귀명례 금강생불
至心歸命禮 金剛生佛

9373 지심귀명례 무제탁불
至心歸命禮 無諸濁佛

9374 지심귀명례 파제암연등불
至心歸命禮 破諸闇然燈佛

9375 지심귀명례 원선사유성취불
至心歸命禮 願善思惟成就佛

9376 지심귀명례 천세자재성불
至心歸命禮 千世自在聲佛

9377 지심귀명례 흑벽지불
至心歸命禮 黑辟支佛

9378 지심귀명례 허미루불
至心歸命禮 虛彌樓佛

9379 지심귀명례 힐혜신불
至心歸命禮 詰慧信佛

9380 지심귀명례 상선덕불
至心歸命禮 上善德佛

9381 지심귀명례 위덕주지불
至心歸命禮 威德住持佛

9382 지심귀명례 모광불
至心歸命禮 毛光佛

9383 지심귀명례 불퇴안불
至心歸命禮 不退眼佛

9384 지심귀명례 상엄불
至心歸命禮 上嚴佛

9385 지심귀명례 무심혜불
至心歸命禮 無心慧佛

9386 지심귀명례 향수불
至心歸命禮 香手佛

9387 지심귀명례 부사의공덕왕불
至心歸命禮 不思議功德王佛

9388 지심귀명례 보조장엄승불
至心歸命禮 普照莊嚴勝佛

9389 지심귀명례 화최고덕불
至心歸命禮 華最高德佛

9390 지심귀명례 상비불
至心歸命禮 常悲佛

9391 지심귀명례 성취범공덕불
至心歸命禮 成就梵功德佛

9392 지심귀명례 약상불
至心歸命禮 藥上佛

9393 지심귀명례 일월광명사자당불
至心歸命禮 日月光明師子幢佛

9394 지심귀명례 언음자재불
至心歸命禮 言音自在佛

9395 지심귀명례 무변허공자재불
至心歸命禮 無邊虛空自在佛

9396 지심귀명례 단유벽지불
至心歸命禮 斷有辟支佛

9397 지심귀명례 허공덕불
至心歸命禮 虛空德佛

9398 지심귀명례 무구분신불
至心歸命禮 無垢奮迅佛

9399 지심귀명례 복덕승전불
至心歸命禮 福德勝田佛

9400 지심귀명례 공덕지불
至心歸命禮 功德智佛

9401 지심귀명례 이제의분신불
至心歸命禮 離諸疑奮迅佛

9402 지심귀명례 대자성취비승불
至心歸命禮 大慈成就悲勝佛

9403 지심귀명례 산승적불
至心歸命禮 山勝積佛

9404 지심귀명례 항복력불
至心歸命禮 降伏力佛

9405 지심귀명례 복덕력정진불
至心歸命禮 福德力精進佛

9406 지심귀명례 실법상결정불
至心歸命禮 實法上決定佛

9407 지심귀명례 무쟁지불
至心歸命禮 無諍智佛

9408 지심귀명례 종종성불
至心歸命禮 種種聲佛

9409 지심귀명례 대보불왕불
至心歸命禮 大步佛王佛

9410 지심귀명례 견사라불
至心歸命禮 堅莎羅佛

9411 지심귀명례 일륜광명불
至心歸命禮 日輪光明佛

9412 지심귀명례 미세화불
至心歸命禮 微細華佛

9413 지심귀명례 득대무외불
至心歸命禮 得大無畏佛

9414 지심귀명례 연화덕생불
至心歸命禮 蓮華德生佛

9415 지심귀명례 타공양불
至心歸命禮 他供養佛

9416 지심귀명례 보리미불
至心歸命禮 菩提味佛

9417 지심귀명례 대정진선지혜불
至心歸命禮 大精進善智慧佛

9418 지심귀명례 능행성취성불
至心歸命禮 能行成就聖佛

9419 지심귀명례 칭산해불
至心歸命禮 稱山海佛

9420 지심귀명례 공덕사자자재불
至心歸命禮 功德師子自在佛

9421 지심귀명례 산왕지불
至心歸命禮 山王智佛

9422 지심귀명례 일체위덕약불
至心歸命禮 一切威德藥佛

9423 지심귀명례 무량명명덕불
至心歸命禮 無量名明德佛

9424 지심귀명례 무분별엄불
至心歸命禮 無分別嚴佛

9425 지심귀명례 정견승위덕불
至心歸命禮 頂堅勝威德佛

9426 지심귀명례 지호불
至心歸命禮 智護佛

9427 지심귀명례 수무진당불
至心歸命禮 壽無盡幢佛

9428 지심귀명례 불변동월불
至心歸命禮 不變動月佛

9429 지심귀명례 보호증상불
至心歸命禮 普護增上佛

9430 지심귀명례 덕보존불
至心歸命禮 德寶尊佛

9431 지심귀명례 초발심이공외불
至心歸命禮 初發心離恐畏佛

9432 지심귀명례 이구정불
至心歸命禮 離垢淨佛

9433 지심귀명례 보적시현불
至心歸命禮 寶積示現佛

9434 지심귀명례 엄정불
至心歸命禮 嚴淨佛

9435 지심귀명례 무국토화불
至心歸命禮 無國土花佛

9436 지심귀명례 구칭불
至心歸命禮 垢稱佛

9437 지심귀명례 보체품불
至心歸命禮 寶體品佛

9438 지심귀명례 불사락정진불
至心歸命禮 不捨樂精進佛

9439 지심귀명례 선행정불
至心歸命禮 善行淨佛

9440 지심귀명례 무량억보변불
至心歸命禮 無量億寶辯佛

9441 지심귀명례 법청정래불
至心歸命禮 法清淨來佛

9442 지심귀명례 바두마승불
至心歸命禮 波頭摩勝佛

9443 지심귀명례 초출수미불
至心歸命禮 超出須彌佛

9444 지심귀명례 유여수미불
至心歸命禮 喩如須彌佛

9445 지심귀명례 위요향훈불
至心歸命禮 圍遶香熏佛

9446 지심귀명례 선호성불
至心歸命禮 善護聲佛

9447 지심귀명례 법최불
至心歸命禮 法最佛

9448 지심귀명례 향자재왕불
至心歸命禮 香自在王佛

9449 지심귀명례 대집불
至心歸命禮 大集佛

9450 지심귀명례 일체수면색불
至心歸命禮 一切修面色佛

9451 지심귀명례 개광불
至心歸命禮 開光佛

9452 지심귀명례 월등광불
至心歸命禮 月燈光佛

9453 지심귀명례 일월광명불
至心歸命禮 日月光明佛

9454 지심귀명례 집음불
至心歸命禮 集音佛

9455 지심귀명례 최위의불
至心歸命禮 最威儀佛

9456 지심귀명례 광명존불
至心歸命禮 光明尊佛

9457 지심귀명례 묘공덕승혜불
至心歸命禮 妙功德勝慧佛

9458 지심귀명례 연화향불
至心歸命禮 蓮華響佛

9459 지심귀명례 득무애불
至心歸命禮 得無礙佛

9460 지심귀명례 선택장불
至心歸命禮 善擇藏佛

9461 지심귀명례 마니발타불
至心歸命禮 摩尼跋陀佛

9462 지심귀명례 무외지관불
至心歸命禮 無畏智觀佛

9463 지심귀명례 금강용약불
至心歸命禮 金剛踊躍佛

9464 지심귀명례 도일체선절중의불
至心歸命禮 度一切禪絶衆疑佛

9465 지심귀명례 보대시종불
至心歸命禮 寶大侍從佛

9466 지심귀명례 합장광명불
至心歸命禮 合掌光明佛

9467 지심귀명례 지력지용불
至心歸命禮 地力持踴佛

9468 지심귀명례 최용약불
至心歸命禮 最踊躍佛

9469 지심귀명례 정광불
至心歸命禮 錠光佛

9470 지심귀명례 법행광의불
至心歸命禮 法行廣意佛

9471 지심귀명례 성신왕불
至心歸命禮 聲身王佛

9472 지심귀명례 불락출공덕불
至心歸命禮 不樂出功德佛

9473 지심귀명례 거조천사불
至心歸命禮 炬照天師佛

9474 지심귀명례 보수광명불
至心歸命禮 寶樹光明佛

9475 지심귀명례 호나승불
至心歸命禮 呼那僧佛

9476 지심귀명례 연화제불
至心歸命禮 蓮華提佛

9477 지심귀명례 아아삼야삼불타불
至心歸命禮 阿兒三耶三佛駄佛

9478 지심귀명례 일월등불
至心歸命禮 日月鐙佛

9479 지심귀명례 불가사의광명승불
至心歸命禮 不可思議光明勝佛

9480 지심귀명례 대염견불
至心歸命禮 大焰肩佛

9481 지심귀명례 수미등불
至心歸命禮 須彌鐙佛

9482 지심귀명례 화행불
至心歸命禮 火行佛

9483 지심귀명례 구소마국토불
至心歸命禮 俱蘇摩國土佛

9484 지심귀명례 순보장불
至心歸命禮 純寶藏佛

9485 지심귀명례 공덕수미승불
至心歸命禮 功德須彌勝佛

9486 지심귀명례 풍당불
至心歸命禮 風幢佛

9487 지심귀명례 무진월불
至心歸命禮 無盡月佛

9488 지심귀명례 조왕신통염화불
至心歸命禮 造王神通焰華佛

9489 지심귀명례 정존불
至心歸命禮 淨尊佛

9490 지심귀명례 이구삼세무애엄불
至心歸命禮 離垢三世無礙嚴佛

9491 지심귀명례 항복교만불
至心歸命禮 降伏憍慢佛

9492 지심귀명례 월륜문왕불
至心歸命禮 月輪聞王佛

9493 지심귀명례 월정불
至心歸命禮 越淨佛

9494 지심귀명례 지생불
至心歸命禮 智生佛

9495 지심귀명례 금강보적불
至心歸命禮 金剛步積佛

9496 지심귀명례 승칭불
至心歸命禮 勝稱佛

9497 지심귀명례 보도공불
至心歸命禮 普度空佛

9498 지심귀명례 노사칭불
至心歸命禮 盧舍稱佛

9499 지심귀명례 거구벽지불
至心歸命禮 去垢辟支佛

9500 지심귀명례 우치벽지불
至心歸命禮 牛齒辟支佛

9501 지심귀명례 화엄신통불
至心歸命禮 華嚴神通佛

9502 지심귀명례 견약등지명왕불
至心歸命禮 見若燈智明王佛

9503 지심귀명례 경법청정불
至心歸命禮 敬法清淨佛

9504 지심귀명례 무구유리불
至心歸命禮 無垢琉璃佛

9505 지심귀명례 유향벽지불
至心歸命禮 有香辟支佛

9506 지심귀명례 지왕무진칭불
至心歸命禮 智王無盡稱佛

9507 지심귀명례 도일체세간고뇌불
至心歸命禮 度一切世間苦惱佛

9508 지심귀명례 니원화불
至心歸命禮 泥洹華佛

9509 지심귀명례 제보반불
至心歸命禮 諸寶般佛

9510 지심귀명례 무자재당불
至心歸命禮 無自在幢佛

9511 지심귀명례 십력자재왕불
至心歸命禮 十力自在王佛

9512 지심귀명례 실견고불
至心歸命禮 實堅固佛

9513 지심귀명례 허공륜광명불
至心歸命禮 虛空輪光明佛

9514 지심귀명례 수취일불
至心歸命禮 水聚日佛

9515 지심귀명례 무량적보불
至心歸命禮 無量跡步佛

9516 지심귀명례 요법분신불
至心歸命禮 樂法奮迅佛

9517 지심귀명례 상청정안불
至心歸命禮 常清淨眼佛

9518 지심귀명례 대면불
至心歸命禮 大面佛

9519 지심귀명례 불가항복당불
至心歸命禮 不可降伏幢佛

9520 지심귀명례 주지승불
至心歸命禮 住持勝佛

9521 지심귀명례 명왕불
至心歸命禮 明王佛

9522 지심귀명례 고광덕불
至心歸命禮 高廣德佛

9523 지심귀명례 부동처세불
至心歸命禮 不動處世佛

9524 지심귀명례 대해심승불
至心歸命禮 大海深勝佛

9525 지심귀명례 법사불
至心歸命禮 法思佛

9526 지심귀명례 경포면불
至心歸命禮 驚怖面佛

9527 지심귀명례 일체종지불
至心歸命禮 一切種智佛

9528 지심귀명례 청백불
至心歸命禮 清白佛

9529 지심귀명례 부동월불
至心歸命禮 不動月佛

9530 지심귀명례 월전청정불
至心歸命禮 月殿清淨佛

9531 지심귀명례 범혜불
至心歸命禮 梵慧佛

9532 지심귀명례 각적불
至心歸命禮 覺積佛

9533 지심귀명례 조의불
至心歸命禮 照意佛

9534 지심귀명례 정의불
至心歸命禮 正意佛

9535 지심귀명례 보혜수불
至心歸命禮 寶慧首佛

9536 지심귀명례 중자재겁불
至心歸命禮 衆自在劫佛

9537 지심귀명례 용변불
至心歸命禮 勇辯佛

9538 지심귀명례 멸의근불
至心歸命禮 滅意根佛

9539 지심귀명례 득탈벽지불
至心歸命禮 得脫辟支佛

9540 지심귀명례 공덕승불
至心歸命禮 功德勝佛

9541 지심귀명례 행정진불
至心歸命禮 行精進佛

9542 지심귀명례 장승불
至心歸命禮 藏勝佛

9543 지심귀명례 무량덕보광불
至心歸命禮 無量德寶光佛

9544 지심귀명례 금산위덕현불
至心歸命禮 金山威德賢佛

9545 지심귀명례 구쇄불
至心歸命禮 鉤鎖佛

9546 지심귀명례 가선나불
至心歸命禮 迦禪那佛

9547 지심귀명례 아가두화불
至心歸命禮 阿迦頭華佛

9548 지심귀명례 제욕무탈나불
至心歸命禮 諸欲無脫那佛

9549 지심귀명례 지선지불
至心歸命禮 智善知佛

9550 지심귀명례 상위요불
至心歸命禮 常圍繞佛

9551 지심귀명례 불가진색불
至心歸命禮 不可盡色佛

9552 지심귀명례 무량상승불
至心歸命禮 無量上勝佛

9553 지심귀명례 공덕당불
至心歸命禮 功德幢佛

9554 지심귀명례 공덕론불
至心歸命禮 功德論佛

9555 지심귀명례 이제불
至心歸命禮 離諸佛

9556 지심귀명례 현최불
至心歸命禮 賢最佛

9557 지심귀명례 보연화출불
至心歸命禮 寶蓮華出佛

9558 지심귀명례 덕내풍엄왕불
至心歸命禮 德內豊嚴王佛

9559 지심귀명례 승향불
至心歸命禮 勝香佛

9560 지심귀명례 동광명불
至心歸命禮 同光明佛

9561 지심귀명례 일룡환희불
至心歸命禮 日龍歡喜佛

9562 지심귀명례 대수불
至心歸命禮 大修佛

9563 지심귀명례 일개엄불
至心歸命禮 一蓋嚴佛

9564 지심귀명례 선행승불
至心歸命禮 善行勝佛

9565 지심귀명례 주승불
至心歸命禮 住勝佛

9566 지심귀명례 상국토불
至心歸命禮 上國土佛

9567 지심귀명례 성취일체사불
至心歸命禮 成就一切事佛

9568 지심귀명례 각화생덕불
至心歸命禮 覺華生德佛

9569 지심귀명례 대수행불
至心歸命禮 大修行佛

9570 지심귀명례 불허덕불
至心歸命禮 不虛德佛

9571 지심귀명례 보력불
至心歸命禮 寶力佛

9572 지심귀명례 월무외불
至心歸命禮 月無畏佛

9573 지심귀명례 다공양불
至心歸命禮 多供養佛

9574 지심귀명례 연등승광명불
至心歸命禮 然燈勝光明佛

9575 지심귀명례 무경불
至心歸命禮 無驚佛

9576 지심귀명례 청정장불
至心歸命禮 清淨藏佛

9577 지심귀명례 일체세성취연등불
至心歸命禮 一切世成就然燈佛

9578 지심귀명례 각관화생불
至心歸命禮 覺觀華生佛

9579 지심귀명례 허공성불
至心歸命禮 虛空性佛

9580 지심귀명례 등수미면불
至心歸命禮 等須彌面佛

9581 지심귀명례 허공엄생불
至心歸命禮 虛空嚴生佛

9582 지심귀명례 이허공외불
至心歸命禮 離虛空畏佛

9583 지심귀명례 위의당불
至心歸命禮 威儀幢佛

9584 지심귀명례 향풍월불
至心歸命禮 香風月佛

9585 지심귀명례 법관불
至心歸命禮 法觀佛

9586 지심귀명례 향진불
至心歸命禮 香盡佛

9587 지심귀명례 명불법바두마불
至心歸命禮 名佛法波頭摩佛

9588 지심귀명례 괴마라망독보불
至心歸命禮 壞魔羅網獨步佛

9589 지심귀명례 건대음지불
至心歸命禮 建大音至佛

9590 지심귀명례 법불가력불
至心歸命禮 法不可力佛

9591 지심귀명례 고수불
至心歸命禮 固受佛

9592 지심귀명례 보개기광불
至心歸命禮 寶蓋起光佛

9593 지심귀명례 공역이구심불
至心歸命禮 空域離垢心佛

9594 지심귀명례 애자재불
至心歸命禮 愛自在佛

9595 지심귀명례 환희장불
至心歸命禮 歡喜藏佛

9596 지심귀명례 길상의불
至心歸命禮 吉祥義佛

9597 지심귀명례 무쟁무외불
至心歸命禮 無諍無畏佛

9598 지심귀명례 멸일체우불
至心歸命禮 滅一切憂佛

9599 지심귀명례 자정진불
至心歸命禮 自精進佛

9600 지심귀명례 상택지불
至心歸命禮 常擇智佛

9601 지심귀명례 최승대사자의불
至心歸命禮 最勝大師子意佛

9602 지심귀명례 유실개불
至心歸命禮 唯實蓋佛

9603 지심귀명례 향승미류불
至心歸命禮 香勝彌留佛

9604 지심귀명례 교진야불
至心歸命禮 憍陳若佛

9605 지심귀명례 향개광명자재불
至心歸命禮 香蓋光明自在佛

9606 지심귀명례 성분묘보후불
至心歸命禮 聲分妙寶吼佛

9607 지심귀명례 쾌장엄불
至心歸命禮 快莊嚴佛

9608 지심귀명례 상혜불
至心歸命禮 上慧佛

9609 지심귀명례 견경포불
至心歸命禮 見驚怖佛

9610 지심귀명례 명류시방불
至心歸命禮 名流十方佛

9611 지심귀명례 불가설분별불
至心歸命禮 不可說分別佛

9612 지심귀명례 선쾌분신불
至心歸命禮 善快奮迅佛

9613 지심귀명례 보공덕분신불
至心歸命禮 普功德奮迅佛

9614 지심귀명례 결정광명위덕왕불
至心歸命禮 決定光明威德王佛

9615 지심귀명례 일체공덕엄불
至心歸命禮 一切功德嚴佛

9616 지심귀명례 화왕불
至心歸命禮 華王佛

9617 지심귀명례 불거사불
至心歸命禮 不去捨佛

9618 지심귀명례 감로당불
至心歸命禮 甘露幢佛

9619 지심귀명례 대위덕연생왕불
至心歸命禮 大威德蓮生王佛

9620 지심귀명례 무이생행불
至心歸命禮 無異生行佛

9621 지심귀명례 일체지상불
至心歸命禮 一切智上佛

9622 지심귀명례 관성취불
至心歸命禮 觀成就佛

9623 지심귀명례 무상음성불
至心歸命禮 無相音聲佛

9624 지심귀명례 보최고덕불
至心歸命禮 寶最高德佛

9625 지심귀명례 선찬탄불
至心歸命禮 善讚歎佛

9626 지심귀명례 장애칭불
至心歸命禮 障礙稱佛

9627 지심귀명례 수성불
至心歸命禮 數聲佛

9628 지심귀명례 천등불
至心歸命禮 天燈佛

9629 지심귀명례 일체덕수광불
至心歸命禮 一切德輸光佛

9630 지심귀명례 작명문불
至心歸命禮 作名聞佛

9631 지심귀명례 무량중불
至心歸命禮 無量衆佛

9632 지심귀명례 괴일체세간포외불
至心歸命禮 壞一切世間怖畏佛

9633 지심귀명례 화안불
至心歸命禮 華眼佛

9634 지심귀명례 바두마장승불
至心歸命禮 波頭摩藏勝佛

9635 지심귀명례 견고청연화불
至心歸命禮 堅固靑蓮華佛

9636 지심귀명례 견감로증상불
至心歸命禮 堅甘露增上佛

9637 지심귀명례 자재당불
至心歸命禮 自在幢佛

9638 지심귀명례 보개승광명불
至心歸命禮 寶蓋勝光明佛

9639 지심귀명례 현고당왕불
至心歸命禮 賢高幢王佛

9640 지심귀명례 성숙월불
至心歸命禮 星宿月佛

9641 지심귀명례 선처불
至心歸命禮 善處佛

9642 지심귀명례 천억보장엄불
至心歸命禮 千億寶莊嚴佛

9643 지심귀명례 선적불
至心歸命禮 善積佛

9644 지심귀명례 관세고불
至心歸命禮 觀世苦佛

9645 지심귀명례 적정후불
至心歸命禮 寂靜吼佛

9646 지심귀명례 초발심불퇴전륜불
至心歸命禮 初發心不退轉輪佛

9647 지심귀명례 다소념불
至心歸命禮 多所念佛

9648 지심귀명례 보승제사불
至心歸命禮 普勝帝沙佛

9649 지심귀명례 진정진불
至心歸命禮 盡精進佛

9650 지심귀명례 제보당마니승광불
至心歸命禮 諦寶幢摩尼勝光佛

9651 지심귀명례 제중척명불
至心歸命禮 除衆慼冥佛

9652 지심귀명례 수적불
至心歸命禮 首寂佛

9653 지심귀명례 보수막능당심불
至心歸命禮 寶首莫能當甚佛

9654 지심귀명례 일체연중현불상불
至心歸命禮 一切緣衆現佛相佛

9655 지심귀명례 공덕산당불
至心歸命禮 功德山幢佛

9656 지심귀명례 마리지불
至心歸命禮 摩梨指佛

9657 지심귀명례 무우수불
至心歸命禮 無憂首佛

9658 지심귀명례 흥광명불
至心歸命禮 興光明佛

9659 지심귀명례 법종존불
至心歸命禮 法種尊佛

9660 지심귀명례 혜왕불
至心歸命禮 慧王佛

9661 지심귀명례 연화부력불
至心歸命禮 蓮華敷力佛

9662 지심귀명례 무변연중현불상불
至心歸命禮 無邊緣衆現佛相佛

9663 지심귀명례 바두마상승왕불
至心歸命禮 波頭摩上勝王佛

9664 지심귀명례 비라바왕불
至心歸命禮 毘羅波王佛

9665 지심귀명례 유리장상승불
至心歸命禮 琉璃藏上勝佛

9666 지심귀명례 불가량보불
至心歸命禮 不可量步佛

9667 지심귀명례 일월무구불
至心歸命禮 日月無垢佛

9668 지심귀명례 혜국토불
至心歸命禮 慧國土佛

9669 지심귀명례 견고용맹보불
至心歸命禮 堅固勇猛寶佛

9670 지심귀명례 최력정진분신불
至心歸命禮 最力精進奮迅佛

9671 지심귀명례 평등견불
至心歸命禮 平等見佛

9672 지심귀명례 연거왕월불
至心歸命禮 然炬王月佛

9673 지심귀명례 무량원불
至心歸命禮 無量願佛

9674 지심귀명례 승위덕불
至心歸命禮 勝威德佛

9675 지심귀명례 무정원불
至心歸命禮 無定願佛

9676 지심귀명례 전태불
至心歸命禮 轉胎佛

9677 지심귀명례 난가의불
至心歸命禮 難可意佛

9678 지심귀명례 일체연수행불
至心歸命禮 一切緣修行佛

9679 지심귀명례 무연장엄불
至心歸命禮 無緣莊嚴佛

9680 지심귀명례 불허공불
至心歸命禮 佛虛空佛

9681 지심귀명례 유덕불
至心歸命禮 有德佛

9682 지심귀명례 명상당불
至心歸命禮 明相幢佛

9683 지심귀명례 자재천월불
至心歸命禮 自在天月佛

9684 지심귀명례 부화사라왕불
至心歸命禮 敷華莎羅王佛

9685 지심귀명례 등혜불
至心歸命禮 等慧佛

9686 지심귀명례 인혜불
至心歸命禮 忍慧佛

9687 지심귀명례 무극신불
至心歸命禮 無極身佛

9688 지심귀명례 석보광불
至心歸命禮 釋寶光佛

9689 지심귀명례 수미산분신불
至心歸命禮 須彌山奮迅佛

9690 지심귀명례 보림불
至心歸命禮 寶林佛

9691 지심귀명례 대애관중생불
至心歸命禮 大哀觀衆生佛

9692 지심귀명례 지수불
至心歸命禮 智首佛

9693 지심귀명례 이비불
至心歸命禮 離臂佛

9694 지심귀명례 장애후성불
至心歸命禮 障礙吼聲佛

9695 지심귀명례 우왕불
至心歸命禮 雨王佛

9696 지심귀명례 대존왕불
至心歸命禮 大尊王佛

9697 지심귀명례 보참괴불
至心歸命禮 寶慚愧佛

9698 지심귀명례 도자재불
至心歸命禮 道自在佛

9699 지심귀명례 나라연승장불
至心歸命禮 那羅延勝藏佛

9700 지심귀명례 대회상수불
至心歸命禮 大會上首佛

9701 지심귀명례 누진벽지불
至心歸命禮 漏盡辟支佛

9702 지심귀명례 길리불
至心歸命禮 吉利佛

9703 지심귀명례 성위덕불
至心歸命禮 聖威德佛

9704 지심귀명례 구다벽지불
至心歸命禮 劬多辟支佛

9705 지심귀명례 대화취불
至心歸命禮 大火聚佛

9706 지심귀명례 장취불
至心歸命禮 藏聚佛

9707 지심귀명례 대신통불
至心歸命禮 大神通佛

9708 지심귀명례 승현승불
至心歸命禮 勝賢勝佛

9709 지심귀명례 일체의상왕불
至心歸命禮 一切義上王佛

9710 지심귀명례 불허승불
至心歸命禮 不虛勝佛

9711 지심귀명례 괴제포외불
至心歸命禮 壞諸怖畏佛

9712 지심귀명례 무변덕명왕불
至心歸命禮 無邊德明王佛

9713 지심귀명례 무착무장정진불
至心歸命禮 無著無障精進佛

9714 지심귀명례 허공다라불
至心歸命禮 虛空多羅佛

9715 지심귀명례 덕무외불
至心歸命禮 德無畏佛

9716 지심귀명례 기다라왕승불
至心歸命禮 起多羅王勝佛

9717 지심귀명례 공덕아니라불
至心歸命禮 功德阿尼羅佛

9718 지심귀명례 무량각화광불
至心歸命禮 無量覺華光佛

9719 지심귀명례 불성취경계불
至心歸命禮 不成就境界佛

9720 지심귀명례 사자성작불
至心歸命禮 師子聲作佛

9721 지심귀명례 화엄작장엄불
至心歸命禮 華嚴作莊嚴佛

9722 지심귀명례 시현진덕불
至心歸命禮 示現盡德佛

9723 지심귀명례 성성장불
至心歸命禮 聖聲藏佛

9724 지심귀명례 다세간불
至心歸命禮 多世間佛

9735 지심귀명례 파심염불
至心歸命禮 波心炎佛

9726 지심귀명례 득성불
至心歸命禮 得聖佛

9727 지심귀명례 무쟁포불
至心歸命禮 無諍怖佛

9728 지심귀명례 청정월불
至心歸命禮 淸淨月佛

9729 지심귀명례 연일변재불
至心歸命禮 緣一辯才佛

9730 지심귀명례 법성취불
至心歸命禮 法成就佛

9731 지심귀명례 청정관불
至心歸命禮 清淨觀佛

9732 지심귀명례 길왕불
至心歸命禮 吉王佛

9733 지심귀명례 비두라불
至心歸命禮 毘頭羅佛

9734 지심귀명례 신상불
至心歸命禮 身相佛

9735 지심귀명례 철청불
至心歸命禮 徹聽佛

9736 지심귀명례 과유불
至心歸命禮 過有佛

9737 지심귀명례 여의불
至心歸命禮 如意佛

9738 지심귀명례 나망왕불
至心歸命禮 羅網王佛

9739 지심귀명례 혜조불
至心歸命禮 慧造佛

9740 지심귀명례 현용불
至心歸命禮 賢勇佛

9741 지심귀명례 개화보살불
至心歸命禮 開化菩薩佛

9742 지심귀명례 선변무형불
至心歸命禮 善變無形佛

9743 지심귀명례 보산운등불
至心歸命禮 寶山雲燈佛

9744 지심귀명례 무방왕불
至心歸命禮 無妨王佛

9745 지심귀명례 광정왕불
至心歸命禮 光淨王佛

9746 지심귀명례 법구소마불
至心歸命禮 法俱蘇摩佛

9747 지심귀명례 득원만족불
至心歸命禮 得圓滿足佛

9748 지심귀명례 견무공구불
至心歸命禮 見無恐懼佛

9749 지심귀명례 제방천불
至心歸命禮 諸方天佛

9750 지심귀명례 승자재불
至心歸命禮 勝自在佛

9751 지심귀명례 불법자재불
至心歸命禮 佛法自在佛

9752 지심귀명례 무변법자재불
至心歸命禮 無邊法自在佛

9753 지심귀명례 요애덕불
至心歸命禮 樂愛德佛

9754 지심귀명례 참괴지불
至心歸命禮 慚愧智佛

9755 지심귀명례 견고자재왕불
至心歸命禮 堅固自在王佛

9756 지심귀명례 무량숙칭불
至心歸命禮 無量宿稱佛

9757 지심귀명례 허공중승불
至心歸命禮 虛空重勝佛

9758 지심귀명례 일체중생최승엄불
至心歸命禮 一切衆生最勝嚴佛

9759 지심귀명례 불근불
至心歸命禮 不勤佛

9760 지심귀명례 화연등불
至心歸命禮 火然燈佛

9761 지심귀명례 복덕장불
至心歸命禮 福德藏佛

9762 지심귀명례 보방향불
至心歸命禮 普放香佛

9763 지심귀명례 중생가경불
至心歸命禮 衆生可敬佛

9764 지심귀명례 관시방불
至心歸命禮 觀十方佛

9765 지심귀명례 경계자재불
至心歸命禮 境界自在佛

9766 지심귀명례 보조일불토불
至心歸命禮 普照一佛土佛

9767 지심귀명례 불가승당불
至心歸命禮 不可勝幢佛

9768 지심귀명례 성취무량공덕불
至心歸命禮 成就無量功德佛

9769 지심귀명례 향류불
至心歸命禮 香琉佛

9770 지심귀명례 안온세간불
至心歸命禮 安穩世間佛

9771 지심귀명례 초발심불
至心歸命禮 初發心佛

9772 지심귀명례 원리악처불
至心歸命禮 遠離惡處佛

9773 지심귀명례 입자재불
至心歸命禮 入自在佛

9774 지심귀명례 명묘승자재승불
至心歸命禮 名妙勝自在勝佛

9775 지심귀명례 이유불
至心歸命禮 離有佛

9776 지심귀명례 견분신불
至心歸命禮 堅奮迅佛

9777 지심귀명례 견종종불
至心歸命禮 見種種佛

9778 지심귀명례 허공승불
至心歸命禮 虛空勝佛

9779 지심귀명례 무적행불
至心歸命禮 無積行佛

9780 지심귀명례 적멸혜불
至心歸命禮 寂滅慧佛

9781 지심귀명례 이천보당불
至心歸命禮 二千寶幢佛

9782 지심귀명례 무상월불
至心歸命禮 無上月佛

9783 지심귀명례 서북방상수적불
至心歸命禮 西北方上首積佛

9784 지심귀명례 사자광안불
至心歸命禮 師子廣眼佛

9785 지심귀명례 불사홍서불
至心歸命禮 不捨弘誓佛

9786 지심귀명례 비사나부불
至心歸命禮 毘舍那浮佛

9787 지심귀명례 뇌비라야불
至心歸命禮 賴毘羅耶佛

9788 지심귀명례 상행성불
至心歸命禮 常行成佛

9789 지심귀명례 염단의발욕제명불
至心歸命禮 念斷疑拔欲除冥佛

9790 지심귀명례 등존왕불
至心歸命禮 燈尊王佛

9791 지심귀명례 보원불
至心歸命禮 普願佛

9792 지심귀명례 사자응상정후불
至心歸命禮 師子應像頂吼佛

9793 지심귀명례 금강찰불
至心歸命禮 金剛刹佛

9794 지심귀명례 무량요설광명불
至心歸命禮 無量樂說光明佛

9795 지심귀명례 유수타실리불
至心歸命禮 唯首陀失利佛

9796 지심귀명례 염청련수불
至心歸命禮 染青蓮首佛

9797 지심귀명례 불겁약심불
至心歸命禮 不怯弱心佛

9798 지심귀명례 도룡불
至心歸命禮 導龍佛

9799 지심귀명례 월변불
至心歸命禮 月辯佛

9800 지심귀명례 견요불
至心歸命禮 堅要佛

9801 지심귀명례 위덕상불
至心歸命禮 威德上佛

9802 지심귀명례 무구칭왕불
至心歸命禮 無垢稱王佛

9803 지심귀명례 집보장불
至心歸命禮 集寶藏佛

9804 지심귀명례 삼매분신승불
至心歸命禮 三昧奮迅勝佛

9805 지심귀명례 명광불
至心歸命禮 名光佛

9806 지심귀명례 달마불
至心歸命禮 達磨佛

9807 지심귀명례 자재화불
至心歸命禮 自在火佛

9808 지심귀명례 명칭원문불
至心歸命禮 名稱遠聞佛

9809 지심귀명례 봉법불
至心歸命禮 奉法佛

9810 지심귀명례 정성왕불
至心歸命禮 淨聲王佛

9811 지심귀명례 요견불
至心歸命禮 樂堅佛

9812 지심귀명례 운광명불
至心歸命禮 雲光明佛

9813 지심귀명례 부주안무구불
至心歸命禮 不住安無垢佛

9814 지심귀명례 사자환희불
至心歸命禮 師子歡喜佛

9815 지심귀명례 지집불
至心歸命禮 智集佛

9816 지심귀명례 심광명인자재불
至心歸命禮 心光明人自在佛

9817 지심귀명례 무외자재불
至心歸命禮 無畏自在佛

9818 지심귀명례 사자빈불
至心歸命禮 師子嚬佛

9819 지심귀명례 지승방광명불
至心歸命禮 智勝放光明佛

9820 지심귀명례 계광명불
至心歸命禮 界光明佛

9821 지심귀명례 불가상불
至心歸命禮 不可相佛

9822 지심귀명례 응행불
至心歸命禮 應行佛

9823 지심귀명례 법보승불
至心歸命禮 法寶勝佛

9824 지심귀명례 근일위덕불
至心歸命禮 根日威德佛

9825 지심귀명례 무심광명불
至心歸命禮 無心光明佛

9826 지심귀명례 사자희불
至心歸命禮 師子喜佛

9827 지심귀명례 중진실불
至心歸命禮 衆眞實佛

9828 지심귀명례 금화광불
至心歸命禮 金華光佛

9829 지심귀명례 불쇠변월불
至心歸命禮 不衰變月佛

9830 지심귀명례 환희무애불
至心歸命禮 歡喜無礙佛

9831 지심귀명례 아루나월불
至心歸命禮 阿樓那月佛

9832 지심귀명례 일체덕소견명왕불
至心歸命禮 一切德所見明王佛

9833 지심귀명례 소명등초왕불
至心歸命禮 消冥等超王佛

9834 지심귀명례 음향불
至心歸命禮 音響佛

9835 지심귀명례 보자세계홍등불
至心歸命禮 普慈世界弘等佛

9836 지심귀명례 행진불
至心歸命禮 行眞佛

9837 지심귀명례 묘식불
至心歸命禮 妙識佛

9838 지심귀명례 건다라야불
至心歸命禮 揵陀羅耶佛

9839 지심귀명례 보호불
至心歸命禮 寶好佛

9840 지심귀명례 사자분신수불
至心歸命禮 師子奮迅鬚佛

9841 지심귀명례 사유세간불
至心歸命禮 思惟世間佛

9842 지심귀명례 신색청허불
至心歸命禮 信色淸虛佛

9843 지심귀명례 불산심불
至心歸命禮 不散心佛

9844 지심귀명례 보리월불
至心歸命禮 菩提月佛

9845 지심귀명례 관지혜기화불
至心歸命禮 觀智慧起花佛

9846 지심귀명례 금보광명불
至心歸命禮 金寶光明佛

9847 지심귀명례 무량존풍불
至心歸命禮 無量尊豊佛

9848 지심귀명례 무량이구왕불
至心歸命禮 無量離垢王佛

9849 지심귀명례 덕수불
至心歸命禮 德首佛

9850 지심귀명례 무수정진흥풍불
至心歸命禮 無數精進興豊佛

9851 지심귀명례 무언승불
至心歸命禮 無言勝佛

9852 지심귀명례 무우풍불
至心歸命禮 無憂豊佛

9853 지심귀명례 월영풍불
至心歸命禮 月英豊佛

9854 지심귀명례 무이광풍불
至心歸命禮 無異光豊佛

9855 지심귀명례 역공광명불
至心歸命禮 逆空光明佛

9856 지심귀명례 최청정무량번불
至心歸命禮 最淸淨無量幡佛

9857 지심귀명례 호제주준왕불
至心歸命禮 好諦住准王佛

9858 지심귀명례 성취일체제찰풍불
至心歸命禮 成就一切諸刹豊佛

9859 지심귀명례 정혜덕풍불
至心歸命禮 淨慧德豊佛

9860 지심귀명례 정론번불
至心歸命禮 淨論幡佛

9861 지심귀명례 유리광최승불
至心歸命禮 琉璃光最勝佛

9862 지심귀명례 보덕보불
至心歸命禮 寶德步佛

9863 지심귀명례 최청정덕보주불
至心歸命禮 最淸淨德寶住佛

9864 지심귀명례 도보광명탑불
至心歸命禮 度寶光明塔佛

9865 지심귀명례 무량참괴금최풍불
至心歸命禮 無量慚愧金最豊佛

9866 지심귀명례 연화존풍불
至心歸命禮 蓮華尊豊佛

9867 지심귀명례 정보흥풍불
至心歸命禮 淨寶興豊佛

9868 지심귀명례 전등번왕불
至心歸命禮 電鐙幡王佛

9869 지심귀명례 법공등불
至心歸命禮 法空鐙佛

9870 지심귀명례 일체중덕성불
至心歸命禮 一切衆德成佛

9891 지심귀명례 범후성불
至心歸命禮 梵吼聲佛

9892 지심귀명례 세간자재불
至心歸命禮 世間自在佛

9893 지심귀명례 무량무변불
至心歸命禮 無量無邊佛

9894 지심귀명례 견맹적정왕불
至心歸命禮 堅猛寂靜王佛

9895 지심귀명례 감로취불
至心歸命禮 甘露聚佛

9896 지심귀명례 삼매수상승불
至心歸命禮 三昧手上勝佛

9897 지심귀명례 무고독공덕불
至心歸命禮 無孤獨功德佛

9898 지심귀명례 영태당불
至心歸命禮 寧泰幢佛

9899 지심귀명례 무량자재월불
至心歸命禮 無量自在月佛

9900 지심귀명례 시방뢰명음왕불
至心歸命禮 十方雷明音王佛

9901 지심귀명례 우음왕불
至心歸命禮 雨音王佛

9902 지심귀명례 적취음왕불
至心歸命禮 寂趣音王佛

9903 지심귀명례 구무외향불
至心歸命禮 求無畏香佛

9904 지심귀명례 무량훈보면정왕불
至心歸命禮 無量勳寶綿淨王佛

9905 지심귀명례 이구일월광수불
至心歸命禮 離垢日月光首佛

9906 지심귀명례 선수과보불
至心歸命禮 善修果報佛

9907 지심귀명례 일월등명왕불
至心歸命禮 日月鐙明王佛

9908 지심귀명례 세요왕불
至心歸命禮 歲饒王佛

9909 지심귀명례 법계일광명불
至心歸命禮 法界日光明佛

9910 지심귀명례 초공불
至心歸命禮 超空佛

9911 지심귀명례 수적불
至心歸命禮 首寂佛

9912 지심귀명례 성인면불
至心歸命禮 聖人面佛

9913 지심귀명례 아사라벽지불
至心歸命禮 阿沙羅辟支佛

9914 지심귀명례 등광불
至心歸命禮 燈光佛

9915 지심귀명례 염자재장불
至心歸命禮 炎自在藏佛

9916 지심귀명례 마니개불
至心歸命禮 摩尼蓋佛

9917 지심귀명례 득대무외불
至心歸命禮 得大無畏佛

9918 지심귀명례 이제우불
至心歸命禮 離諸憂佛

9919 지심귀명례 정광불
至心歸命禮 定光佛

9920 지심귀명례 무량수화불
至心歸命禮 無量壽花佛

9921 지심귀명례 무착불
至心歸命禮 無著佛

9922 지심귀명례 보상산불
至心歸命禮 寶相山佛

9923 지심귀명례 공덕왕광불
至心歸命禮 功德王光佛

9924 지심귀명례 유위불
至心歸命禮 惟衛佛

9925 지심귀명례 허공보화광불
至心歸命禮 虛空寶華光佛

9926 지심귀명례 가바라벽지불
至心歸命禮 可波羅辟支佛

9927 지심귀명례 발행난승불
至心歸命禮 發行難勝佛

9928 지심귀명례 구나함모니불
至心歸命禮 拘那鋡牟尼佛

9929 지심귀명례 북방난승불
至心歸命禮 北方難勝佛

9930 지심귀명례 산공덕당왕불
至心歸命禮 山功德幢王佛

9931 지심귀명례 묘고운성불
至心歸命禮 妙鼓雲聲佛

9932 지심귀명례 정진신불
至心歸命禮 精進信佛

9933 지심귀명례 최후신벽지불
至心歸命禮 最後身辟支佛

9934 지심귀명례 도상수불
至心歸命禮 道上首佛

9935 지심귀명례 사자위불
至心歸命禮 師子威佛

9936 지심귀명례 나망수불
至心歸命禮 羅網手佛

9937 지심귀명례 광무구칭왕불
至心歸命禮 光無垢稱王佛

9938 지심귀명례 시대광명불
至心歸命禮 時大光明佛

9939 지심귀명례 견왕당불
至心歸命禮 堅王幢佛

9940 지심귀명례 해지각오락신통불
至心歸命禮 海持覺娛樂神通佛

9941 지심귀명례 도칠보화계불
至心歸命禮 度七寶華界佛

9942 지심귀명례 역엄정왕불
至心歸命禮 力嚴淨王佛

9943 지심귀명례 보명변동광왕불
至心歸命禮 普明變動光王佛

9944 지심귀명례 엄정법왕불
至心歸命禮 嚴淨法王佛

9945 지심귀명례 칭영불
至心歸命禮 稱英佛

9946 지심귀명례 무비보불
至心歸命禮 無比步佛

9947 지심귀명례 원리핍뇌불
至心歸命禮 遠離逼惱佛

9948 지심귀명례 주지공덕불
至心歸命禮 住持功德佛

9949 지심귀명례 아뇩달불
至心歸命禮 阿耨達佛

9950 지심귀명례 강행정진불
至心歸命禮 强行精進佛

9951 지심귀명례 유유불
至心歸命禮 留油佛

9952 지심귀명례 승장주광불
至心歸命禮 勝藏珠光佛

9953 지심귀명례 우감로불
至心歸命禮 雨甘露佛

9954 지심귀명례 부동신불
至心歸命禮 不動信佛

9955 지심귀명례 최승항복불
至心歸命禮 最勝降伏佛

9956 지심귀명례 적광명심계불
至心歸命禮 寂光明深髻佛

9957 지심귀명례 보현분다리불
至心歸命禮 普賢芬陀利佛

9958 지심귀명례 무변지자재불
至心歸命禮 無邊智自在佛

9959 지심귀명례 연거불
至心歸命禮 然炬佛

9960 지심귀명례 해지신통불
至心歸命禮 海智神通佛

9961 지심귀명례 일체승왕불
至心歸命禮 一切勝王佛

9962 지심귀명례 무량이구불
至心歸命禮 無量離垢佛

9963 지심귀명례 수근화왕불
至心歸命禮 樹根花王佛

9964 지심귀명례 아루나당불
至心歸命禮 阿樓那幢佛

9965 지심귀명례 금강능파불
至心歸命禮 金剛能破佛

9966 지심귀명례 실단의승불
至心歸命禮 悉檀義勝佛

9967 지심귀명례 묘고성왕불
至心歸命禮 妙鼓聲王佛

9968 지심귀명례 무비유칭불
至心歸命禮 無比喩稱佛

9969 지심귀명례 무애향상왕불
至心歸命禮 無礙香象王佛

9970 지심귀명례 무애혜당불
至心歸命禮 無礙慧幢佛

9971 지심귀명례 감로상왕불
至心歸命禮 甘露上王佛

9972 지심귀명례 무구비광명불
至心歸命禮 無垢臂光明佛

9973 지심귀명례 득세간공덕불
至心歸命禮 得世間功德佛

9974 지심귀명례 등법계불
至心歸命禮 登法界佛

9975 지심귀명례 법광명불
至心歸命禮 法光明佛

9976 지심귀명례 성취지불
至心歸命禮 成就智佛

9977 지심귀명례 괴제근불
至心歸命禮 壞諸根佛

9978 지심귀명례 용맹복불
至心歸命禮 勇猛伏佛

9979 지심귀명례 대력광명불
至心歸命禮 大力光明佛

9980 지심귀명례 환희로불
至心歸命禮 歡喜路佛

9981 지심귀명례 향상왕불
至心歸命禮 香上王佛

9982 지심귀명례 월무구당불
至心歸命禮 月無垢幢佛

9983 지심귀명례 불겁약성취불
至心歸命禮 不怯弱成就佛

9984 지심귀명례 금강보불
至心歸命禮 金剛步佛

9985 지심귀명례 환희왕상수불
至心歸命禮 歡喜王上首佛

9986 지심귀명례 무변왕불
至心歸命禮 無邊王佛

9987 지심귀명례 마선주산왕불
至心歸命禮 摩善住山王佛

9988 지심귀명례 금색광음불
至心歸命禮 金色光音佛

9989 지심귀명례 이구광불
至心歸命禮 離垢光佛

9990 지심귀명례 사자유희불
至心歸命禮 師子遊戲佛

9991 지심귀명례 현제방불
至心歸命禮 現諸方佛

9992 지심귀명례 보고승당불
至心歸命禮 寶高勝幢佛

9993 지심귀명례 법자재후불
至心歸命禮 法自在吼佛

9994 지심귀명례 나라연장미류승불
至心歸命禮 那羅延藏彌留勝佛

9995 지심귀명례 보산정진집공덕불
至心歸命禮 寶山精進集功德佛

9996 지심귀명례 향바두마정진왕불
至心歸命禮 香波頭摩精進王佛

9997 지심귀명례 명쾌조명정진통불
至心歸命禮 名快照明精進通佛

9998 지심귀명례 무애정진분신왕불
至心歸命禮 無礙精進奮迅王佛

9999 지심귀명례 수제장불
至心歸命禮 樹提將佛

10000 지심귀명례 득일체중생의불
至心歸命禮 得一切衆生意佛

參考經典

佛說諸佛經(一卷) 宋 施護 譯

佛說佛名經(十二卷) 元魏 菩提流支 譯

佛說佛名經(三十卷) 失譯

十方千五百佛名(一卷) 失譯

五千五百佛名神呪除障滅罪經(八卷) 隋 闍那崛多 譯

佛說百佛名經(一卷) 隋 那連提耶舍 譯

過去莊嚴劫千佛名經(一卷) 闕譯

現在賢劫千佛名經(一卷) 闕譯

未來星宿劫千佛名經(一卷) 闕譯 [外]

만불명호경

초판 1쇄 발행 2004년 5월 10일 | 초판 6쇄 발행 2018년 11월 1일

감수 金月雲 | 엮은이 釋超格 | 펴낸이 김시열

펴낸곳 도서출판 운주사

(02832) 서울시 성북구 동소문로 67-1 성심빌딩 3층

전화 (02) 926-8361 | 팩스 (0505) 115-8361

ISBN 978-89-5746-124-2 03220 값 50,000원

http://cafe.daum.net/unjubooks (다음 카페: 도서출판 운주사)